U0111471

大展好書　好書大展
品嘗好書　冠群可期

大展好書　好書大展

品嘗好書　冠群可期

武學釋典 4

意拳正軌

劉 正 編纂

大展出版社有限公司

國家圖書館出版品預行編目資料

意拳正軌／劉　正　編纂
　　　　——初版，——臺北市，大展，2011〔民100.04〕
　　　　　面；21公分 ——（武學釋典；4）
　　　　　ISBN　978－957－468－804－3（平裝；）

1.拳術　2.中國

528.972　　　　　　　　　　　　　　　　100002314

意 拳 正 軌

著　　者／劉　正
責任編輯／楊 丙 德
發 行 人／蔡 森 明
出 版 者／大展出版社有限公司
社　　址／台北市北投區（石牌）致遠一路2段12巷1號
電　　話／（02）28236031‧28236033‧28233123
傳　　眞／（02）28272069
郵政劃撥／01669551
網　　址／www.dah-jaan.com.tw
E - mail／service@dah-jaan.com.tw
登 記 證／局版臺業字第2171號
承 印 者／傳興印刷有限公司
裝　　訂／建鑫裝訂有限公司
排 版 者／弘益電腦排版有限公司
授 權 者／山西科學技術出版社
初版1刷／2011年（民100年）4月

定　價／330元

名揚中外的著名意拳大師，著名書畫家李見宇先生近照

恩師李見宇先生和祖師
蒴齋先生合影（1）

恩師李見宇先生和祖師
蒴齋先生合影（2）

在香港訪問時與著名武打明星成龍合影

李見宇先生示範樁功標準架式（1）

李見宇先生示範樁功標準架式（2）

李見宇先生示範椿功標準架式（3）

李見宇先生示範椿功標準架式（4）

國內外武術刊物中的李見宇先生（1）

國內外武術刊物中的李見宇先生（2）

國內外武術刊物中的封面人物李見宇先生（1）

國內外武術刊物中的封面人物李見宇先生（2）

毛澤東主席珍藏名家畫集中就收藏有李見宇先生的畫作一幅

李見宇先生所畫這幅迎客松國畫作品爲毛澤東主席私人收藏之物

本書作者李見宇、劉正師徒二人在法國合影

師徒二人 2006 年清明節在北京香山爲祖師掃墓後合影

王薌齋先生碑文上的部分二代
弟子名單：李見宇先生

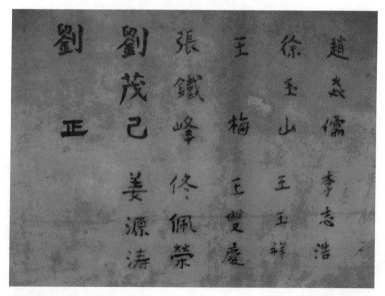

王薌齋先生碑文上的部分三代弟子名單：劉正（本書主筆）

編纂者的話

他是著名書畫家，在中華人民共和國和中國共產黨的締造者毛澤東主席私人收藏的書畫中就保存有他的一幅珍貴作品！他是名武術家，是祖師薌齋先生生前最鍾愛的弟子之一，也是在王薌齋先生身邊時間最長、所學最多的

意拳大師李見宇先生

著名意拳大師。他七歲開始向著名武術家唐鳳亭和唐鳳台兄弟二人學習正宗內家拳法。從1943年他來到王薌齋先生身邊學拳開始，他是以祖師爺的陪練助手、師兄弟們的拳靶子和王薌齋拳法的記錄者和守護神的多重身份，再也沒有離開過王薌齋先生一步，直到1963年王薌齋先生在天津逝世爲止。

他見證了意拳從三四十年代中興到現在發展壯大並出現若干不同風格和流派的拳學發展史。在今天大成拳和意拳紛爭日久、王薌齋先生的拳法開始出現一

些新興流派和拳名之時，他以80多歲的高齡、70多年的武學造詣、60多載的意拳功力，每天還堅持鍛鍊著他從王薌齋先生身邊所學到的一切！他就是德高望重而又名揚中外的著名意拳大師、書畫家，我的恩師李見宇先生！

眾所周知，意拳大師李見宇先生喜歡把意拳稱爲神意拳，究其原因，他說：

祖師薌齋先生在拳論中曾云：「要知意自神生」，又云：「蓋即本拳重意感與精神之義也。」他曾多次對我說：「神動得自有象外，意存妙在無念中。」他還再三再四地告誡我練拳要「神意求之」，要「只求神意足，不要形骸似」。因此之故，爲了有別於師兄弟們所傳授的、經過他們各自發展了的意拳或大成拳，我將在王薌齋先生身邊二十幾年所學的拳法，不加任何改動和發展記錄在此書中，我平時喜歡將這一傳統拳法依照《拳道中樞》之言稱之爲「神意拳」。

本拳宗旨從祖師薌齋先生開始一直就是主張「要以養生爲主，技擊爲輔，不以打人爲目的。」

受業弟子　劉　正
於中國人民大學

前　言

余生之年正是祖師薌齋先生病故之年，然余生而多病，軟骨抽瘋，不良於行，庶幾嗚呼哀哉於黃泉路上矣。後幸遇高人，服食中藥，日日針石，未及半載而諸病皆消，百脈正常，遂啓余課《易》讀《詩》、養氣習武之門。於武道之學則始自幼年，正式拜師受業於姜師正坤道人門下。

姜師精峨眉派拳法，早歲嘗於馮玉祥部任武學教頭數年，後出家白雲觀。當是時也，北京名流張璧時常入觀進香，日久遂成良友。經其斡旋得以就學於薌齋先生，前後未及數月。遂將其所學峨眉派拳法，參以意拳之旨，刪繁化簡，命之曰神拳。此余成爲祖師薌齋先生再傳弟子之一端也。

余少時問拳於姜先生處，尚不知神拳即薌齋先生之意拳者。及姜先生年事已高，遂介紹余復學拳於姜先生之忘年好友、大成拳名家王選杰先生。選杰先生（1958年至1960年之間）嘗與姜生生同廠爲工，成爲良友。此余成爲選杰先生門下學生之由來。是時方曉神拳即意拳，亦即世人所稱之大成拳。然余雖居選杰先生門下十餘載，而選杰先生一直以代友授徒爲本，特囑余不必對其再行拜師儀式。故至選杰先生駕鶴西

去之時，余亦未嘗對其行拜師之禮。雖無行禮之儀，然余師事選杰先生可謂久矣。故略知選杰先生所傳大成拳習學之真締一、二。此余成爲祖師薌齋先生再傳弟子之二端也。

自十幾年前，余留學萬里，乞食多門，練拳養氣，日課不輟。不惑之年，遊玩歐美之時，海外得遇前來教拳之意拳大師李見宇先生，本以爲余積幾十年之拳學功力，已過耆宿之年李見宇先生，當不爲懼也。李見宇先生笑而許余前來「聽聽勁兒」。余才上前，熟料先生一聲長嘯，身形豹變，拳快如電，余尚未看明所以即被彈出。反覆者三，而先生兩足實紋絲未動，余卻以爲四面皆有先生之拳、先生之身。當時驚恐倍至，呆若木雞，不敢設想四、五十歲之李見宇先生該是何等英武！始知余所練皆非。當下三叩九拜，行五體投地之大禮，詳細奏明拜姜師學神拳數載、而後由選杰先生代友授業學大成拳之事。

武林之學，最重武德，師禮爲武德之本，而師承則爲師禮由來之本。拳學傳承，有登堂弟子、入室弟子、掛名弟子、普通學生諸多之別，所授自然不同。余在選杰先生門下，雖余以師禮敬之，然因余爲姜師弟子，故恐選杰先生一直以余爲其掛名弟子或普通學生之類耳，所學大成拳學真諦自然遠遜於和振威、趙文璐、張寶琛、張禮義、霍金來、王尚文、王紅宇、王健民、胥榮東、公茂安、果春等選杰先生門下名手。

所有不是，皆余之不是，非選杰先生之不是者明

矣。

　　李見宇先生明白余之學拳經緯，深感余向學求道之心，當下決定收余爲其晚年門下正式登堂入室之弟子。擇吉日復行拜師儀式，對八位祖師及授業恩師達摩、岳武穆、姬際可、曹繼武、戴龍邦、李洛能、郭雲深、王薌齋、李見宇先生逐一行三叩九拜之禮。余得李見宇先生之眞傳，乃人生一大快事。不惑之年得以列入李見宇先生門牆。此即是偶然，亦屬必然。從此以後，有先生在，余在拳學上自當不惑矣。薌齋祖師故後，有姜師敎吾。姜師故後，今又復有李師。余之拳緣，可謂得天獨厚者矣。此時亦深感選杰先生愛惜余之出身、特囑余不必對其再行拜師儀式之用心！如當時復行拜師禮於選杰先生，則選杰先生當愧對其師叔輩之老友，而余亦無緣直接師承李見宇先生矣！幸甚幸甚！冥冥中選杰先生彷彿具有慧眼，已知余今生當有緣得以拜師於李見宇先生門下者乎？此余成爲祖師薌齋先生再傳弟子之三端也。

　　拳道之學，重在體悟。當余少時，姜師所言所敎，雖盡心盡力而余似懂非懂，體會不深。及年長則迷戀藏密神通之學。當是時也，選杰先生即以「神通抵不住業力，咒語斷不了輪迴」之言多次敎吾。惜余當時執迷不悟，以非爲眞者久矣。今復加修正，早已積習成弊，可憐之極。

　　李見宇先生積七十餘年之練拳體悟，爲余正架明理，用心良苦。余感慨良多，遂日日記載恩師所言。先生知之，以《神意拳養生功》一書文稿見示，余讀

後以爲可以重加撰述並增補若干，眞實記錄王薌齋先生所傳拳學之眞諦。此爲是書由來之原委。值此亦明白意拳被姜先生更名爲《神拳》之苦心，李見宇先生以《神意拳》稱之之用意！兩位老師良苦用心，只爲再現祖師薌齋先生創意、練拳之旨。《神意拳養生功》一書將在港刊行。

值此大成拳學與意拳拳學紛爭之時，李見宇先生則注重養生，再三再四申明祖師薌齋先生所言「要以養生爲主，技擊爲輔，不以打人爲目的」之宗旨，因此之故，書名定爲《意拳正軌》乃借用祖師薌齋先生一篇拳論之名，重在闡明此中宗旨。所傳具體拳學技術，一切皆來自祖師薌齋先生所親傳親授。

書中內容如有誤導，其錯在我。所有不是，皆余之不是，非李見宇先生之不是者明矣。

李見宇先生師事祖師薌齋先生迄自1943年，至於祖師薌齋先生病故於天津。數十年間，得祖師薌齋先生教誨最多，所學意拳功法之多諸傳人中亦無出其名者。李見宇先生門下弟下著稱者如常志朗、師景旺、彭振鏑、王禹等先生。域外弟子，全美、全法及全歐之自由博擊稱冠者有之，普通意拳受好者亦有之，可謂應有盡有。

拳史問題，紛爭頗眾，近來余詳加考辨，部分文章已經連載於《武魂》一刊。這裏收入之《意拳史上若干重大疑難史事考》即爲此文。然此文刊時曾被刪改，此次全文刊出。

意拳博大精深，愧余學拳不精，特邀著名意拳大

師、余之同門師兄三人姚承光先生、張鴻誠、張樹新先生，以及好友謝永廣（姚承光師兄之得意弟子）、秋翼頁責部分章節寫作。姚承光先生之父即意拳一代宗師、王薌齋先生拳學衣鉢傳人、恩師李見宇先生之同門師兄姚宗勛先生。大家全源自一個共同的祖師，意在於提供祖師薌齋先生之「養生為主，技擊為輔」之原始拳學範本。欲求技擊之捷徑者，當可於拳擊、散打或其他搏擊性拳術中以得之。

　　本書下編之所謂研究文選者，因已刊出之文多錯誤連篇，缺少校對，致使誤解叢生。更有橫加己意，任意曲解修改者。現經本人多方查證原始稿本及初期手抄稿，反覆考證取捨之後而定，意在恢復祖師原始拳論之大概。

　　本書之刊行更是本著「本是同根生，相煎何太急」之心意而問世。故本書可與大成拳學及意拳學已刊各類著作相互參照，不可厚此而薄彼也。

京都靜源（劉正）序於　2006年夏

意拳正軌

目　　錄

上編　意拳基礎功法

中編　意拳高級功法

上編

意拳基礎功法

第一章

意拳的起源、發展及其現狀

意拳，曾名大成拳，是我國現代武術史上最為著名的實戰拳學。其獨特的練功方法和精湛的內功功力，以及它那給人耳目一新的功理和功法橫空出世在武林之中，同時又以其凌厲的技擊技術而著稱於世，得到了現代國內外武術和散打愛好者的特別喜愛和青睞。

那麼，意拳是如何產生的呢？讓我們從明代開始說起。

一、姬際可與形意拳的誕生

姬際可，生於1601年，卒於1683年，享年82歲。字龍峰。山西蒲州諸馮里尊村（現屬永濟縣張營公社尊村大隊）人。當時在蒲州諸馮里尊村村民中姬姓就有144戶，占總戶數的60%以上。明代初期，始祖姬從禮由山西洪洞縣大槐樹村遷到山西蒲州諸馮里尊村。著名的西廂記的故事就發生在蒲州。

姬從禮為一世祖，姬文增為二世祖，姬聰為三世祖，姬廉為四世祖，姬贇為五世祖，姬景鸞為六世祖，姬中庸為七世祖，姬訓為八世祖。姬訓，字學古，生二子，長子名姬際時，字奇峰。奇峰不練武術。次子名姬際可，字龍

峰。姬際可妻謝氏，生六子，次第名為：姬甲傑、姬甲
俏、姬甲偉、姬甲傣、姬甲僑、姬甲侃。姬際可為姬從禮
的八世孫姬訓的次子。到了他這一代已經是大明王朝搖搖
欲墜的晚期了。他自幼開始學習四書五經，13歲時開始正
式習武。幾年後，父母因病雙雙相繼去世。

　　姬際可在20歲左右時，離家出走，想到少林寺學習正
宗少林門拳術。在他騎著馬翻越當地著名的中條山時，不
幸馬前失蹄，跌入深澗。所幸傷勢不重，他手抓樹枝，沿
峭壁攀登，終於死裏逃生，步行著歷時數月，終於到達了
少林寺。

　　少林武術在中國武術史上有著特殊重要的意義和地
位。1928年，凌善清先生在《形意五行拳圖說‧形意拳之
源流》一書中說：

　　「六朝時，天竺僧達摩始挾其所謂西域技擊者來傳之
於中土，於是北方之強者群起而之。今猶有所謂達摩拳、
達摩劍等流傳於世，而形意拳亦其一也。」

　　又說：

　　「達摩所傳者，意在於攝生，而刺擊次之。形意拳
者，其名譯自梵音，其旨即在於養氣，……寺僧有得其一
體者，復興中國固有之武技融會而錯綜之，超逾騰踔，以
之勝人。於是始有所謂少林拳者名於世，而去達摩所傳之
意亦日愈遠。北宋時有張三豐者，隱武當為皇冠，究心達
摩之術者若干年，得其玄奧，乃盡棄少林之成法，而一以
練氣為主。有從之者，即授以形意拳以為練習初步。成效
既著，學者蜂起，世人遂名之曰內家，而稱少林為外家，
而形意一拳，至是亦遂為內家所專有矣。」

達摩祖師像

1930年，徐哲東先生在《國技論略》一書中也說：

「達摩首開禪宗，本以靜坐證誤而不落文字，言論為旨，其傳慧可，唯云：楞伽四卷為心印，如果有易筋、洗髓何不與楞伽同言？豈易筋、洗髓之妙萬勝楞伽耶？此亦足為偽作之證矣。」

可見，達摩作為少林武術的開山祖師，具有象徵性價值。

姬際可在少林寺內從此開始了長達十年的學武生涯，可以說盡得少林真傳。功成之後又被少林寺主持方丈出面挽留下來，在少林寺教僧侶們學習正宗少林武術。在少林寺的十幾年，正是晚明王朝滅亡清軍入關之時，國破家亡使他頓生出家之心。在《姬際可自述》一文中他曾說：「彼時因落魄江湖，毫無寸進，既不能遂平生之志，又不能重返故園，生趣毫無，遂生遁世之心」。他開始在寺內練拳教拳和創拳的生涯。而他對於創立心意六合拳的過程更賦予了一些傳奇色彩：

「老朽那時備受艱辛，真是言莫可喻。隻身住古剎，四壁肅然，單將東配殿修葺以備風雪。深夜又常被野獸咆哮聲所驚醒，難以就寢。一夜掣劍逐獸返歸，偶見西配殿內隱隱約約有微光照射。當時明月皎潔，老朽疑由破窗射

入。細一辨別，更為可疑，好感心動，燃油松上照，土蔽塵封，顯出點點微光。縱身一跳，跨上橫陀，竟見承塵之上有一柄古劍，一個木匣。老朽捧來端詳，劍鞘形式古雅，劍光耀目，鋒利異常，上嵌『湯陰岳氏』四字，並無劍名。老朽不識其劍，實知其人。再啟木匣，卻是一部手冊，題名《六合拳經》，其中五行變化之原理，陰陽造化之樞機，起落、進退、動靜、虛實之奧妙，武技之精華盡集於此。」

「老朽感焉，悉心研習其中精義，經十載之苦心鑽研，會其理於一本，通其形於萬殊，以六合為法，五行十形為拳，以心之發動曰意，意之所向為拳，名曰：心意六合拳。」

關於所謂得岳武穆拳經之說，姜容樵先生在《形意母拳》一書中說：「形意拳，相傳創始於宋之岳武穆，第考諸史冊，僅載其知拳，而未詳其所治若何，及受之何人，傳與何方，學者憾焉。」徐哲東先生在其《國技論略》一書中進一步指出：「形意拳家言，形意拳傳自岳飛，其事終出於依託。蓋形意拳家借岳飛以增重也。形意拳是否岳飛

岳武穆王祖師像

之傳，亦可疑也。」

清朝學者王自誠在《拳論質疑序》一文中曾指出：

「拳之種類不同，他端亦不知創自何人，惟此六合拳則出自山西姬龍、姬鳳，二師乃明末人也，精於槍法，人皆以為神，而先生猶有慮焉。以為吾處亂世，出則可操兵，歸則執槍可自衛，若當太平之日，刀兵鞘伏，倘遇不測，將何以禦之。於是將槍法為拳法，會其理為一本，通基形於萬殊，名其拳曰六合。」

這裏把姬龍鳳之名誤解為姬龍、姬鳳二人，可見當時對姬際可生平也不甚瞭解。

根據鈔本《姬氏族譜》中的記載：

「技勇絕倫，老年被流寇於村西，手殲渠魁，人號神槍。訓次子，字龍峰，傳藝河南，今人以夫子事之。」

姬際可祖師像

姬際可在入清後便離開少林寺回到老家，教授子孫。姬氏後人稱心意六合拳（形意拳）為際可拳。

二、形意拳的師承

　　據記載，姬際可在安徽省池州時把拳術曾傳給曹繼武。而曹繼武生於1670年，卒於1706年。曹繼武原名曹日瑋，字繼武。安徽貴池人。從姬際可學心意六合拳長達十二年。則曹繼武七歲時姬際可就已經故去，二人有可能構成了師承關係，但是具體代師授業的可能另有他人。這樣一來此說就勉強可以過關。

　　1693年，曹繼武參加武科舉，連中三元，欽命為陝西靖遠總鎮都督。曹繼武在池州時開始將拳法教授給山西祁縣人戴龍邦。曹繼武在其所著《拳論・十法摘要》一文中自認其從學於姬氏：

　　「……夫世之習藝者，固一師之承也，亦各有不同，豈其始藝之不類歟？諒亦習者未得其真，故差之毫釐，謬之千里，況乎愈傳愈訛，且不僅差之毫釐也。余從學姬氏，以接姬氏之傳，得之甚詳，就其論而釋之，定為『十法摘要』，非敢妄行於世，聊以訓子弟云爾。」

　　又據清光緒重刊本《貴池縣誌》卷二八中的記載：

　　「曹日瑋，字繼武。父光國，倜儻不羈，遊都門，占籍京衛。授長子日瑛以文，授次子日瑋以武。日瑋習騎射，兼通經史。康熙三十二年舉順天武鄉試第一，明年會試中式，廷試弓馬對策，莫與儔者。上親拔一甲一名，賜武進士及弟，授二等侍衛，直禁中。三十六年，隨駕征厄

魯特，著勤勞，屢被內紵蟒衣酒果之賜。三十九年出為山西利民路參將，舉卓異，升浙江金華副將，引見上，以利民地方久悉，著以新銜留原任。四十四年，奉特旨，遷陝西固原西路靖遠衛副將。四十五年春，即擢陝西興安、漢羌等處掛印總兵官，時漢江暴漲，州城被水齧盡圮。日瑋至官，日督軍士晝夜巡防，感寒疾卒，年三十六。上聞悼惜，賜祭葬如例。」

依照這一記載，則曹繼武當卒於康熙四十五年，即1706年。這就使他和戴龍邦之間的師承關係成了問題。

狀元日瑋公像

純儒行誼才子風流學成
鴻博書繪翼翼蟋蟀工虎爪
寶掌鶴頭恩縈龍異奕葉

蒙麻　姪孫國棟拜題

家譜中的曹繼武祖師像

戴龍邦生於1713年，卒於1802年。又名戴龍邦。字爾雷，山西省祁縣小韓村人。由其弟弟名為戴鱗邦來看，他

的本名當為戴龍邦，而非《戴氏家譜》中所記載的「戴隆邦」。曾在河南省商水縣常寧鎮開設商號經商為生。在《乾隆十五年歲次庚午荷月書於洛陽馬公學禮書屋》一文中，戴龍邦說：

「獨我姬公，名際可，字隆風，生於明末國初，為蒲東諸馮人氏，訪名師於終南山，得武穆亡拳譜，後授余師曹繼武先生於秋浦，時人不知其勇。先生習武十有二年，技勇方成。康熙癸酉科聯捷三元，欽命為陝西靖遠總鎮大都督，致仕歸籍。余遊至池，先生以此拳授餘，學之十易寒暑，先生曰：『子勇成矣。』」

但是，據說開始時這裏的「曹繼武」自稱「南山鄭氏」，直到1750年戴龍邦藝成後奉師命回歸山西時，「曹繼武」始將真實姓名告之。而我們知道真的曹繼武卒於康熙四十五年，即1706年，則這裏的「曹繼武」看來也是假名。很可能所謂的「南山鄭氏」（即鄭萬元）才是其真名吧。而從「南山鄭氏」敢於假曹繼武之名來分析，可能他是原曹繼武部下武將，因仰慕曹繼武之人又兼之學了曹繼武的拳術，現在又傳授了曹繼武的拳法，才在臨別時冒曹繼武之名的吧。這應該就是「曹繼武」和「南山鄭氏」之間的合理解釋。

當然，也許這個曹繼武名字是真的，而借用了曹日瑋的字型大小，才出現了「康熙癸酉科聯捷三元，欽命為陝西靖遠總鎮大都督」的假冒行為。

到此為止，在早期形意拳傳承史上已經出現了兩次頗有些疑問的師承問題。

戴氏返回故里後，戴氏在家鄉潛心研究心意拳。因為

早在1727年，清政府下令民間禁武。於是，戴龍邦決定此拳絕不外傳。對內只授子侄及內親。這使心意六合拳成了戴家拳。故他一生中不傳外人，只傳其子文亮、弟弟戴麟邦之子文英、文雄和文雄表兄郭維漢數人而已。

相傳池州學藝期間，戴龍邦經常在楊子江邊苦練心意拳。曾經多次看見江中有黿和鮐，黿以左右兩前肢浮於水中，兇猛異常。而鮐則在水中回游，如護尾之狀。當下有所感悟，遂以兩手左右分撥前進，如黿之浮水。又以其鮐形為拳，左右前進，如鮐之護尾，久練不厭。戴氏將此二形拳練至精妙之處，請教師傅。曹繼武心感其靈，贊許以此二形為拳，傳授門人。戴龍邦將心意十形發展為十二形。

由心意六合拳發展成形意拳的創始人是李洛能。李洛能約生於1783年，約卒於1867年。清代直隸河北深州竇王莊村人。字飛羽、能然，人稱李老農、李老能。1836年，李洛能久聞戴文雄（二閭）大名，遂變賣部分家產，別母離妻，千里迢迢到山西祁縣小韓村學習戴家拳。多次登門求教，均遭拒絕。李老農心誠意堅，深知戴家拳的厲害和戴文雄師的威名，便風雨無阻給戴家送菜而未曾取得分文。戴文雄感其心誠，遵母命於1839年正式收其為徒，傳授心意拳術。在《車君毅齋紀念碑記》中記載說：

「戴氏小字二閭，則祁人也。戴氏祖傳心意拳少林外家支派，外傳李老農。」

另一說為郭維漢教李洛能，學成後讓戴文雄指導，並得到了戴的認可。總之，經數年學習，李洛能得戴氏心意六合拳之真傳。

1849年，李洛能受太谷富紳孟脖如之聘，離開祁縣，受聘在山西太谷為護院教師。據說李洛能學成後，在山西太谷邊教拳邊研究拳藝，並開始創形意拳。李洛能創形意拳後，開始收徒外傳。在李洛能的傳人中，著名弟子有李洛能之子李太和、孫子李文喜和李喜順、車毅齋、宋世榮、宋世德、劉奇蘭、郭雲深等。

　　形意拳得以廣泛傳播，應從李洛能的弟子們開始。由李太和、李文喜和李喜順、劉奇蘭、郭雲深在李洛能的家鄉河北深州，及車毅齋、宋世榮、宋世德、孟脖如在山西太谷廣為傳播。由此而來也形成了山西形意和河北形意兩大流派。而原始心意六合拳或稱戴家拳、戴氏形意拳一直傳承至今。

三、郭雲深和形意拳

　　郭雲深生於1820年，卒年先有數說，一說為1898年，一說為1901年，一說為1903年，一說為1920年，一說為1932年，等等。號峪生，河北省深縣西馬莊人。

　　郭雲深身材矮小而體格強壯。幼年開始練拳多年，一無所得。打聽到本縣有一位武林高手李洛能，擅長形意拳。回鄉後，與人比武無不勝，名望甚著，世稱「神拳李洛能」。於是，郭雲深以虔誠之心，前去拜李洛能先生為師。晝夜練習數十年，深得形意拳之精義。

　　按孫祿堂先生在《拳意述真‧郭雲深小傳》一文中的記載：

　　「郭先生諱峪生，字雲深，直隸深縣馬莊人。幼年好

習拳術，習之數年，無所得，後遇李能然先生，談及形意拳術，形式極簡單而道則深奧，先生甚愛慕之。能然先生視先生有真誠之心，遂收為門下，口傳手授。先生得傳之後，心思會悟，身體力行，朝夕習練數十年。能然先生傳授手法，二人對手之時，倏忽之間，身已跌出二丈餘，並不覺有所痛苦，只覺輕輕一劃，遂飄然而去。

先生既受能然先生所教拳術三層之道理以至於體用規矩法術之奧妙，並劍術刀槍之精巧，無所不至其極，常遊各省，與南北兩派同道之人交接甚廣，閱歷頗多，亦嘗戲試其技，令有力壯者五人，各持木棍，以五棍之一端，頂於先生腹，五人將足立穩，將力使足，先生一鼓腹，而五壯年人，一齊騰身而起，跌坐於丈餘之外。又練虎形拳，身體一躍，至三丈外。

先生所練之道理，腹極實而心極虛，形式神氣沉重如泰山，而身體動作輕靈如飛鳥。所以先生遇有不測之事，只要耳聞目見，無論何物，來得如何勇猛速快，隨時身體皆能避之。

先生熟讀兵書，復善奇門，著有《解說形意拳經》，詳細明暢，賜予收藏，後竟被人竊去，不知今藏何所，未能付梓流傳，致先生啟迪後學之心，湮沒不彰，惜哉！先生懷抱絕技，奇才未遇其時，僅於北方數省教授多人，後隱於鄉閭，至七十餘歲而終。」

1877年，郭雲深開始在西陵教拳，很快成為六陵總管譚崇傑府中的武術教師。經過譚崇傑的推薦，他又成為清宗室載純、載廉等人武術教師。以後成為正定府知府錢某的幕賓，教其子錢硯堂形意拳術。

郭雲深祖師像

不少武林中人皆知道郭雲深曾因誤殺竇憲鈞而入獄三年之事。有人甚至說竇憲鈞「為害鄉里百姓，雲深仗義剪除，且自行投案。官府素知竇惡，僅以誤殺他人罪將其囚禁3年」。此事真相可能並非如此。根據李見宇先生轉述的祖師薌齋先生陳述的事情原委如下：

「當時地主的兒子竇憲鈞買了一把新式手槍，他四處炫耀這槍的威力。村民有人對他說：『郭雲深的功夫，可以刀槍不入。不信，你找他試試？』於是，竇憲鈞就讓人傳話給郭，說要來會會郭。郭知道後就在腰裏捌了一把短劍。一日，竇憲鈞來找他，在門外敲門時就已經把槍拿在手裏。郭雲深借開門之機，拔劍出手，只一下就將竇憲鈞的半個身子從中劈開。而竇憲鈞的槍已經子彈上膛。郭雲

深前去自首，並闡明係自衛。因此被判入獄三年。服刑之時，郭雲深嫌木枷太輕，便讓人特製了一副大號鐵枷，腳上戴銬也是加重的。於是，他每天以此姿勢站樁和走步。由於有鐵枷和腳銬的制約，他的走步只能是一次半步，而且作崩拳最適合。三年以後出獄時，少林寺和尚鐵羅漢來找郭雲深比武，以為郭在獄中三年必是一事無成而廢了功夫。不料想卻被郭雲深進半步使崩拳將其騰空打飛。郭雲深出獄後，遍遊河北、山東、河南以及東北諸省，使用半步崩拳而未遇敵手。從此留下『半步崩拳打遍天下』之說。」

郭雲深練的皮膚特別鬆，筋又特別長。胸前皮膚可以長長拉起。一次，有個身高馬大的蒙古族摔跤高手聽人介紹說郭雲深功夫如何了得後，很不服氣。他說他可以一腳踢死一頭牛，讓人傳話問郭雲深可否挨上他一腳？郭雲深說可以試試。於是，蒙古族摔跤高手很快從市場上拉來一頭牛，只一腳就當場把牛踢死。郭雲深說：「好！可是牛沒有功夫，我有，所以我不怕踢。你來踢吧。你可以跑出幾步使勁來踢。」

那蒙古族摔跤高手一聽，後退幾步後跑步上來，一腳踢向郭雲深的小腹部。誰知他的整個身體立刻被郭雲深彈出去，向後飛出丈外落在地上。他站起來後還不服氣，說還想再踢一下。於是，這次等他腳到了郭雲深腹部，郭立刻爆發驚炸之力，將其再次彈出。這次那蒙古族摔跤高手卻沒有站起來，原來腳踝部已經嚴重受挫，動彈不得了。

郭雲深曾和八卦掌祖師董海川比武三天，最後難分勝負，二人結為好友。而楊露蟬也曾和董海川大戰三天不分

勝負。從此以後，八卦和形意、太極三大著名的內家拳法鼎立於中國武林之中。

1889年秋，郭雲深到山西太谷走訪形意同門，與車毅齋師兄切磋技藝長達一年有餘。之後，郭雲深曾和別人說：「山西吾車二師兄，技臻出神入化之境，真高手也。」據說，此後幾年他曾多次往返山西太谷，與同門切磋拳技。1903年，郭雲深最後一次到山西太谷，與車毅齋師兄等人商計十二形之排列序次，將原先李洛能所傳之六象排在前、車毅齋所傳之六象排在後的序次，改為「龍虎為開」排在前，「鷹熊為合」排在後。鷹、熊二形不再單獨演練，形意門人謂之「鷹熊合演」。

郭雲深臨行前，同車毅齋師徒合影留念。然而，至今有關此照片之真假尚難定論。假如郭雲深死於1898年，則1903年之行和其照片皆為作假。

郭雲深晚年隱居故里，授拳著說，所以外界對他的具體情況一般很難知曉。孫祿堂先生所謂的「後隱於鄉閭，至七十餘歲而終」之說看來肯定是猜測。由此而來也造成了早期形意拳傳承史上第三次的頗有些疑難的師承問題。

四、王薌齋和意拳的誕生

有關王薌齋和意拳的誕生問題，詳細情況請見下一章《王薌齋先生武學傳記》。

第 二 章

王薌齋先生武學傳記

　　意拳創始人王薌齋先生，生於1885年11月24日，卒於1963年7月13日。河北深縣魏家林村人。名政和，字宇僧，別字尼寶，號薌齋，晚年自號「矛盾老人」。

　　祖師薌齋先生的曾祖父是清政府養濟院醫部太醫，擅長「宮廷指科導引術」。祖師薌齋先生的祖父王名題也是晚清名醫。祖師薌齋先生的父親王本章，自幼學醫。生有二子一女，長子早夭，次子即是祖師薌齋先生。

　　祖師薌齋先生自8歲開始到家住在臨近馬莊的姐夫李豹家裏，向隱居在自己徒弟家裏的郭雲深先生學形意拳。一起學拳的還有郭雲深先生晚年養子郭園。魏家林村和馬莊相距不足1.5公里，即1000多米而已，可說是兩村之間是相互遙望而可見的。而具體的練拳地點就在魏家林村和馬莊中間的一片小樹林裏。到這片小樹林裏具體指導郭雲深和郭園等人練拳的肯定是李豹了。但是，不能等同說完全是向姐夫李豹學的拳。因為，真正的學拳過程是在李豹家裏，由郭雲深直接教授。而在外邊只是由作為師兄的李豹指導具體的練拳過程。師兄弟之間相互指導練拳的這一本門獨有的特點，在今天所有意拳傳人之間也是十分盛行的。假若以為誰為誰說過手或者誰為誰正過樁架而洋洋得意，甚至以師傅自居的話，那到是首先就違反了本拳法的

意拳創始人王薌齋祖師像

傳統美德和門規了。

在這一問題上主張祖師薌齋先生不是郭雲深的弟子、主張是李豹教給祖師薌齋先生的拳法、主張祖師薌齋先生是在墳前給郭雲深叩的頭等等奇談怪論，都是對本門拳法和傳授的傳統的無知所造成的。在姬際可和曹繼武之間、曹繼武和戴龍邦之間、郭雲深和王薌齋之間都出現了在前後年代銜接不是十分融洽的所謂師承問題。而代師授徒的習慣是造成這一問題的主要原因。質疑郭雲深和王薌齋之間有無師徒關係而忽略姬際可和曹繼武之間、曹繼武和戴龍邦之間有無師徒關係，為何厚此而薄彼呢？

對於祖師薌齋先生，郭雲深更是細心教授。他經常讓祖師薌齋先生在家裏練拳，而練習的主要是站樁。有一次，在小樹林中練習時，幾個半大小子一起試著想撞倒祖師薌齋先生，誰知卻反被祖師薌齋先生把他們幾個撞飛出去。這下子他們才知道原來祖師薌齋先生學了郭雲深的真傳功法。這應該就是後來意拳中的技擊樁法。那個時候，祖師薌齋先生還留著小辮子，站樁時時間長了容易低頭。這時候郭雲深就立刻抬手拉住他的腦後小辮，給他找準頭的位置。這一印象十分深刻，祖師薌齋先生就經常給李見宇先生正功架時用手抓他頭髮或怕打他後腦勺。每當之時祖師薌齋先生總要對李見宇先生說「當年郭老先生給我正樁架子時就這麼拉著我的小辮」。

1903年開始，祖師薌齋先生離開家鄉，到當時北京等地出遊。在此期間，他先後結識了八卦掌名家劉鳳春、太極拳名家楊少侯、楊澄甫、六合門名家佟忠義，以及同門師兄李存義、張占魁等人，在這一時期他見識到了很多家鄉中所沒有的拳術，從一個更廣泛的拳學視野和種類來學習和研究內外家拳術。

1907年，祖師薌齋先生在北京與吳淑琴女士結婚。吳淑琴女士係清初名將吳三桂直系後裔。吳淑琴女士先後生有長女王玉貞、次女王玉芳、長子王道莊（繼室錢笑佛生王建之、王道南、王道莊、王玉白4人）。

到了1915年，舊北京的陸軍部部長段祺瑞大力開展在軍隊中普及傳統武術和摔跤、拳擊等機能教育。當時把傳統武術引入軍事教育正成為一種潮流。祖師薌齋先生有幸成為陸軍部下屬的武術教官。摔跤名家馬丘清等人也在此

執教。祖師薌齋先生早期的學生周子炎和齊執度二人也是在此時從他學形意拳的。在此期間，他經常和馬丘清等人在一起切磋技術。其中，馬丘清曾經摔死過蒙古族的摔跤高手，但是他和祖師薌齋先生交手時，剛抓住薌齋先生手腕就立刻被其彈出，多次較技而輸。於是，馬丘清私下裏開始向薌齋先生學習他的形意拳法。

從本年開始連續三年，他每年和周子炎比武一次，連勝三次。後來，周正式拜在祖師薌齋先生門下。

幾年後，隨著舊北京政治和軍事形勢的複雜，祖師薌齋先生不想捲入越來越深的北方軍隊內部各派系之間的矛盾鬥爭，南方各省的革命活動和政治空氣吸引了他。從1918年開始，他又開始了南下河南、湖北、湖南、安徽、福建等省的巡遊武學活動。

1918年的深秋，祖師薌齋先生到達了著名的嵩山少林寺。接待他的是當時的監院（副住持）恒林和尚。案：恒林和尚，俗姓宋，出家後法名恒林，號雲松，河南省伊川縣人，1865年生，家居伊川縣宋寨，世代為農。1875年，恒林到少林寺出家為僧，其師為晚清少林寺著名武僧延樂和尚。有些論著中說恒林和尚的師傅是本空和尚或本覺和尚（見《王薌齋與大成拳》），顯然有誤，而且也不符合少林寺和尚的排名譜系規則。恒林和尚年長受戒後升任為監院。1908年，恒林出任登封縣僧會司僧會。民國初期，地方混亂，恒林被推為少林保衛團團總。1923年農曆十月初二日，圓寂於少林寺，享年59歲。根據武術史家唐豪先生《行健齋隨筆》一書中的記載：

「民國九年，土匪杆首朱寶成、牛邦、孫天章、段洪

濤，聚眾犯鞏縣魯莊。少林僧恒林，時為本區保衛團團總，會偃師十四、十五兩區，鞏縣九區民團，與朱等戰於少林西敖子坪，破之，得槍甚多，藏於寺。十二年秋，恒林物故，其弟子妙興繼為主持……恒林、妙興皆擅技擊。」

　　一開始，恒林和尚見祖師薌齋先生身材瘦小，並不以為意。誰知才一接觸，就立刻被祖師薌齋先生瞬間所爆發出的驚人的力量所震驚了，二位高人當下都有相見恨晚之感。恒林和尚挽留祖師薌齋先生在寺中將近 1 個月左右的時間，兩個人相互交流著形意拳和心意拳的心法和武學理論。恒林和尚是祖師薌齋先生南下所遇見的第一個真正的武林高手。

　　由河南繼續往南走，據說薌齋先生到達湖南衡陽時專程拜訪了著名鶴拳高手謝鐵夫。謝鐵夫人稱「江南第一妙手」。當時謝已經年過半百，但是卻行為怪誕，很少與人談拳，人稱其為「謝瘋子」。王薌齋同其交手十次，都輸在「謝瘋子」手下。特別是謝鐵夫的神龜出水一招使得出神入化，多次只用此一招就輕鬆取勝。祖師薌齋先生就住在他家中，向他虛心學習。

　　以後祖師薌齋先生常對弟子們談到謝鐵夫先生：與人搭手時，謝先生忽而手臂堅如磨盤，忽而又軟似棉絮。但對方稍有欲動，他就能瞭若指掌，後發先至，拳術已達神明之境。祖師薌齋先生住在謝家，向他學習一年有餘，拳學造詣突飛猛進（此段故事，可能杜撰色彩較大，筆者在下編的拳史考證中就質疑此人的有無）。

　　1923年，祖師薌齋先生到達福建少林寺，遇見了福建縱鶴拳大師方恰莊先生和方紹峰先生二人。方恰莊，原名

方永蒼。福建福清人，著名縱鶴拳家方世培之侄。而方紹峰亦為方恰莊之師侄和族侄。祖師薌齋先生先與方紹峰比武而大勝，方紹峰遂引見其師叔方恰莊先生。二人比武10場，而祖師薌齋先生勝四場而輸6場（方紹峰常被誤傳為金紹峰）。雙方是英雄愛英雄，正趕上福州周蔭人部軍隊中需要武術教官。於是，祖師薌齋先生借此機會留在福建，一邊教武術，一邊向方恰莊學習縱鶴拳法。在祖師薌齋先生的弟子中，只有李見宇先生精通縱鶴拳法。

在福建的三年中，祖師薌齋先生的拳學已經基本定型。當時，福建的局勢越來越動盪不安，福州已經成為舊軍閥爭鬥的焦點之一。於是在1925年春，正當在福建的徐樹錚被派出國考察之際，祖師薌齋先生決定離開福建北上返京。徐樹錚，字又錚。江蘇蕭縣人。生於1880年，北洋皖系軍少將。先後任段祺瑞部第一軍總參謀、陸軍部軍學處處長、國務院秘書長、陸軍部次長、西北邊防軍總司令等。為徹底解決外蒙問題、維護祖國自身利益而立有大功。1926年12月29日，他被多變軍閥馮玉祥殺害於廊坊火車站，時年43歲！

在他途經安徽省淮南時，遇見了著名心意拳家黃慕樵先生。祖師薌齋先生在《意拳論》中曾說：

「近世拳學家黃慕樵先生本多年參拳之體會，並揣敦煌唐人壁畫之中人物與陶俑之舞姿，始將健舞之幾個姿態式仿出，此代之際，我南遊至淮南，得遇黃慕樵先生，遂得其傳，乃約略得其健舞之真意，我不敢麼其秘，曾再傳於從我習拳者，然其中能得健舞之妙者僅十餘人耳。」

從此，健舞成了意拳的一項高級功法。祖師薌齋先生

在《論四形》一文中說：

「昔日我曾有一首題為《舞相》的詩：

身動揮浪舞，意力水面行。

游龍白鶴戲，迂迴似蛇驚。

肌肉含勁力，神存骨起棱。

風雲吐華月，豪氣貫長虹。」

詩中所說揮浪、游龍、白鶴、驚蛇皆拳式也。然此拳式的舞蹈，亦即所謂健舞或武舞。在隋唐時代，健舞甚盛，為當時之養生術與技擊之法。不僅武夫操之，即使文人學士亦多習之，後多失傳。近世拳學家黃慕樵先生本多年參拳之體會，並揣敦煌唐人壁畫中之人物與陶俑之舞姿，始將健舞之幾個姿勢仿出。北伐之際，我南遊至淮南，得遇黃慕樵先生，遂得其傳，乃約略得其健舞之真意，我不敢私其秘，曾再傳於從我習拳者，然其中能得健舞之妙者僅十餘人耳。

習健舞之先決條件則須達於四如境界，即能體整如鑄、身如灌鉛、肌肉如一、毛髮如戟。否則，難出舞相。舞起來豈不是搖擺四肢而已。我過去嘗謂：勁營自體內，力奮形骸外。持樁而達於四如境界則內勁具矣。然如何將此種內勁爆發出來而成外力，以收技擊之效應，四形則為最適當之形式也。

關於黃慕樵，以往所有意拳相關書籍和文章均言之不詳。筆者主張此人就是當時著名畫家王慕樵先生。黃、王發音相近而誤。詳細尚待考證。

祖師薌齋先生路過河北深縣時返回家中小住月餘，並為其師郭雲深先生掃墓立碑紀念。在此期間，他開始總結

南行數年之所得，開始了對傳統各家拳學的創新。

1926年新春過後，祖師薌齋先生又回到北京，開始正式宣導他所創始的意拳。

1926年夏，天津太古公司和青年會經張占魁先生的推薦，來京邀請祖師薌齋先生前去傳授意拳。在天津期間，著名的弟子有所謂「津門十一傑」之稱，即：卜恩富、馬其昌、苗春雨、趙恩慶（道新）、鄭志松、張宗慧、張恩桐、趙作堯、趙逢堯、裘稚和、顧小癡。

其他弟子如章殿卿也是這時開始學拳的。從這時開始，已經出現了意拳的大致輪廓體系：站樁、試力、試聲、走步、發力、推手、斷手七個訓練內容。第一次正式脫離了傳統的形意拳體系。同年，在張占魁主持下在天津東馬路魁星里九號正式收趙恩慶為義子，並賜名道新。

本年秋，祖師薌齋先生應邀去上海短期教拳，這次他攜帶夫人和女兒王玉貞同行。

1928年，祖師薌齋先生應李景林、張之江二先生邀請，帶義子趙道新赴杭州參加第一屆全國國術大會。大會期間結識五式梅花樁名家劉丕顯，並與劉相互切磋技藝，對劉丕顯使用的穿襠腳之精熟，十分讚賞。後來，意拳中的穿襠腳即源於此。趙道新先生在比賽中獲優勝獎，祖師薌齋先生在大會期間表演了意拳試力和試聲，使全場觀眾和行家讚歎不已。

國術大會會後應錢硯堂之邀，再次赴上海教拳。一到上海，他就先被錢硯堂來了個下馬威：錢想看看他的真實功夫高低，並以不無輕視地態度說：「在大上海，你光說是郭雲深的弟子並不管用，必須得有真功夫。」祖師薌齋

先生明白他的意思，就說「那我就讓師兄坐在身後的沙發上吧。」於是，祖師薌齋先生就和錢開始比武，讓他見識一下。才一搭手，就已把錢打飛出去，正好跌坐在身後的沙發上。發力之乾脆和迅猛讓錢一下子又領略了郭雲深先生的風采。感動得他當下心服口服，並為能重見老師風采而熱淚盈眶。

以後，在錢的熱情幫助下，祖師薌齋先生在到達上海的第二年（1929年），就在上海牛莊路成立了「意拳社」，其主要成員有：卜恩富、寧大椿、王叔和、尤彭熙、馬建超、高振東、朱國祿、朱國禎、張長義、張長信、韓星樵、韓星垣、趙道新等人。

祖師薌齋先生的結拜兄弟吳翼輝、佟忠義等也經常來學習交流。「趙道新、高振東、韓樵、張長信」當時被武林界稱為薌齋先生門下的「四大金剛」。後來，趙道新找到了一份在上海某專科學校教拳的工作，就暫時離開了意拳社。

在上海期間，祖師薌齋先生和當時上海各門派武林同道切磋交流。其中最值得一提的就是和著名六合八法拳家吳翼輝的相識，比武多次，難分高下。最後二人結拜為把兄弟。另外一次就是與當時上海著名八卦拳家王壯飛的比武。祖師薌齋先生也是一個照面就將其打飛。

在上海教學期間，他開始寫作《意拳正軌》一書。1929年，《意拳正軌》一書正式出版。很快，王薌齋的名聲就傳遍了整個上海，也驚動了一位當時正來華訪問的匈牙利籍世界羽量級（59kg級）拳擊冠軍英格。1931年的夏天，他在翻譯的帶領下直接來到牛莊路「意拳社」，點名

道姓地說：「找王薌齋先生，想見識中國武術的威力」。於是，祖師薌齋先生把他引到院內，請他先動手，並說「可以使出全力打我身上任何地方」。英格看著眼前這個小個子中國人，不忍心出黑手。就很一般地使了一記左勾拳打過來。祖師薌齋先生不慌不忙地用右手臂軟軟地接住後，瞬間發力，右臂如電擊般的發出一股強大的力量。英格知道不好之時，身子就已經橫著向左飛了出去。他站起來，自我笑笑看著眼前這個小個子中國人，彷彿是說「剛才我沒注意、沒真想打你」。於是，祖師薌齋先生看著他也笑了笑，伸手示意他再來。這下子英格如同被激怒的獅子，突然跳著步子，使著組合拳猛撲了過來。祖師薌齋先生略一低頭，一記漂亮的神龜出水把英格向右後方打翻出去，英格倒地後又滾了幾下才停住。這下他暈了，半天才站起來。

他很誠懇地請求薌齋先生給他講講中國拳術的特點。祖師薌齋先生向他正式介紹了他首創的意拳。並再次給他說手和聽勁。英格在翻譯介紹下，邊聽邊學，似懂非懂。但是他已經對意拳和王薌齋產生了濃厚的興趣。最後，他居然提出：請薌齋先生到歐洲各國去教拳和比拳。

英格的建議啟發了祖師薌齋先生的思路。對！我要組建一支到世界各國去比武的意拳隊伍。一年後的1932年夏，祖師薌齋先生親自攜帶卜恩富、張恩桐、韓星樵及張長信等弟子返河北深縣，開始了為出國比武而展開的集中訓練。當年的10月，他帶領著幾位弟子為郭雲深掃墓立碑。

幾年的集中訓練，祖師薌齋先生也系統地完善了新的拳理和獨特的訓練方法：從站樁、試力、試聲開始，到發

力、走步、推手、斷手。在幾年之中，上述幾位弟子的功力得到了突飛猛進的提高，已經達到了傳統武學所追求的上乘境界。但是，因為經費的不足，這支幻想著要打遍世界的意拳艦隊，不得不因此而擱淺了。幾位弟子各自返回了他們的家園。好在深州的生活費用還算是比較便宜的，祖師薌齋先生利用這短暫時間總結意拳拳理，培養意拳高手。

1937年，祖師薌齋先生的老朋友張璧和齊振林二人來信，約請他們師徒到北京來教拳和發展。於是，春節過後，祖師薌齋先生全家人一道來到了北京定居，臨時住在西單辟才胡同東邊路北的涵靜園。接待他的是老朋友張璧。然後他們一起去拜訪當時北京員警總監督辦、當年的第十二旅旅長、現在的上將齊燮元。

祖師薌齋先生在北京打天下，顯然是離不開張和齊二人的暗中支持。這一點是毋須諱言的。1938年正月開始，當了官的張璧習慣於每月去白雲觀上香兩次，和負責接待的道士姜正坤成了好友。後來，在張璧的安排下，祖師薌齋先生也在陪同張璧進香後，在白雲觀休息之時，指導姜正坤先生等幾位道士練意拳。

在北京開始較拳活動的第一站是在東城區金魚胡同一號、當時四存學會所在地教養生。從一開始，祖師薌齋先生就闡明了養生為主而技擊為輔的拳學宗旨。最早的一批學生是一直參加四存學會講座活動的會員。張璧提議在四存學會下設專業的體育班。

因為有了北京名流張璧和齊燮元的支持，王薌齋和意拳的名字開始成為北京武林中的熱門話題。也驚動了一位

當時著名的武術家洪連順先生。洪連順先生為人正直，擅長形意拳、彈腿和大力金剛手，最喜歡演示以掌或手臂劈城牆磚。當他來到涵靜園拜訪祖師薌齋先生時，一見之下大有盛名難符之感，轉身就想離開。祖師薌齋先生看出來意，就說：「既然來了，何不比完了再走？」洪連順先生不屑一顧地說：「好吧，我先練幾下讓你看看。」他練了幾招劈拳發力，又打了幾掌在牆上，震得四周砰砰作響。然後問：「我這幾下子如何？」祖師薌先生笑著說：「架式很不錯，只是不得法，真要比的話，我一出手你就沒了。」洪連順一聽大怒，照著薌齋先生的前胸，一拳就打了過來。祖師薌齋先生用右臂軟軟的接住，突然發力，臂硬似鐵，力快如電，洪連順一下子就飛出去了，撞在身後的椅子上後又摔下來。他站起來又試，還是如此。他連對方怎麼用的招術都沒看清楚就連敗三場。站起身來，他不言不語的走了。

　　一連幾天，他整日沉默不語，心事重重的。他的大弟子姚宗勳先生看出師傅心中有事，問明所以後就立刻來到了涵靜園，點名道姓地說「找王薌齋先生比武」。祖師薌齋先生連著發出他兩次，在一邊觀看的吳夫人很心疼地勸祖師：「別把孩子打壞了。」祖師薌齋先生說：「不會的。我發他他會感到很舒服才對。我不這麼發他，他不長記性。」糊裡糊塗就輸了兩次，姚宗勳先生感到很發憷，看著祖師薌齋先生不再敢動手了。祖師薌齋先生問：「怎麼不比了？」姚宗勳先生笑著說：「不知道怎麼就出去了，還怎麼比？」小夥子的直率讓祖師薌齋先生非常高興。

　　姚宗勳先生回去後就把情況向洪連順彙報了一番。沒

想到，洪連順先生卻決定：我們大家全去拜他為師吧。於是，洪連順先生領著他的所有弟子一起來拜師薌齋先生。因為洪連順先生是他們的師傅，所以當時只有洪連順先生一人稱王薌齋先生為師傅，姚宗勳先生等人全叫王薌齋先生為師爺。幾週後，祖師薌齋先生說：「姚宗勳等人和洪連順之間的師承關係不變，今後姚宗勳等人一律稱我為師傅吧」。於是，就舉行了一次正式的拜師儀式。從此以後，姚宗勳先生等人就正式成了王薌齋先生的弟子。

洪連順先生以後見人就說祖師薌齋先生功夫如何之高，他輸了都不知道怎麼輸的。洪連順先生的話引起了一個家住在附近、正在大興縣第一國術社學形意拳的李健羽先生的興趣。於是，在洪連順先生的介紹下，李健羽先生正式拜在王薌齋先生門下。後來，在祖師薌齋先生為門下有成就的弟子賜名之時，李健羽先生被賜名為「見宇」。祖師薌齋先生說：「見宇就是見到了宇宙，正是我所說的精神放大之後的效果。」

一下子有了這麼多弟子，祖師薌齋先生感到有些忙不過來，就打電報，讓韓星樵先生、卜恩富先生和周子炎先生來京，輔助他教拳。同時教拳地點也由金魚胡同一號搬到了弓弦胡同六號。因為金魚胡同一號是整個四存學會的辦公地點，學生多就顯得地方小了。按照學生們的興趣分技擊與養生兩個班。但是，學養生和學技擊的全在一起，場地還是小了些。他們很快又搬到了大羊宜賓胡同一號。這是因為張璧以四存學會名義選定在大羊宜賓胡同一號每週六、日開展義務治療活動。然而，在那裏練養生還可以，而練技擊就不適合了。於是，姚宗勳先生提議把技擊

班搬到他自己的家——西城區跨車胡同14號。從此，技擊班終於有了穩定的學拳和練拳的場地。

技擊班先後吸收了數十名弟子，其中比較著名的有：王斌魁、王玉祥、王玉峨、孔慶海、李見宇、李永琮、李永良、李文濤、馬驥良、張中、張孚、杜行、劉龍、沈家禎、朱堯亭、姚宗勳、姚海川、楊紹庚、楊德茂、趙華舫、寶世誠、寶世明、敖碩朋、敖碩良、敖碩鴻、蔡某（即當時被人稱為「大蔡」的蔡某，原名不詳）、澤井健一等人（當時日本人來學拳的先後約有 5 人）。

養生班最後定在當時北京的太廟（即今勞動人民文化宮）。養生班也先後吸收了數十名弟子，其中比較著名的學生有：于永年、王少蘭、王玉芳、王十川、布毓昆、齊振林、李少春、馬祥麟、孫聞青、汪雪琴、張璧、陳海亭、秦重三、秘靜克等人。

1938年夏，日本外務省駐京文化調查官、精通中國武術的武田熙聽說了王薌齋的事蹟後，他授意當時日軍在京的武術教官、柔道五段的澤井健一找祖師薌齋先生比武。於是，澤井健一來到涵靜園，一進院子看見一個乾瘦的小老頭正在低頭打掃院子。

澤井健一用還算流利的中文問：「王薌齋先生在家嗎？」祖師薌齋先生一聽說話就已經判斷出來人是個日本人，他抬起頭看了看澤井健一，就已經明白了對方的來意。但是，當時他並不想招惹是非，就先回答說：「王薌齋不在家，你先回去吧。」哪知澤井健一卻執意要等。祖師薌齋先生只好把他讓進屋裏坐下。澤井健一一邊和他閒聊一邊問：「你也練拳嗎？」祖師薌齋先生回答說：「在

下也練一點。」澤井健一一聽就馬上興奮地問：「可以和你試試嗎？」祖師薌齋先生回答說：「當然，請吧。你就儘管使招吧，不要客氣。」以下是當事人自己的記載，見澤井健一《太氣拳》一書中的相關記載：

「和王先生交手時，我是柔道五段，因而對自己的腕力有些信心。當我作為王先生對手時，我總是先抓王先生的手，想先施展我的手法，但都被王先生把我彈飛出去。因而我瞭解到想冷不防抓住王先生施展手法是不行的，所以我和王先生對手時，我要求先生作成對抓狀態，我想抓王先生的左袖和衣襟往外扔，如果失敗時再用寢技，也許可以。然而，剛剛搭手的瞬間，我的右手就完全被扼住，而我突然被彈飛出去，我們幾次交手，結果都是一樣。而我每次被突然彈飛之際，心臟的部位也被輕輕打一下。當然，即使被輕輕打一下，我也感到刺痛和恐懼。就是這樣我還是不夠明白，我又一次想出了劍道。我用棒向先生打去，但先生手拿一根短棒撥開，終於我一棒也沒打著。學習之後，王先生輕聲說：『不管是劍，或是棒，都是手的延長。』」

澤井先生又寫道：「我在那一瞬間完全失去自信，眼前一片黑暗，我只能求教於王先生，沒有其他辦法了。」

他立刻明白了眼前這個瘦小的老人正是他要找的王薌齋。

接下來是澤井健一對祖師薌齋先生的一些感受：

王先生對於對手攻擊過來的拳，總是用腕的內側迎著掛上，一下子把對方彈回去，好像把對方的拳吃進去，再吐出來。當時覺得不可思議，想這可能是神技，後想不讓

被掛住，上下搖晃去攻擊，但總是被用腕彈回。普通都是用腕的內側把對手引過來，再用腕的外側轉為差手、拂手攻擊。而像王先生用腕的內側也能攻擊的，確實不多。一般人幾乎不知用腕的內側，只是上下、內外來回擋，從感覺上不懂如何把拳吸過來。……先生的腕很細，他皮膚搭拉在骨頭上，但一碰上就如木棍似的，與其說是硬，還不如說不知道有什麼感覺。有一次同妻子去先生家拜訪，臨別時先生送到門口，我擋了先生一下說別送了，請回，王先生說沒關係，就反推了我一下，我感到他的手如圓的木桶。我想這可能是站樁的功夫。

於是，澤井健一立刻下跪，苦苦相求多日，終於成為祖師薌齋先生的日本弟子。他終於意識到：「我曾向中國最了不起的拳法家王薌齋先生請教真正的武道和真正的拳法，在這以前，我對武道，尤其是劍道和柔道是自信的，但自從師事王先生我才被教知真正的武道的偉大。」

澤井健一和中國武術家比武失敗了還成了中國武術家的弟子，這事很快就在日軍駐京武術教官中傳開了。於是，一個名叫八田一郎的日本角力高手找上門來。這個八田一郎幾年前剛剛取得第十一屆奧運會的柔道冠軍，身高力大，技術全面，是日本角力界屈指可數的高手。日本戰敗後，他回到日本出任日本角力協會會長一直到20世紀60年代末。足見他在日本角力界的地位和影響。

日本角力是日本一種傳統的集摔跤和博擊與一體的自由摔打術，十分兇狠。八田一郎伸出雙手就惡狠狠地抓住祖師薌齋先生的手腕，正想抓起摔出，卻不料自己的身體已經觸電般的騰空而起，狠狠地摔了出去。他站起來又一

次兇狠地撲了上去，這一次祖師薌齋先生接過他的來招，一個鉤掛發力，八田一郎立刻向後方摔了出去。想不到自己轉眼之間已經連輸兩局，八田一郎非常震驚。他慢慢站起來，擺好架式，示意讓王薌齋來進攻。祖師薌齋先生還是習慣性的軟軟地伸出手臂，剛接觸立刻以「點鬆身緊」的打點技術，瞬間爆發出巨大的驚炸力，八田一郎還是什麼也沒看清就又被摔出去了。他在地上一個翻身跳起來，從空中撲上王薌齋。祖師薌齋先生略一低頭，一招神龜出水就將八田一郎橫著打飛出去。

這次可能是摔得太狠了，八田一郎老半天才能勉強著站起來。他知道他徹底的輸了。

八田一郎也輸了，日軍駐京的武術教館幾乎是再也派不出像樣的武術高手了。渡邊和崗田等人的挑戰又敗在了代師比武的姚宗勳先生手下。

1940年夏，北京的《實報》上刊登了《大成拳宗師王薌齋談拳學要義》一文，共分五部分刊登，具體時間和版面分別是1940年6月27日第四版、28日第一版、29日第四版、30日第六版、7月1日第四版。猶如一顆定時炸彈按時爆炸了一樣，沉悶的舊北京城被祖師薌齋先生攪動了。特別是武術界所受到的震動更大。因為報紙上公開了王薌齋每天下午在家裏準時接待前來比武的武林同道，印證武功高低。但是出現了來訪者多而比武者少的奇怪現象。

祖師薌齋先生很快就明白了其中原因：原來是武術界高手們怕輸了拳就沒了飯碗。因為按照當時武術界的規矩，輸了拳之後，拳館的武師就得捲舖蓋走人，把武館留給勝者。所以，不到萬不得已是不會有人自找麻煩的。只

有盧志傑和邵澤斌等幾個人前來略為聽聽勁，除此之外，敢下場比武的就寥寥無幾了。正如祖師薌齋先生所言的那樣：「並無一人肯來見教，實出余意料之外」。

但是，意想不到的事出現了：一名正在北京遊玩的歐洲中量級拳擊冠軍、義大利人詹姆士找上了門來，要求比武。詹姆士身高馬大，將近190公分的大個子，加上魁梧的身材，面對著瘦小而又極其文雅的王薌齋先生，他不住地冷笑，嘰哩呱啦的一陣口吐狂言。翻譯轉達說：「他說他可以一拳把你打死，不死也得把你脊樑骨打折了。」祖師薌齋先生笑著說：「他那拳頭雖然很大，可打到我的身上也就和搔癢癢差不多吧，你讓他進招吧！」

詹姆士一聽立刻端起架式，跳著步子向祖師薌齋先生的頭部左右開弓打了過來。祖師薌齋先生抬起右手軟軟而冷靜地接住對方來拳手腕，突然一個鉤掛發力，詹姆士龐大的身軀像離弦的箭一樣，飛了出去，摔出在丈外遠的地方。「魔術！魔術！」詹姆士坐起身來，戴著十分驚恐的表情看著正微笑地看著他的王薌齋先生。只一招就徹底制服了歐洲中量級拳擊冠軍。

1940年4月2日，張璧先生在四存學會開會時，提議把意拳更名為大成拳，並在《實報》上發表了《大成拳的命名》一文。祖師薌齋先生為此多次謝辭，他深深顧慮此名似有傲世之嫌，可能會在武林界產生不必要的誤會。正如祖師薌齋先生所說的那樣：「以大成二字名吾拳，欲卻之而無從也，隨聽之而已。」於是，很快，張璧又刊發了《大成拳的解說》一文，部分否定了他前此的觀點，總算為祖師薌齋先生減輕了一些顧慮。

由上可證，祖師薌齋先生的本意是以「意拳」作為拳名的，而「大成拳」只是隨俗和推名之舉。這就是「意拳」又名「大成拳」的歷史來由。

1944年，祖師薌齋先生在《意拳正軌》基礎上，為進一步闡述拳學真諦，又寫出了《拳道中樞》一文，這是祖師薌齋先生的拳學理論日益發展和完善的結果。

1947年，祖師薌齋先生為重新恢復意拳名，曾委派竇世明先生到舊北京公用管理總局正式登記註冊成立「中國意拳研究會」，當時的正式會員就有兩百多人。

1950年，祖師薌齋先生受中華體育總會籌委會所聘，在廖承志先生推薦下，出任武術組副組長一職（武術組組長為賀龍元帥）。在社會主義運動會期間，祖師薌齋先生以六旬高齡迎戰匈牙利拳擊冠軍諾樂瓦茨力，方一交手就將其凌空抖起，倒地不起。但是因為當時武術處一些負責人對老一代武術家有失尊敬，祖師薌齋先生為此十分氣憤，並且憤而離開了武術組。

1951年，祖師薌齋先生應邀到保定市河北省中醫研究院教授站樁功。

1954年，王薌齋原夫人吳淑琴在老家深縣逝世。

1955年，祖師薌齋搬到和平門琉璃廠東北園21號，後搬到西四兵馬司內山門胡同13號居住。在沈其悟教授和于永年醫師協助下，整理出站樁功二十四式。完成了《拳道中樞》一書。

1956年，祖師薌齋先生搬到興隆胡同姚宗勳家中。

1960年，經董德懋推薦衛生部中醫研究院請祖師薌齋到內外科研究所擔任氣功專家。

1961年，因為國家體委武術處某些人向中醫研究院反映祖師薌齋先生「有複雜的歷史問題，不適合在中醫研究院為首長們治療和指導養生」，祖師薌齋先生被迫離開了中醫研究院。

繼室錢笑佛夫人逝世。

秋，前河北衛生廳廳長段慧軒邀請祖師薌齋先生任河北省中醫研究院氣功專家。根據工作需要領導上指派了段廳長的秘書鄭文同志等二人隨先生工作，受到祖師薌齋先生的指點，鄭文等人開始對養生功法有所領悟。11月7日，祖師薌齋先生攜學生和助手何鏡平參加在保定舉行的由衛生部批准召開的養生學協作會，並在會上現場表演驚蛇舞。《中醫學術參考資料》第七輯刊登了祖師薌齋先生的《站樁功》一文。

1963年6月初，祖師薌齋先生多年的哮喘病發作住院，李見宇先生得知後冒大雨騎自行車六七個小時，由北京趕到天津盡心照料半個多月。這期間，李見宇先生又電話通知了在北京的姚宗勳先生前來看望祖師。6月底前後，祖師薌齋先生一度病情好轉出院。於是，李見宇先生就回到了北京。臨行前，祖師薌齋先生多次對李見宇先生說：「希望你能完整無缺的把意拳傳下去，特別是養生功的傳授，它有助於人民的身心健康。」

1963年7月12日，祖師薌齋先生因腦血管破裂突然病故於天津。起因是其兒子在外招惹一點是非，引得祖師薌齋先生又急又怒，一下子引起腦血管破裂，昏迷直至突然死亡，僅三女玉白一人在旁，無任何遺言。

第 三 章

意拳樁法概述

意拳的基礎和核心內容就是站樁，這是它和其他所有拳法有著根本區別的地方，也是意拳之為意拳的本質特點。意拳的樁法頗多，目的也不盡相同。但是，從根本上來說，意拳的基礎樁法可以分兩大類：一類為養生樁，二類為技擊樁。其中，每一類中又由幾種、十幾種不同的樁法所組成。

一、站樁功法簡介

隨著樁功的姿勢和步法的不同，同樣一個樁法又可以表現出多種的形式（架式）。一般來說，依照身法的差異，樁功可以分為坐式、站式和臥式三種。依照步法的不同，樁功又可以分為平步、丁八步和大步三種。依照身架的高低，樁功也可以分為高架、中架和矮架三種。另外，依照左右手和左右腳前後位置的不同，樁功也可以分為左式和右式兩大式。

除此之外，還有集中特殊的樁法，即所謂的行走式、扶式、伏按式和靠式樁功。因此，任何一個樁法都可以有上述各種具體的不同表現和練習架式。

當然，絕大多數的樁功是以中架、站式、丁八步的左右兩式作為基本的樁功姿勢的。

養生樁的一般要求是以正面擺好姿勢不動，兩腿微屈與肩同寬，全身放鬆，要以努力做到「緊而不僵，鬆而不懈」為目的。頭要似頂非頂，臀部微坐，兩手輕輕抬起，左右有撐抱之意，上下有浮托之意，要外靜而內動，上身要虛，為陽，下身兩腿要實，為陰。陰陽同時鍛鍊才能起到調整陰陽平衡的作用，要保持虛靈挺拔之意。祖師薌齋先生經常說：「樁雖好站，火候難求。」如，撐擰浮按樁、分水翹按樁、撐抱提抓樁、撐擰推託樁四個著名的樁功，都是養生樁法。

技擊樁又名渾元樁。常見的四個著名的樁功為矛盾樁、降龍樁、伏虎樁、子午樁。一般步法是側面，兩腿分開，重心是前四後六或前三後七等不同的站法。站技擊樁時精神要放大，假想敵人就在眼前。兩手輕輕抬起，要有撐三抱七的意念，也可以想前手似盾，要護胸，後手似矛，時刻準備戰鬥。要做到矛盾統一，六面爭力，精神集中，假想如有毒蛇猛獸要吃你，你要如何反應，要自衛防身，一觸即發。這與養生樁完全是兩種意念。

祖師薌齋先生幾十年來在全國各地教授意拳真功，以及教授由站樁從而治療許多種慢性病，經過一些細緻地體會和研究，他總結提煉了很多拳術中的有關養生治病及健身強體的功法要領，特別是對形意、太極、八卦和導引等的分析和體驗，綜合創造出一種高級的拳術——意拳。意拳裏包含了很多人體力學方面的知識，還有著深邃的拳學理論，在健身和治療慢性病上有著特別突出的療效。

　　在本書上編提供了祖師薌齋先生創編的一套動靜結合、鬆緊互用、內外溫養、調整平衡的治病養生的好功法。它是建立在剛柔相濟、虛實結合、動靜相應、鬆緊變換、錯綜為用的基礎上，體現陰陽相交和水火既濟的傳統功用的。這套功法對於治療一些慢性病，增強體質，有著顯著的效果。

　　從北京醫院附屬醫院、北京鐵路總醫院、北京鐵路療養院、河北省中醫研究院附屬醫院，以及地質學院氣功鍛鍊組等單位的推廣的結果來看，對於一些使用藥物在短時間內不容易治療的慢性病，如神經衰弱、神經官能症、坐骨神經痛、高血壓、低血壓、心臟病、動脈硬化症、半身不遂、慢性腸胃病、胃潰瘍、肝炎、慢性關節炎、慢性支氣管炎、肺結核、脊髓炎、糖尿病、肥胖病、耳鳴等以及氣血兩虛、百病叢生、身體衰弱等不良健康狀態的治療，可以取得意想不到的良好效果。

　　最突出的一個特點就是用這一療法去治療疾病，不會產生任何副作用。

　　站樁功之所以能治病健身，是因為它是形體和精神同時得到鍛鍊的一種基本運動。它主要是透過這一鍛鍊使高級中樞神經得到充分的休息，對大腦起了保護性作用。另一方面，它能調節內臟的平衡，使機體得到適當的鍛鍊，從而促進血液循環並增強各個系統的新陳代謝作用。中樞神經得到了充分的休息之後，調節功能就會加強血液循環，加速新陳代謝的更替，使五臟六腑、四肢百骸都能得到充分的「灌溉」。如果能長期堅持鍛鍊，就能使身體的再生能力逐步加強，全身潤澤，生機旺盛，也就達到了袪

病延年的作用。

參加這種鍛鍊的人，不限年齡性別，不拘身體強弱，不求外形變化的大小，也不強求入靜，不強調呼吸，更不需要意守丹田和打通大小周天，避免了一切產生走火入魔的可能，因而不會產生任何副作用。

總之，不給患者精神上增加任何負擔，以舒適自然為主，並根據病人的年齡、性別和體質與病情輕重，採取不同的方式，把姿勢、角度曲折、面積與用力大小、重心與位置運用適當，來調整身體與四肢的運動量，在加強整體功能的基礎上，消除局部病灶，恢復機能健康，因此是治療各種慢性病的根本方法，也是因病施治、調配無窮、辨證論治的一種治療方法。

更主要的是，站樁是運動與休息相結合的一種鍛鍊方法，也是動靜合一、內外保持平衡均整、由不平衡到平衡的一種反應身體變化性的鍛鍊方法。

從北京鐵路總醫院附屬醫院所做的化驗結果來看，站樁一小時後較一小時前每立方毫米的血液中，紅血球可增加152萬，白血球增加3650萬，血紅蛋白增加33.2克。血紅蛋白是人體內氧氣的輸送者，當它流經肺部時能吸收氧氣，流經身體各組織器官時，又能迅速釋放氧氣，供給組織需要。可見血紅蛋白的多少是血液含氧量多少的標誌。站樁後血紅蛋白的增加給身體組織器官帶來大量氧氣，因此使全身感到特別輕鬆舒暢。

對大腦皮層來說，這是一種良性刺激。當它大量出現時就可以促使大腦皮層中病灶的惡性循環點轉為抑制狀態，從而對大腦皮層起了保護性的抑制作用。站樁可以治

療神經衰弱、肌肉局部缺血、心絞痛、冠狀動脈硬化等疾病的原因由此可知一斑。

　　一般練功到達三、四十分鐘以上的人，由於血液循環和新陳代謝的改善，便覺得頭部、胸部非常輕鬆，神清氣爽，有說不出的舒適感。頭昏、腦脹、目眩、耳鳴和萎靡不振的症狀，也就自然消失了。

二、站樁功法的特點

　　從運動的外形來看，站樁的姿勢十分簡單。但是，在這簡單的姿勢下卻包含著極其豐富的變化和哲理。這些姿勢一般是和人身的生理組織相配合的。因此，站樁功法大致有以下幾個特點：

　　第一，站樁功法完全是從屬自然的。它不追求所謂的丹田，也不主張什麼意守丹田，更不講大小周天的運行。它認為人只有遵循身體的自然規律，而不應當由外力去創造規律。人為的創造規律，就是大不自然的行為，也就是矯揉造作，就會產生副作用。

　　第二，它要求站樁時精神高度集中，也就是入靜。而這種入靜不是強求的，是在練功過程中由精神的假想和外界的誘導達到輕鬆舒適狀態而得來的。經過實踐證明，初學的人只要堅持鍛鍊，雖然沒有達到入靜也能收到很好的效果。

　　第三，它不注意呼吸，特別不追求深呼吸，而是由適當的姿勢自然而然的就養生了腹式呼吸。

　　第四，站樁功法的姿勢種類很多，不受年齡與性別的

限制，能適合強弱不同體質的人進行鍛鍊，又能治療多種慢性病，能做到因人而異，根據體質與病情靈活調配，是一種辨證論治、因病設式的治療方法。

第五，站樁功法不受時間、地點和條件的限制，是簡單而易行的，只要熟練地掌握各種姿勢調配的要領，不論行、站、坐、臥隨時隨地都可以練功，完全可以和生活融為一體，因而能起到恢復疲勞和增強耐勞作用，並且容易堅持。

第六，站樁功法要求鬆緊平衡，其標誌就是舒適自然，這種平衡是矛盾的統一，是在中樞神經增強其控制力的基礎上很自然地形成的，而不應當強求製造一種外形上的鬆緊現象，它的主要精神是：緊而不僵，鬆而不懈。並且要求鬆與緊的統一。經由鍛鍊，可使身體建立一種新的更高的平衡。

第七，由於這是一種神、形、意、力合成一氣，互相關連、互相制約的調整陰陽平衡的整體活動，所以它又是一種動靜相兼、內外溫養的方法，既可以修養心神，又可以鍛鍊形骸，因此不但適用於醫療方面，更主要的是堅持不懈的練功，可以使弱者提高工作效率，增強耐勞力，擔負起更繁重的工作，可以使老年人健康愉快地安度晚年。

三、站樁過程中的注意事項

第一，站樁時莫發急。應選擇適宜的場地，最好是空氣新鮮或流通的地方。陽光充足，如有花草樹木更為合適。這樣一來可以利用大樹的吸碳呼氧的作用，多吸收氧

氣，提高療效。室內外均可以練習。

第二，站椿時必須把衣服穿得合適舒服，領扣不要太緊，褲帶略放鬆，以使肢體不受束縛，達到舒適為宜。大小便亦須在練習前排除，以免中途排便，影響練功。

第三，精神上首先要穩定，心平氣和，意識上要若無其事好像隨便玩的樣子。以免產生精神緊張，增加負擔。對神經系統的患者，更應注意。

第四，站立時要做到凝神靜氣，不要緊張和有所負擔。然後，兩眼微閉。閉眼時如感到頭暈、煩躁或不舒服，也可以睜開眼睛，或者找個更開闊的地方向遠觀看。

第五，當自己憂慮、急躁或容易發怒時可暫時不練。散步休息一會兒，等神情穩定後，再行練功。以免氣逆上升，影響療效。

第六，站椿姿勢問題。初練者必須按照一定的姿勢做下去，但是也不宜太拘泥，可根據身體情況，靈活運用，調配無窮。要細心體會，不要用力。一般來說，姿勢不宜多變。因為在神氣平穩後，血液循環開始加速，當內部正在運動變化時，姿勢突然一變，會將內在運動打亂。所以祖師薌齋先生一再提醒我們，「大動不如小動，小動不如不動。不動之動才是生生不已之動」。但是，當真正掌握了內在的運動規律時，則可以隨意變更，不受姿勢的限制，這更有意想不到的美感和效果。

第七，練功時間，最好自己掌握。如覺得輕鬆愉快、全身舒適，則可以多站些時間。如感到疲勞不堪，神思錯亂，就不要勉強支持下去，以免發生勞損現象。體質較弱的，一般可以站15分鐘左右。體質較強的，一般可以站30

分鐘到1小時左右。不要勉強追求時間的長短，早晚各一次即可。當練得比較舒適和熟悉時，可以與日常生活打成一片，行走坐臥不離這個，隨時隨地均可練功。這樣會收效更大。不要在吃飽喝足後馬上練功，這樣會影響腸胃的消化。一般在飯後半小時或 1 小時以後再開始練功。體質較弱的，也不可空腹練功，以免心慌意亂，影響療效。

第八，練功時如發生前後搖動時，可以使用意識引導其左右微動，越慢越好，如同在小船上站立，注意找尋微微的飄蕩感。找到平衡後身體更容易達到舒適感。

第九，練功時，嘴不要緊閉。有不舒適時也可以將嘴張開，要自然呼吸，用口鼻均可。越隨便越好。面部要有似笑非笑之意。使整體肌肉放鬆，以求達到「緊而不僵，鬆而不懈」的要求。使心胸開闊，精神放大，以心理影響生理，生理作用心理，促使心情舒暢，情緒穩定。

第十，練功時，不要注意呼吸，更不要勉強地做深呼吸。也不要強求入靜，以免精神緊張，產生副作用。如不能入靜時，由姿勢的調配來加強運動量，也能收到較好的效果。

第十一，練功初期，如發生微動或顫抖，或者肩部、肘部酸麻脹疼，以及唾液增多，有呵欠、打嗝、出恭、刺癢、出汗、發熱、氣喘等等感覺，甚至多年前的外傷部位還會有疼痛感，出現上述現象不要害怕，應當堅持不懈。這是初期正常的反映，日久即逐漸消失。因每人病情不同，反應也不同，千萬不要模仿別人或強求一律。唾液增多時可慢慢咽下。

第十二，練功將疾病治癒後，仍應堅持鍛鍊，持之以

恆，才能鞏固療效。

第十三，站完樁後，如有局部酸痛反應時，可用手背叉腰，上身可輕微的做些虛靈挺拔的動作，左右慢慢移動，找平衡。輕微的搖動會感到特別舒服輕快，並能減少酸痛感。還可以隨便活動，像淌水一樣，感到腳下有阻力，越慢越好。

第十四，對於身體健康的人來說，站養生樁是找尋技擊樁法中整體力量（即所謂「整勁兒」、「渾圓力」）的關鍵之所在。那種一上來就練習技擊樁法的人，常常是站了很久也沒有找到「整勁兒」、「渾圓力」。究其原因，就是因為基礎不牢固。以前，祖師薌齋先生在教李見宇時，前三年就是站養生樁。當「整勁兒」、「渾圓力」已經在身時，再站技擊樁法立刻就勢如破竹，起到了事半功倍的效果。而現在很多人都以為「我已經練過幾年武術了，學意拳就是為了提高技擊技術，不需要再站養生樁了」。這實在是對意拳的一種最大的誤解。

第十五，站樁絕不是傻站樁、站傻樁。不要以為站樁時間越長，功夫和功力就越高越大。意拳不是下傻功夫、多流汗水就能練出效果的。祖師薌齋先生在《論樁功之境界》一文中曾經指出了站樁的三種境界：

「持樁需經三種境界，體認有得，方為功夫。所謂境界，即持樁時所有之心理狀態與生理狀態也。蓋心理作用於生理，生理作用於心理，交相輝映也。清末學者王國維先生嘗謂：凡成事者皆須經歷三種境界，一曰『衣帶漸寬終不悔，為伊消得人憔悴』；二曰『昨夜西風凋碧樹，獨上高樓，望盡天涯路』；三曰『眾裏尋她千百度，驀然回

首，那人卻在燈火闌珊處」。習拳亦應如是。椿功之第一境界，從心理上講，謂之不悔。學者需堅信不疑，有百牛挽之不動決心。從生理上講，堅持百日即有感覺。堅持三、四年，即覺四肢膨脹，手足發熱，有灌鉛之感。四肢陰面有感覺較易且快，其陽面有感覺則較難且慢。四肢之陰陽面皆須有灌鉛膨脹之感，方為有得，臻此境界始可學功。椿功之第二境界，從心理上講謂之望盡天涯路。此際須信天下拳道之妙，唯我自爾獨尊，而他家所無也。從生理上講持椿至五、六年即覺兩耳膨脹，眉宇鼻梁覺如有物在內鼓動，頸項挺拔猶如頂上有大繩吊引，頭皮發脹，鬚髮飛漲，覺有大石壓頂之感。此即持椿時頭直頂豎之功也。同時上肢之感覺漸漸蔓延至臀部及小腹。至此四肢之感有日增焉。臻此境界，即覺天趣盎然矣。然所發之力還非源自腰脊，而是梢節之機械之力也。椿功之第三境界，從心理上講謂之回首。此明本能活力如蛇，神莊意靜，彈指揮手，無非天籟。回過頭來再看，十年來所操各法，皆如敝屣，理應棄之溝壑而不惜，初步所練即為正果。從生理上講，堅持十年左右即覺腰脊有膨脹之感。此種感覺直達各穀道臊根，卻覺體整如鑄，身如鉛灌，肌肉如一，行走步似蹚泥，抬手鋒棱起，身動如挾浪，腰脊板似牛。臻此境界，動則自有奇趣橫生之感，所發之力始能均整。至此，技擊之資備矣。」

這站椿的三個境界說，已經為我們指出了站椿功法的效果和目標。它就是「覺體整如鑄，身如鉛灌，肌肉如一，行走步似蹚泥，抬手鋒棱起，身動如挾浪，腰脊板似牛」。

　　祖師薌齋先生還特別強調說：

　　「持樁日久，但見效不著，須求之於己身，不是姿勢不正確，或即是心理起副作用於生理，或即生理起作用於心理，總之必有問題，當求證於高明，莫自以為是，切要！切要！又持樁切忌死持一式，各式須交替輪流，每日如此。同時又須有站臥之分，站式與臥式尤須堅持。如是始有調配生理機能之作用。各式樁法雖皆可培育內勁，但各式之效應不同（故以樁功治病，才因人設式）。若死持一式，從技擊角度看則為偏頗，學者慎之！每日之中持樁時間以一小時至一個半小時為宜。每日持樁之時間應占練功總時間的三分之二，以三分之一做試力，就我之經驗而論，如此為宜。蓋樁功為意拳之基本功之故也。」

　　因此，平日要多看相關拳論，加強對拳學理論的理解和學習，這對提高站樁效果是有大幫助的。

第 四 章

意拳基礎樁法（上）

　　本章中的樁法以坐式和臥式為主。一般適合於身體較弱的人。或者剛開始練習意拳，還不能適合長時間站立的，也可以從坐式和臥式開始。特別說明：坐式使用的椅子高度一般以能使大腿平放，兩膝彎曲約 90° 左右為宜，不可太高或太低。坐式和臥式的樁法，一般一次練習一小時至一個半小時左右時間為宜。養生是技擊的基礎，而坐樁和臥樁又是技擊樁的基礎。大家知道樁功為意拳之基本功，但是，假如在開始階段就輕視養生的話，那麼，日後在練習推手和斷手等技擊活動時就很容易使內臟器官受到各種各樣的傷害。只有身體內在和外在都非常健康時，才會使身體具備了追求技擊功夫的生理基礎。

　　特別是放鬆和入靜的功夫，沒有練過本章中所有養生樁法的人，在站技擊樁時最大的難關是不會放鬆。越站越緊、越練越僵是現在練習意拳和大成拳的人的一個通病。他們只知道了力從站樁起，為越站越有力而沾沾自喜，一站就是幾個小時，可是他們卻根本沒有注意到站樁的真正目的是換勁兒，而不是求力。

　　傳統意拳的站樁功夫要求越站越鬆，越站越整。這裏，鬆和整，緊和僵是完全不同的兩種效果。

一、坐式基礎椿

【椿法要求】

　　兩腳分開，與肩同寬。兩腳平行或腳尖微往外撇均可。腳掌與腳跟均著地，兩膝彎曲約90°。雙手虎口撐圓，叉在大腿根部，手心向下。頭項要正，腰身要直，肩要鬆，胸窩微放，小腹鬆圓，臂半圓，腋半虛，口和眼微閉，或者眼張開亦可。睜眼時要看遠方，以舒適自在為宜。感覺自己身軀無限高大、坐姿極其穩定。自己彷彿正坐在一座大山之巔，俯視著整個世界。

　　椿功標準姿勢（見上圖）：

二、坐式背手椿

【椿法要求】

　　兩腳分開，與肩同寬。兩腳平行或腳尖微往外撇均可。兩腳腳跟微微離地，兩腳腳尖著地，十趾微微用力抓地，兩膝彎曲約90°。兩手虎口撐圓，背著手，兩手手背貼在左右兩腰部，手心向後。頭項要正，腰身要直，肩要鬆，胸窩微放，小腹鬆圓，臂半圓，腋半虛，口和眼微閉，或者眼張開亦可。睜眼時要看遠方，以舒適自在為

宜。感覺自己身軀無限高大、坐姿極其穩定。自己彷彿正坐在一座大山之巔，俯視著整個世界。

　　椿功標準姿勢（如下圖）：

正面

背面

三、坐式浮托椿

【椿法要求】

　　兩腳分開，與肩同寬。兩腳平行或腳尖微往外撇均可。兩腳腳跟微微離地，兩腳腳尖著地，十趾微微用力抓地，兩膝彎曲約90°，兩手虎口撐圓，十指撐開，兩手位置放在腹前，兩手手心微含，兩手手心分別與自己心胸相應。兩肘肘心也是對應的。頭項要正，下頜內收，腰身要直，肩要鬆，沉肩墜肘，胸窩微放，小腹鬆圓，臂半圓，腋半虛，口和眼微閉，或者眼張開亦可。睜眼時要看遠

方，以舒適自在為宜。彷彿兩手兩臂在抱著一個氣球，不用力氣球就飛升跑了，用力氣球就癟了爆了。兩手和兩臂彷彿放在水面上。整個椿功有一種浮在海水上又托著氣球的感覺。這時候，左右手和左右臂稍微上下、前後、左右極其輕微的動一動，就會感覺到彷彿兩手和兩臂被無形的線連在一起、相互牽拉著。頭項和雙手臂

形成了一個三角形，也是相互牽拉著。這就是所謂的「整勁兒」，即初步的渾圓力。力量的鬆中求整就是這樣一點一點練成的。從一開始就必須追求這種感覺。意拳練習時只要雙手一離開身體就必須追求這種「整勁兒」。

椿功標準姿勢（如上圖）：

四、坐式撐抱椿

【椿法要求】

兩腳分開，與肩同寬。兩腳平行或腳尖微往外撇均可。兩腳腳跟微微離地，兩腳腳尖著地，十趾微微用力抓地，兩膝彎曲約 90°。雙手虎口撐圓，十指撐開，兩手上抬，位置放在肩前，兩手手心微含，兩手手心分別與自己心胸相應。兩肘肘心也是對應的。頭項要正，下頜內收，

腰身要直,肩要鬆,沉肩墜肘,胸窩微放,小腹鬆圓,臂半圓,腋半虛,口和眼微閉,或者眼張開亦可。睜眼時要看遠方,以舒適自在為宜。彷彿兩手兩臂在抱著一個氣球,不用力氣球就飛升跑了,用力氣球就癟了爆了。兩手和兩臂彷彿向上左右撐開。整個椿功有一種雙手臂撐開又托著氣球的感覺。這時候,左右手和左右

臂稍微上下、前後、左右極其輕微的動一動,就會感覺到彷彿兩手和兩臂被無形的線連在一起、相互牽拉著。頭項和雙手臂形成了一個三角形,也是相互牽拉著,產生「整勁兒」。

　　椿功標準姿勢(如上圖):

五、坐式扶按椿

【椿法要求】

　　兩腳分開,與肩同寬。兩腳平行或腳尖微往外撇均可。兩腳腳跟微微離地,兩腳腳尖著地,十趾微微用力抓地,兩膝彎曲約 90°。雙手虎口撐圓,十指撐開,兩手手心向下,位置放在胯部兩側,兩手手心微含,兩手手心下按。兩肘肘心也是對應的。頭項要正,下頜內收,腰身要

直，肩要鬆，沉肩墜肘，胸窩微放，小腹鬆圓，臂半圓，腋半虛，口和眼微閉，或者眼張開亦可。睜眼時要看遠方，以舒適自在為宜。彷彿兩手在下按氣球，不用力氣球就飛升跑了，用力氣球就癟了爆了。兩手和兩臂彷彿左右撐開。整個樁功有一種雙手臂撐開、雙手按著氣球的感覺。這時候，左右手和左右臂稍微上下、前

後、左右極其輕微的動一動，就會感覺到彷彿兩手和兩臂被無形的線連在一起、相互牽拉著。頭項和雙手臂形成了一個三角形，也是相互牽拉著，產生「整勁兒」。

樁功標準姿勢（如上圖）：

六、坐式分水翹按樁

【樁法要求】

兩腳分開，與肩同寬。兩腳平行或腳尖微往外撇均可。兩腳腳跟微微離地，兩腳腳尖著地，十趾微微用力抓地，兩膝彎曲約 90°。雙手虎口撐圓，十指撐開。兩臂左右自然伸開，兩肘微屈。兩手如推按物狀，兩手位置高度在臍上肋處。兩手手心微含，兩手如同按著一個浮在水面上的氣球，不要用力。兩手食指微微上翹。兩肘向後微微撐

開，使胸部開闊，兩肘肘心也是對應的。腋半虛。有似撐非夾之意。頭項要正，下頜內收，腰身要直，肩要鬆，沉肩墜肘，胸窩微放，小腹鬆圓，臂半圓，腋半虛，口和眼微閉，或者眼張開亦可。睜眼時要看遠方，以舒適自在為宜。彷彿兩手在下按氣球，不用力氣球就飛升

跑了，用力氣球就癟了爆了。兩手和兩臂彷彿左右撐開。整個樁功有一種雙手臂撐開、雙手按著氣球的感覺。這時候，左右手和左右臂稍微上下、前後、左右極其輕微的動一動，就會感覺到彷彿兩手和兩臂被無形的線連在一起、相互牽拉著。頭項和雙手臂形成了一個三角形，也是相互牽拉著，產生「整勁兒」。

椿功標準姿勢（如上圖）：

七、坐式撐托椿

【椿法要求】

兩腳分開，與肩同寬。兩腳平行或腳尖微往外撇均可。兩腳腳跟微微離地，兩腳腳尖著地，十趾微微用力抓地，兩膝彎曲約 90°。雙手虎口撐圓，十指撐開，兩手向

上，手心向前向上，位置放在肩上頭部兩側，兩手手心微含，兩手手臂上撐，手心上托。兩肘肘心也是對應的。頭項要正，下頜內收，腰身要直，肩要鬆，沉肩墜肘，胸窩微放，小腹鬆圓，臂半圓，腋半虛，口和眼微閉，或者眼張開亦可。睜眼時要看遠方，以舒適自在為宜。兩手和兩臂彷彿左右

撐開。整個椿功有一種雙手臂撐開的感覺。這時候，左右手和左右臂稍微上下、前後、左右極其輕微的動一動，就會感覺到彷彿兩手和兩臂被無形的線連在一起、相互牽拉著。頭項和雙手臂形成了一個三角形，也是相互牽拉著，產生「整勁兒」。

椿功標準姿勢（如上圖）：

八、坐式勾足提抱椿

【椿法要求】

兩腳分開，略比肩寬。兩腿向前伸出，兩腳腳尖微往外撇。兩腳腳跟微微離地，兩腳腳尖往回勾起。兩手虎口撐圓，十指撐開，兩手位置放在腹前，兩手手心微含，手心相對。兩肘左右撐開，兩肘肘心也是對應的。頭項要

正，下頜內收，腰身要直，肩要鬆，沉肩墜肘，胸窩微放，小腹鬆圓，臂半圓，腋半虛，口和眼微閉，或者眼張開亦可。睜眼時要看遠方，以舒適自在為宜。感覺自己身軀無限高大、坐姿極其穩定。自己彷彿正坐在一座大山之巔，俯視著整個世界。

椿功標準姿勢（如右圖）：

九、坐式勾足扶按椿

【椿法要求】

　　兩腳分開，略比肩寬。兩腿向前伸出，兩腳腳尖微往外撇。兩腳腳跟微微離地，兩腳腳尖往回勾起。兩手虎口撐圓，十指撐開，兩手位置放在腹前，兩手手心微含，兩手手心分別與自己心胸相應。兩肘肘心也是對應的。頭項要正，下頜內收，腰身要直，肩要鬆，沉肩墜肘，胸窩微放，小腹鬆圓，臂半圓，腋半虛，口和眼微閉，或者眼張開亦可。睜眼時要看遠方，以舒適自在為宜。彷彿兩手兩臂在抱著一個氣球，不用力氣球就飛升跑了，用力氣球就癟了爆了。兩手和兩臂彷彿放在水面上。整個椿功有一種浮在海水上又托著氣球的感覺。這時候，左右手和左右臂

稍微上下、前後、左右極其輕微的動一動，就會感覺到仿佛兩手和兩臂被無形的線連在一起、相互牽拉著。頭項和雙手臂形成了一個三角形，也是相互牽拉著。

椿功標準姿勢（如右圖）：

十、坐式勾足撐抱椿

【椿法要求】

兩腳分開，略比肩寬。兩腿向前伸出，兩腳腳尖微往外撇。兩腳腳跟微微離地，兩腳腳尖往回勾起。雙手虎口撐圓，十指撐開，兩手上抬，位置放在肩前，兩手手心微含，兩手手心分別與自己心胸相應。兩肘肘心也是對應的。頭項要正，下頜內收，腰身要直，肩要鬆，沉肩墜肘，胸窩微放，小腹鬆圓，臂半圓，腋半虛，口和眼微閉，或者眼張開亦可。

睜眼時要看遠方，以舒適自在為宜。彷彿兩手兩臂在抱著一個氣球，不用力氣球就飛升跑了，用力氣球就癟了爆了。兩手和兩臂彷彿向上左右撐開。整個椿功有一種雙手臂撐開又托著氣球的感覺。這時候，左右手和左右臂稍

微上下、前後、左右極其
輕微的動一動，就會感覺
到彷彿兩手和兩臂被無形
的線連在一起、相互牽拉
著。頭項和雙手臂形成了
一個三角形，也是相互牽
拉著，產生「整勁兒」。

　　椿功標準姿勢（如右
圖）：

十一、坐式勾足提插椿

【椿法要求】

　　兩腳分開，與肩同寬。兩腳平行或腳尖微往外撇均
可。兩腳腳跟微微離地，兩腳腳尖往回勾起。兩膝彎曲約
90°。雙手虎口撐圓，十指撐開，兩手手心向下，位置放在
胯部兩側，兩手手心微含，十指有下插上提之意。兩肘肘
心也是對應的。頭項要正，下頜內收，腰身要直，肩要
鬆，沉肩墜肘，胸窩微放，小腹鬆圓，臂半圓，腋半虛，
口和眼微閉，或者眼張開亦可。

　　睜眼時要看遠方，以舒適自在為宜。彷彿兩手在下插
水中，並向上提起。兩手和兩臂彷彿左右撐開。整個椿功
有一種雙手臂撐開、雙手按著氣球的感覺。這時候，左右

手和左右臂稍微上下、前後、左右極其輕微的動一動，就會感覺到彷彿兩手和兩臂被無形的線連在一起、相互牽拉著。頭項和雙手臂形成了一個三角形，也是相互牽拉著，產生「整勁兒」。

椿功標準姿勢（如右圖）：

十二、坐式勾足分水翹按椿

【椿法要求】

兩腳分開，與肩同寬。兩腳平行或腳尖微往外撇均可。兩腳腳跟微微離地，兩腳腳尖往回勾，不可太用力。兩膝彎曲約 90°。雙手虎口撐圓，十指撐開。兩臂左右自然伸開，兩肘微屈。兩手如推按物狀，兩手位置高度在臍上肋處。兩手手心微含，兩手如同按著一個浮在水面上的氣球，不要用力。兩手食指微微上翹。兩肘向後微微撐開，使胸部開闊，兩肘肘心也是對應的。腋半虛。有似撐非夾之意。頭項要正，下頜內收，腰身要直，肩要鬆，沉肩墜肘，胸窩微放，小腹鬆圓，臂半圓，腋半虛，口和眼微閉，或者眼張開亦可。睜眼時要看遠方，以舒適自在為宜。彷彿兩手在下按氣球，不用力氣球就飛升跑了，用力

氣球就癟了爆了。兩手和兩臂彷彿左右撐開。整個樁功有一種雙手臂撐開、雙手按著氣球的感覺。這時候，左右手和左右臂稍微上下、前後、左右極其輕微的動一動，就會感覺到彷彿兩手和兩臂被無形的線連在一起、相互牽拉著。頭項和雙手臂形成了一個三角形，也是相互牽拉著，產生「整勁兒」。

　　樁功標準姿勢（如右上圖）：

十三、坐式勾足撐托樁

【樁法要求】

　　兩腳分開，與肩同寬。兩腳平行或腳尖微往外撇均可。兩腳腳跟微微離地，兩腳腳尖往回勾，不可太用力。兩膝彎曲約 90°。雙手虎口撐圓，十指撐開，兩手向上，手心向前向上，位置放在肩上頭部兩側，兩手手心微含，兩手手臂上撐，手心上托。兩肘肘心也是對應的。頭項要正，下頜內收，腰身要直，肩要鬆，沉肩墜肘，胸窩微放，小腹鬆圓，臂半圓，腋半虛，口和眼微閉，或者眼張開亦可。

睜眼時要看遠方，以舒適自在為宜。兩手和兩臂仿佛左右撐開。整個樁功有一種雙手臂撐開的感覺。這時候，左右手和左右臂稍微上下、前後、左右極其輕微的動一動，就會感覺到彷彿兩手和兩臂被無形的線連在一起、相互牽拉著。頭項和雙手臂形成了一個三角形，也是相互牽拉著，產生「整勁兒」。

椿功標準姿勢（如右上圖）：

十四、臥式勾足撐抱椿

【椿法要求】

平臥在床，兩腳分開，與肩同寬。兩腳平行或腳尖微往外撇均可。兩腳腳跟著地，兩腳腳尖往回勾，不可太用力。兩膝微屈。雙手虎口撐圓，十指撐開，兩手上抬，位置放在肩前，兩手手心微含，兩手手心分別與自己心胸相應。兩肘肘心也是對應的，頭項要正，下頜微收，肩部放鬆，兩臂半圓，腋半虛，口和眼微閉，或者眼張開亦可。睜眼時要看上方，以舒適自在為宜。彷彿兩手兩臂在抱著一個氣球，不用力氣球就飛升跑了，用力氣球就癟了爆了。兩手和兩臂彷彿向上左右撐開。整個椿功有一種雙手

臂撐開又托著氣球的感覺。這時候，左右手和左右臂稍微上下、前後、左右極其輕微的動一動，就會感覺到彷彿兩手和兩臂被無形的線連在一起、相互牽拉著。頭項和雙手臂形成了一個三角形，也是相互牽拉著，產生「整勁兒」。

站樁是神、意、力、形的相互聯繫、相互制約、調整陰陽平衡的整體活動，故必須做到形、神兼備，意、力合一，以無形神似之間去求，又是這種功的根本問題，二者相互作用，不可偏頗。這就是祖師薌齋先生所說的「神意足不求形骸似，及以形取意，以意象形，意自形生，形隨意轉，力由意發等等。只要在練功時精神與意念、姿勢與力量配合適當，則力不練自生，神不足就養，吸不調自暢，體不練自強」。由此可見，站樁的要求：

其一，不是單純在於姿勢的繁簡和次序的先後。練功時，雖然要求姿勢正確，但是姿勢是次要的，而精神是主要的。精神必須由姿勢去運用和掌握，互相影響，與形神具備，並使之達到矛盾的統一。

其二，不是用某個意念活動固定在某個姿勢上，就能治療某種病，而是需要練功者靈活運用，細心地去體會舒適美感。哪個姿勢和意念活動對自己合適就用哪個，不要執著，以在練功時感到全身輕鬆舒適自然為標準。

關於姿勢的調配，雖是靈活的，但是也有原則，即根據患者的病情輕重、身體強弱和年齡的大小來選擇，以舒適得力、不超過本人身體所能的負擔為原則。隨著練功日期的增加與體質的增強，可以變換姿勢來增加四肢的運動量，這是因人而異、因病設式、靈活運用辨證論治的一種治療方法。

第 五 章

意拳基礎椿法（中）

從本章開始所介紹的椿法，都是養生和技擊統一在一起的傳統意拳的標準椿法。傳統意拳是不分養生椿和技擊椿的，都是養生椿中有技擊，而技擊椿中有養生的。

一、站式背手椿

【椿法要求】

兩腳分開，與肩同寬。兩腳平行或腳尖微往外撇均可。兩腳腳跟微微離地，兩腳腳尖著地，十趾微微用力抓地，兩膝微微彎曲。兩手虎口撐圓，背著手，兩手手背貼在左右兩腰部，手心向後。頭項要正，腰身要直，肩要鬆，胸窩微放，小腹鬆圓，臂半圓，腋半虛，口和眼微閉，或者眼張開亦可。睜眼時要看遠方，以舒適自在為宜。感覺自我舒適自然，全身放鬆。漸漸地有自身逐漸高大的感覺。

站的時間不用太長，五、六分鐘即可，然後再開始站其他椿法。

椿功標準姿勢（如下圖）：

正面　　　　　　　　　　　　　　背面

二、撐抱浮托樁

　　此樁又名渾元樁，是意拳最基本的樁功，在治療慢性
病上，療效最為顯著。此樁運動量比較緩和，很容易為初
學者所接受和掌握，並且能收到很好的效果。因此，它是
站樁各種功法中最常用和最簡單易學的樁法。這個姿勢不
但是剛入門的人學習的重點，也是練過幾年站樁的人需要
反覆站練和體會的樁法。

　　【樁法要求】兩腳分開，與肩同寬。兩腳平行或腳尖
微往外撇均可。兩腳腳跟微微離地，兩腳腳尖著地，十趾
微微用力抓地，兩膝微微彎曲。兩手虎口撐圓，十指撐
開，兩手位置放在腹前靠近兩肋處，高度在肚臍以上。兩
手食指微微上翹。兩手手心微含，兩手手心分別與自己心
胸相應。兩手如同浮在水面上，又好像是正托著一個氣

球，不要用力。有似浮非托之意。兩肘向後微微撐開，使胸部開闊，兩肘肘心也是對應的。兩臂如同抱著氣球，臂半圓，腋半虛。有似撐非夾之意。頭項要正，下頜內收。頭要似頂非頂，領導全身。項要似靠非靠。腰身要直，脊椎骨要挺直，有似靠非靠的感覺。兩肩要放鬆，沉肩墜肘。全身大小關節都有似曲非直之意。胸腹部必須注意胸窩微收，小腹鬆圓，不可聳肩，氣要下沉。口和眼張開，睜眼時要看遠方，臉上表情似笑非笑，以舒適自在為宜。撐抱浮托樁是一種矛盾力，要做到統一，不要做成一種絕對的力量。要在兩種矛盾力中找出平衡的感覺來，才能達到輕鬆舒適的作用與要求。要注意呼吸舒暢，氣不要往上提，橫隔膜不要緊張，也不要有憋氣現象。在指尖和腳尖部微微用力，實現鬆緊互用和鬆緊結合的目的。

樁功標準姿勢（祖師薌齋先生和恩師李見宇先生站這個樁的照片）：

以上各部分雖然分散講的很詳細，但是不要分散去做，以免做成不自然的動作。最好從整體出發，擺好姿勢後，全身無不舒適就可以了。如果某部不舒適時，可在局部微微動一下，找舒適感。例如，左腿不舒適時，可以把左腳跟離地，重心轉移到右腳上，這樣也是由不平衡到平衡的轉變。又如，肩部酸疼時，也可以把肩微微動一下。再如，體內某部有疼痛點時，可左右微微動一下，找找疼痛點。嘴微張，慢慢呼吸以調整內臟疼痛點，用整體幫助局部起變化。待疼痛點消失後再恢復原狀。總之，以不影響整體為原則，以找到舒適感為標準，要細心體會精神不要太執著。祖師薌齋先生常說：「離開己身，無物可求。執著己身，永無是處。」此話值得認真玩味。

當然，在所有姿勢中，站式是根本，「站樁」一詞就是闡明了以「站」為核心的本質特點。在這裏再詳細闡明一下養生樁和技擊樁的前後腳用力上的區別：

養生樁要求各種姿勢都是由兩腿平均負擔用力，運動量可由兩腿彎曲度和重心往後微坐來加強，兩手也可以由低往高來調整。初練者很容易就掌握了，以「高不過肩，低不過眉，遠不過尺，近不粘身」為標準。技擊樁要求是後腿的負擔量重，前腿的負擔量輕，後腿比前腿的曲度大，一般是前三後七或者是前四後六的用力比例，應站成丁八步樁。兩腿的運動量不平均，所以對初練者不宜採用。應該在腿部的力量和整體架子有些基礎時，再配合練習，這可以提高興趣和鞏固練功效果，增強體力與耐力。另外，如果開始站著感到累，也可以改為靠背式站靠一體的姿勢，即用脊背輕靠在樹上。其他要求同上。

三、撐擰浮按樁

【樁法要求】

兩腳分開，與肩同寬。兩腳平行或腳尖微往外撇均可。兩腳腳跟微微離地，兩腳腳尖著地，十趾微微用力抓地，兩膝微微彎曲。兩手虎口撐圓，十指撐開，食指微微向上翹。兩手撐擰下按，兩手位置放在兩肋處，高度在肚臍以上。兩手手心微含，兩手如同正在浮按著漂在水面上的氣球，不要用力。有似浮非托之意。兩肘向後微微撐開，使胸部開闊，兩肘肘心也是對應的。兩臂半圓，腋半虛。有似撐非夾之意。頭項要正，下頜內收。頭要似頂非頂，領導全身。項要似靠非靠。腰身要直，脊椎骨要挺直，有似靠非靠的感覺。兩肩要放鬆，沉肩墜肘。全身大小關節都有似曲非直之意。胸腹部必須注意胸窩微收，小腹鬆圓，不可聳肩，氣要下沉。口和眼張開，睜眼時要看遠方，臉上表情似笑非笑，以舒適自在為宜。

撐擰浮按樁是一種矛盾力，要做到統一，不要做成一種絕對的力量。要在兩種矛盾力中找出平衡的感覺來，才能達到輕鬆舒適的作用與要求。要注意呼吸舒暢，自然深長。氣不要往上提，橫隔膜不要緊張，也不要有憋氣現象。在指尖和腳尖部微微用力，實現鬆緊互用和鬆緊結合的目的。這樣能使兩臂外筋撐擰有力，溫養內臟，使胸腹開闊。對筋絡是個很好的鍛鍊，能增成力氣，稍節熱的快，蠕動加強，會有酸疼感。會有比較吃力的感覺，特別是兩手往後移動時，會感到更加吃力。

這個樁功對胸悶和呼吸系統、消化系統的疾病，療效最好。

樁功標準姿勢（如下圖）：

側面　　　　　　　　　　正面

四、提抱夾撐樁

【樁法要求】

兩腳分開，與肩同寬。兩腳平行或腳尖微往外撇均可。兩腳腳跟微微離地，兩腳腳尖著地，十趾微微用力抓地，兩膝微微彎曲。兩手虎口撐圓，十指撐開，兩手如提抱物狀，兩手位置放在兩肋處，高度在肚臍以上。兩手手心微含，兩手手心相對，使胸部開闊。兩肘橫撐，兩肘肘心也是對應的。兩臂如同夾著氣球，臂半圓，腋半虛。有似撐

非夾之意。頭項要正，下頜內收。頭要似頂非頂，領導全身。項要似靠非靠。腰身要直，脊椎骨要挺直，有似靠非靠的感覺。兩肩要放鬆，沉肩墜肘。臀要後坐。全身大小關節都有似曲非直之意。胸腹部必須注意胸窩微收，小腹鬆圓，不可聳肩，氣要下沉。口和眼張開，睜眼時要看遠方，臉上表情似笑非笑，以舒適自在為宜。

　　提抱夾撐樁是一種矛盾力，要做到統一，不要做成一種絕對的力量。要在兩種矛盾力中找出平衡的感覺來，才能達到輕鬆舒適的作用與要求。要注意呼吸舒暢，氣不要往上提，橫隔膜不要緊張，也不要有憋氣現象。全身毛孔有如過堂風之感。在指尖和腳尖部微微用力，實現鬆緊互用和鬆緊結合的目的。這個樁功對治療臟腑方面的疾病，最為合適有效。

　　樁功標準姿勢（如上圖）：

五、分水翹按樁

【樁法要求】

　　兩腳分開，與肩同寬。兩腳平行或腳尖微往外撇均可。兩腳腳跟微微離地，兩腳腳尖著地，十趾微微用力抓

地，兩膝微微彎曲。兩手虎口撐圓，十指撐開。兩臂左右自然伸開，兩肘微屈。兩手如推按物狀，兩手位置高度在臍上肋處。兩手手心微含。兩手如同按著一個浮在水面上的氣球，不要用力。兩手食指微微上翹。兩肘向後微微撐開，使胸部開闊，兩肘肘心也是對應的。腋半虛。有似撐非夾之意。頭項要正，下頜內收。頭要似頂非頂，領導全身。項要似靠非靠。腰身要直，脊椎骨要挺直，有似靠非靠的感覺。兩肩要放鬆，沉肩墜肘。全身大小關節都有似曲非直之意。胸腹部必須注意胸窩微收，小腹鬆圓，不可聳肩，氣要下沉。口和眼張開，睜眼時要看遠方，臉上表情似笑非笑，以舒適自在為宜。

　　分水翹按樁是一種矛盾力，要做到統一，不要做成一種絕對的力量。要在兩種矛盾力中找出平衡的感覺來，才能達到輕鬆舒適的作用與要求。

要注意呼吸舒暢，氣不要往上提，橫隔膜不要緊張，也不要有憋氣現象。在指尖和腳尖部微微用力，實現鬆緊互用和鬆緊結合的目的。這個樁功兩臂酸脹，稍節熱得快。對臂部有疾病或胳臂疼痛、半身麻木的患者，療效最好。另外，可鍛鍊梢節力，也是鬆肩墜肘的好方法。

　　樁功標準姿勢（如右圖）：

六、撐抱提抓樁

【樁法要求】

兩腳分開，與肩同寬。兩腳平行或腳尖微往外撇均可。兩腳腳跟微微離地，兩腳腳尖著地，十趾微微用力抓地，兩膝微微彎曲。兩手虎口撐圓，十指撐開，兩手上抬，如抓物狀，兩手位置放在胸上肩下處，有撐三抱七之意。兩手手心微含，兩手手心分別與自己心胸相應。兩肘向後微微撐開，使胸部開闊，兩肘肘心也是對應的。兩臂如同抱著氣球，臂半圓，腋半虛。有似撐非夾之意。頭項要正，下頜內收。頭要似頂非頂，領導全身。項要似靠非靠。腰身要直，脊椎骨要挺直，有似靠非靠的感覺。臀部微微後坐。兩肩要放鬆，沉肩墜肘。全身大小關節都有似曲非直之意。胸腹部必須注意胸窩微收，小腹鬆圓，不可聳肩，氣要下沉。口和眼張開，睜眼時要看遠方，臉上表情似笑非笑，以舒適自在為宜。

撐抱提抓樁是一種矛盾力，要做到統一，不要做成一種絕對的力量。要在兩種矛盾力中找出平衡的感覺來，才能達到輕鬆舒適的作用與要求。要注意呼吸舒暢，氣不要往上提，橫隔膜不要緊張，也不要有憋氣現象。在指尖和腳尖部微微用力，實現鬆緊互用和鬆緊結合的目的。

這個樁功對治療神經系統疾病，最為合適有效。對於病情好轉後，需要加強運動量者，也最為合適，增加力量也快。

樁功標準姿勢（如下圖）：

撐抱提抓樁局部手形照片：

七、撐擰推託椿

【椿法要求】

兩腳分開，與肩同寬。兩腳平行或腳尖微往外撇均可。兩腳腳跟微微離地，兩腳腳尖著地，十趾微微用力抓地，兩膝微微彎曲。兩手虎口撐圓，十指撐開，兩手上抬，兩手位置放在兩肩上。兩手手心微含。兩手食指從左右分別指向自己的眉毛，小指指向天空。兩手往上如託物狀，使前後上下的力量均整平衡，即有推託之意。用力不可過大。兩肘向後微微撐開，使胸部開闊，兩肘肘心也是對應的。兩臂如同抱著氣球，臂半圓，腋半虛。有似撐非夾之意。頭項要正，下頜內收。頭要似頂非頂，領導全身。項要似靠非靠。腰身要直，脊椎骨要挺直，有似靠非靠的感覺。兩肩要放鬆，沉肩墜肘。全身大小關節都有似曲非直之意。胸腹部必須注意胸窩微收，小腹鬆圓，不可聳肩，氣要下沉。口和眼張開，睜眼時要看遠方，臉上表情似笑非笑，以舒適自在為宜。

撐抱推託椿是一種矛盾力，要做到統一，不要做成一種絕對的力量。要在兩種矛盾力中找出平衡的感覺來，才能達到輕鬆舒適的作用與要求。要注意呼吸舒暢，氣不要往上提，橫隔膜不要緊張，也不要有憋氣現象。在指尖和腳尖部微微用力，實現鬆緊互用和鬆緊結合的目的。這個椿功運動量較大，對於身體比較健康的人，能增長力氣，加大肺活量，增強體質，鞏固身體素質；對於鍛鍊筋絡與臟腑，最為適用。

椿功標準姿勢（如下圖）：

八、托天通臂椿

【椿法要求】

左腳向前左方伸出半步，站成稍息姿勢。左腳腳尖微往外撇，腳跟微微離地，腳尖著地，右腳腳趾微微用力抓地，兩膝微微彎曲。左手虎口撐圓，十指撐開，上抬過頭，左手位置放在自己頭部斜向上方，左手心向上如托天。左肘微屈。右手抬起與肩同高，手心向右前撐開，右手食指上翹。兩手手心微微內含。右肘向後微微撐開，使胸部開闊。右腋半虛。有似撐非夾之意。頭項要正，下頜內收。頭要似頂非頂，領導全身。項要似靠非靠。腰身要直，脊椎骨要挺直，有似靠非靠的感覺。右肩要放鬆，沉

肩墜肘。全身大小關節都有似曲非直之意。胸腹部必須注意胸窩微收，小腹鬆圓，不可聳肩，氣要下沉。口和眼張開，眼順著左手看斜上方向，臉上表情似笑非笑，以舒適自在為宜。

通臂椿是一種矛盾力，要做到統一，不要做成一種絕對的力量。要在兩種矛盾力中找出平衡的感覺來，才能達到輕鬆舒適的作用與要求。要注意呼吸舒暢，氣不要往上提，橫隔膜不要緊張，也不要有憋氣現象。在指尖和腳尖部微微用力，實現鬆緊互用和鬆緊結合的目的。這個椿功，對於神經麻木或四肢冰涼以及肩臂疼痛患者的治療，效果很好。也能增長力氣。

椿功標準姿勢（如圖）：

左式　　　　　　　　　　　右式

第 六 章

意拳基礎椿法（下）

本章開始進入意拳核心內容椿法的學習，即技擊椿。

一、矛盾椿

【椿法要求】

左腳向左前斜方伸出半步，站成稍息姿勢。左腳腳尖微往外撇，腳跟微微離地，腳尖著地，右腳指向右斜，右腳腳趾微微用力抓地，兩膝微微彎曲。右膝蓋有向右前下方頂出之意。兩手虎口撐圓，十指撐開。左手上抬過肩，形成抱的姿勢。左肘微屈。右手手指指向前方，右手食指上翹。右手手心微含。右肘向後微微撐開，使胸部開闊，形成撐的姿勢。兩手手臂用力分配是撐三抱七。

頭項要正，下頜內收。頭要似頂非頂，領導全身。項要似靠非靠。腰身要直，脊椎骨要挺直，有似靠非靠的感覺。右肩要放鬆，沉肩墜肘。全身大小關節都有似曲非直之意。胸腹部必須注意胸窩微收，小腹鬆圓，不可聳肩，氣要下沉。口和眼張開，眼順著左手看斜上方向，臉上表情似笑非笑，以舒適自在為宜。真個身體微向後靠，右胯往裏往後收。兩膝之間似有彈簧撐開。兩手要有前後呼應之意。

矛盾樁是一種矛盾力，要做到統一，不要做成一種絕對的力量。要在兩種矛盾力中找出平衡的感覺來，才能達到輕鬆舒適的作用與要求。要注意呼吸舒暢，氣不要往上提，橫隔膜不要緊張，也不要有憋氣現象。在指尖和腳尖部微微用力，實現鬆緊互用和鬆緊結合的目的。

換一個相反姿勢，就是右式。

樁功標準姿勢（如下圖）：

左式　　　　　　　　右式

這個樁功，是技擊樁的基礎，也是推手和斷手的入門關鍵。意拳功力高低全在對這一樁法練習效果如何。在站樁時特別要做到形不破體，力不出尖。假如在前一階段的練習，沒有形成「整勁兒」，那麼這裏的矛盾樁練習就不太容易出效果了。

椿不能越站越緊，要學會「換勁兒」，　　即去掉全身的拙力，真正形成放鬆，掌握鬆就是緊的要領和效果，才能在矛盾椿的練習過程中求出渾元力和爆炸力。

　　矛盾椿局部手形（如下圖）：

二、子午椿

【椿法要求】

　　左腳向上屈膝抬起，左腳腳尖微往外撇並向回鈎，左腳跟抬起高度在右膝以上即可，腳跟有向前向下蹬之意。右腳支撐全身重量，右膝微微彎曲。右膝蓋有向右前下方頂出之意。兩手虎口撐圓，十指撐開。左手上抬過肩，左手虎口向上。右手掌往下按，在胯部以上位置，右手食指上翹。右手手心微含。右肘向後微微撐開，使胸部開闊，形成撐的姿勢。兩手手臂上下有爭力。

頭項要正，下頜內收。頭要似頂非頂，領導全身。項要似靠非靠。腰身要直，脊椎骨要挺直，有似靠非靠的感覺。右肩要放鬆。全身大小關節都有似曲非直之意。胸腹部必須注意胸窩微收，小腹鬆圓，不可聳肩，氣要下沉。口和眼張開，眼順著左手看斜上方向，臉上表情似笑非笑，以舒適自在為宜。

子午椿是一種矛盾力，上手為子，下手為午。也即上陽下陰之意也。上下手要做到統一，不要做成一種絕對的力量。要在兩種矛盾力中找出平衡的感覺來，才能達到輕鬆舒適的作用與要求。要注意呼吸舒暢，氣不要往上提，橫隔膜不要緊張，也不要有瞥氣現象。在指尖和腳尖部微微用力，實現鬆緊互用和鬆緊結合的目的。

換一個相反姿勢，就是右式。

椿功標準姿勢（如下圖）：

左式　　　　　　　　　　　右式

三、降龍樁

此樁與下述之伏虎樁均為大步樁。操練者習之增長體力較快，但習時消耗體力甚大。初學者不宜站此樁。

【樁法要求】

將丁八步前後擴大。左腿在前成弓步，右腿後蹬，形成大弓箭步的架式。頭額向左後方擰，目視後方。右手橫掌向前推，左手橫掌向後推，左手比右手略低，雙手十指自然分開，微微彎曲絲龍爪。有降住毒龍之意。前後手要做到統一，不要做成一種絕對的力量。要在兩種矛盾力中找出平衡的感覺來，才能達到輕鬆舒適的作用與要求。要注意呼吸舒暢，氣不要往上提，橫隔膜不要緊張，也不要有瘀氣現象。在指尖和腳尖部微微用力，實現鬆緊互用和鬆緊結合的目的。

左式

右式

換一個相反姿勢，就是右式。

椿功標準姿勢（如101頁圖）：

四、伏虎椿

【椿法要求】

兩腳前後站立成丁八步，比大丁八步略小，身體下蹲，重心儘量降低，上體挺直，略往後靠，兩腳受力左四右六或左三右七；兩手從眉間左右撐開，左手向前長伸，護住中線，左手心微向斜前，手指微向上。右手在左手後，距身體約33公分，右手心微向外，手指微向前；兩手手指自然分開，中指挑起；左右手似正在向前撲和向後拉。意念中要有虎的氣勢，有很多假想敵向自己進攻，自己如虎入羊群之勢。

雙手如降伏胯下猛虎，前手按抓虎頸，後手掐拿虎腰，體會胯下猛虎的掙扎和與之搏鬥之精神狀態。前後手要做到統一，不要做成一種絕對的力量。要在兩種矛盾力中找出平衡的感覺來，才能達到輕鬆舒適的作用與要求。

要注意呼吸舒暢，氣不要往上提，橫隔膜不要緊張，也不要有憋氣現象。在指尖和腳尖部微微用力，實現鬆緊互用和鬆緊結合的目的。

換一個相反姿勢，就是右式。

椿功標準姿勢（如下圖）：

左式　　　　　　　　右式

五、撐托樁

【樁法要求】

　　左腳向左前斜方伸出半步，站成稍息姿勢。左腳腳尖微往外撇，腳跟微微離地，腳尖著地，右腳指向右斜方，右腳腳趾微微用力抓地，兩膝微微彎曲。右膝蓋有向右前下方頂出之意。兩手上抬，虎口撐圓，十指撐開，手心向外，雙手手背在自己的兩個太陽穴上方，向外撐開。雙手虎口左右相對，雙手手心向外向前，雙肘微屈。胸部開闊，形成雙手上撐的姿勢。兩手手臂用力分配是左三右七或左四右六。

　　頭項要正，下頜內收。頭要似頂非頂，領導全身。項要似靠非靠。腰身要直，脊椎骨要挺直，有似靠非靠的感覺。右肩要放鬆。全身大小關節都有似曲非直之意。胸腹部必須注意胸窩微收，小腹鬆圓，不可聳肩，氣要下沉。

口和眼張開，眼順著左手看斜上方向，臉上表情似笑非笑，以舒適自在為宜。整個身體微向後靠，右胯往裏往後收。兩膝之間似有彈簧撐開。兩手要有前後呼應之意。

撐托樁是一種矛盾力，要做到統一，不要做成一種絕對的力量。要在兩種矛盾力中找出平衡的感覺來，才能達到輕鬆舒適的作用與要求。

要注意呼吸舒暢，氣不要往上提，橫隔膜不要緊張，也不要有憋氣現象。在指尖和腳尖部微微用力，實現鬆緊互用和鬆緊結合的目的。

換一個相反姿勢，就是右式。

樁功標準姿勢（如下圖）：

左式　　　　　　　　　　　右式

六、勾掛樁

【樁法要求】

　　左腳向左前斜方伸出半步，站成稍息姿勢。左腳腳尖微往外撇，腳跟微微離地，腳尖著地，右腳指向右斜方，右腳腳趾微微用力抓地，兩膝微微彎曲。右膝蓋有向右前下方頂出之意。兩手上抬，約與肩平，虎口撐圓，十指指向斜下前方，手心左右相對，雙手有向後勾和掛之意。雙手虎口撐開向前，雙肘微屈。胸部開闊，形成雙手前勾後掛的姿勢。兩手手臂用力分配是左三右七或左四右六。

　　頭項要正，下頜內收。頭要似頂非頂，領導全身。項要似靠非靠。腰身要直，脊椎骨要挺直，有似靠非靠的感覺。右肩要放鬆。全身大小關節都有似曲非直之意。胸腹部必須注意胸窩微收，小腹鬆圓，不可聳肩，氣要下沉。口和眼張開，眼順著左手看斜上方向，臉上表情似笑非笑，以舒適自在為宜。整個身體微向後靠，右胯往裏往後收。兩膝之間似有彈簧撐開。兩手要有前後呼應之意。

　　勾掛樁是一種矛盾力，要做到統一，不要做成一種絕對的力量。要在兩種矛盾力中找出平衡的感覺來，才能達到輕鬆舒適的作用與要求。

　　要注意呼吸舒暢，氣不要往上提，橫隔膜不要緊張，也不要有憋氣現象。在指尖和腳尖部微微用力，實現鬆緊互用和鬆緊結合的目的。

　　換一個相反姿勢，就是右式。

　　樁功標準姿勢（如下圖）：

左式　　　　　　　　右式

七、扶按樁

【樁法要求】

左腳向左前斜方伸出半步，站成稍息姿勢。左腳腳尖微往外撇，腳跟微微離地，腳尖著地，右腳指向右斜方，右腳腳趾微微用力抓地，兩膝微微彎曲。右膝蓋有向右前下方頂出之意。兩手上抬，約與肩平，虎口撐圓，左手高於右手，十指撐開，雙手手心向下，雙手虎口左右相對，雙手有左扶右按之意。雙手虎口撐開向前，雙肘微屈。胸部開闊。兩手手臂用力分配是左三右七或左四右六。

頭項要正，下頜內收。頭要似頂非頂，領導全身。項要似靠非靠。腰身要直，脊椎骨要挺直，有似靠非靠的感覺。右肩要放鬆。全身大小關節都有似曲非直之意。胸腹

意拳正軌

部必須注意胸窩微收，小腹鬆圓，不可聳肩，氣要下沉。口和眼張開，眼順著左手看斜上方向，臉上表情似笑非笑，以舒適自在為宜。整個身體微向後靠，右胯往裏往後收。兩膝之間似有彈簧撐開。兩手要有前後呼應之意。

扶按樁是一種矛盾力，要做到統一，不要做成一種絕對的力量。要在兩種矛盾力中找出平衡的感覺來，才能達到輕鬆舒適的作用與要求。

要注意呼吸舒暢，氣不要往上提，橫隔膜不要緊張，也不要有憋氣現象。在指尖和腳尖部微微用力，實現鬆緊互用和鬆緊結合的目的。

換一個相反姿勢，就是右式。

樁功標準姿勢（如下圖）：

左式　　　　　　　　右式

　　練習到這一階段，實際上意拳樁功已經基本上掌握了。在此基礎上開始摸勁和試力的練習。當然，更主要的是要追求樁功中出現的那種整體如鑄、毛髮似戟的臨戰狀態和感覺效果。

　　練習技擊樁法，不是單單為了求力，而是求出鬆柔中產生的一種整體力量。只有鬆得好了，才能實現發力的冷脆。特別要學會體會「鬆就是緊」、「緊就是鬆」的那種鬆緊互換的效果。

　　技擊上所說的「身鬆點緊」的意思，也正是在站樁過程中體會並產生出來。只求緊，就會越站越僵，可能自我還覺得力量越來越大了，實際上卻是已經誤入歧途了。只求鬆，就會越站越懈了，反而達不到拳術的基本要求和目的，也是一種誤入歧途的表現。

中編

意拳高級功法

第 一 章

意拳高級樁功的若干問題

一、技擊樁概述

意拳認為：「鬆緊」是構成人體運動的基本矛盾，諸如力量、速度、協調性、耐力等運動素質無不受人體神經肌肉鬆緊的制約，意拳全部的訓練內容就是如何正確培養掌握和運用「鬆緊」的問題，所謂「鬆緊」既是肌肉的鬆緊，又是精神心理的鬆緊，而首先是精神的鬆緊。

技擊樁「鬆緊」轉換的目的就是培養爭力，即渾圓力，就是運用意念引導全身上下、左右、前後四面八方意力在矛盾相爭中達到平衡、均整、協調、渾然一體的力量，姚宗勳先生曾生動的形容此力為「周身無處不彈簧；疾速旋轉的陀螺；充足氣的皮求等等」。

爭力的培養首從自身開始，自身爭力的培養是一個由局部到整體，由簡單到複雜的過程。待自身爭力建立之後則要進一步培養自身與外界之爭力。祖師薌齋先生曾說：「自身皆具備，反向身外求，不求已身，無物可求，執著已身，一無是處。」這就充分揭示了爭力的發展過程，即將自身之間爭力建立之後進一步延伸，把自身爭力於外物

相爭。在此要注意的問題是部分練習者在進入身外爭力練習階段後，往往忽略了自身爭力，而不在自身爭力基礎上去培養身外爭力，這就使身外爭力成了無源之水，無本之木，而偏離了爭力發展之正軌，導致自身的僵滯。

所以自身爭力是身外爭力之基礎，其發展的最高階段是將二者溶為一體，達到精神與肢體，肢體與外界的高度協調統一，這個統一的過程是在技擊樁「鬆緊」轉換中由摸勁的形式來完成的。

所謂摸勁，就是思想高度集中，以舒適，協調，意力飽滿為原則，運用不同程度的意念誘導，結合合理的姿勢間架，放鬆，緩慢，均勻的揣摩、體會站樁中鬆緊轉換的力量，並隨時注意鬆與緊都不要過頭。

祖師薌齋先生曾說：「叫你放鬆，你真的放鬆就錯了，你不放鬆更不對。」說明鬆和緊都不能絕對，過鬆則力懈，影響力的形成；過緊則力僵，造成反應遲鈍，不靈活，發力不脆，人也容易疲勞。

不同階段的摸勁應配以相應水準的意念活動，要突出意念誘導的真實性。

二、技擊樁摸勁的三個階段

(一)前後、開合、上下摸勁

此為摸勁的初級階段，要遵循一定的程式，主要培養自身爭力，以小範圍意念假借入手。

以渾圓樁（左式）為例：姿勢站好後假借我們周身被

一棵參天巨樹所包裹，要著意體會身體與樹融為一體的整體感，而後設想頭與前腳，後頸與前手，兩肘之間，兩手腕部，雙手五指，後胯與前膝，兩腳上部踝關節，肩與胯、手與腳、身體各部直線、斜線交錯相爭。祖師薌齋先生描述其為：「爭力是無所不爭，四肢百骸，大小關節無處不爭。虛虛實實，鬆鬆緊緊，還是爭力，不爭就使不出力氣來，宇宙間無處不爭，自己與自己的四肢百骸爭，總之要全體渾圓一爭」即「周身無處不彈簧。」這是自身內部之爭，是培養自身爭力，撐起樁架的必經之途。

其摸勁時要遵循一定的程式，如懷抱大樹向後摸勁，右腿緩緩向後下坐靠，兩腿之間內側微微外分，意念左腳五趾扒地，膝關節微微上指，頭與前腳的彈簧微微上下相爭，注意體會兩腿之間有向後、外分、上提三種力，需特別注意的是這三種力要以後拉之力為主，以外分，上提之力為輔，向後一拉即止，隨即再向前推動大樹，要體會前推、擠合、下按三種力，依然是以前推為主，以擠合、下按之力為輔。

如此類推，開合、上下摸勁同樣有主次之分。這樣做的目的就是在單一摸勁時以主次兼顧的形式，突出意拳重視周身整體訓練的特點，同時，在意拳爭力培養的初級階段，設置一定的程式，便於初學者入門掌握。

(二)打亂程式摸勁

此為摸勁的中級階段，已打亂單一摸勁時固定的程式，在自身爭力建立的基礎上，加強自身與外界相爭，此時意念應逐步放大，使自身與外物相連。

經過以上前後、開合、上下三種摸勁的練習，自身具備相當基礎之後，就可進行技擊樁打亂程式摸勁練習。

原來摸勁時要遵循一定的規律，向前必須向後，有開必須有合，上提後一定要下按，而打亂程式則要求上來可先將樹拔起，隨即就分開，一分開就回拉，一回拉就擠合，一擠合就下按，一下按就前推，同時意念上也要逐步放遠放大，由原來意念巨樹裹身之自身之爭而逐步過渡到自身與身外之物相爭。如設想自身如巨人，聳立於天地之間，四面八方皆以己身為中心，自身一動，就能帶動山川河流隨之而微動之感覺，此目的就是打亂原來單一摸勁時的固定程式，突出意拳實戰時隨機隨勢應感而發的特點，同時意念也要無限放大，以培養實戰時「欲與天公試比高」之大無畏精神氣概。

（三）六面力同時摸勁

此為摸勁之高級階段，已沒有任何程式，自身已與外界乃至整個宇宙溶為一體，周身鼓蕩，鬆緊轉換的頻率極快，體內產生高速極小的顫動，如疾速旋轉的陀螺，以物擊之，觸之即潰，精神意識高度集中，假借周身毛髮無限延伸，忽忽悠悠，飄飄蕩蕩，於宇宙中飛舞，看似輕鬆自然，實則殺機無限，此時如有顆粒灰塵觸及髮尖，周身各處的毛髮瞬間則變成根根極柔韌的鋼鞭，猛然一緊，如炸彈一般，將全部力量抽向顆粒灰塵。同時，要時刻高度警惕來犯的灰塵，即使灰塵觸及毛髮的速度再快，數量再多，我們內在的精神意念總要超前的將其全部籠罩，精神狀態高度激發，隨時控制全身各部神經肌肉對來自不同方

面的刺激皆應感而發，其勢靈敏、迅猛、連續，最後達到一種「不碰上就什麼也沒有，而在哪兒碰上哪兒就有的奇妙感覺」，即前人所謂「拳無拳，意無意，無拳無意是真義」「不期然而然，莫知之而至」的拳學化境，用現代運動觀點解釋就是通過不斷地強化中樞神經系統，建立正確動作定型與條件反射，從而使神經肌肉達到高度協調統一所體現出的一種運動自動化狀態，就是一切動作皆隨心所欲，在有意與無意之間完成。宗師姚宗勳先生曾精闢的比喻為：「善於游泳的人，往往忘記了水的存在，正因為忘了水的存在，游的更幽然自得」。

關於技擊樁的摸勁在意拳發展史上有這樣一個典故：當年祖師薌齋先生教技擊樁一上來就讓學生體會摸索「整體渾圓力」，這是非常困難的。宗師姚宗勳先生認為自己很笨，這樣做根本體會不到，於是就偷偷的將整體渾圓力拆開來一個勁一個勁去找，先前後，再上下，再開合（左右），單勁找齊了，再將前後、上下、左右的程式打亂，最後達到六面力同時摸勁兒，即祖師薌齋先生所要求的整體渾圓力。這種分對組合的摸勁方法使姚先生的勁兒找得最快最整，大大提高了意拳站樁摸勁的品質，也充分體現了姚先生「師古而不泥古」之開拓創新的精神，可以說這是意拳發展史上的一個里程碑。

經過以上三個階段的摸勁訓練，可練就以下技擊的基本條件：

1. 培養凝重渾厚、清逸大勇、鬥志昂揚、所向披靡、當之即摧之大無畏臨戰精神氣概。

2. 培養平衡、均整、渾圓一體的力量，能在剎那間調

動周身各部位相應一致地發出最大的力量，並能隨意控制和變換力的方向。

3. 能夠使呼吸通暢，有效的調節周身之鬆緊，在實戰中保持體力。

(四)在進行技擊樁摸勁時要注意的情況

1. 突出意念誘導之真實性是技擊樁摸勁求取力量之根源。

從生物學的角度來講：人體力量大小除與肌肉解剖橫斷面大小有關外，與肌肉的生理橫斷面有著更為密切的關係。所謂生理橫斷面是指神經支配肌纖維的能力。一束肌肉有成千上萬的肌纖維，不管人的體型如何，同一束肌肉的肌纖維數量都相差無幾，但在一般情況下許多肌纖維很少甚至不參與運動，神經系統對這部分肌纖維形不成協調統一的支配，在這樣情況下人體運動所表現出的力量則是局部、分散的力，雖由外在訓練也能迅速提高此力之威力，但這只是僵硬、呆板、不靈活之死力。

所以，要想在實戰瞬間將全身力量集中一點，疾速爆發，並隨意控制和變換力的方向與大小，則必須訓練神經，因為這一切運動都是神經指揮肌肉，肌肉作用於骨骼所形成的。而神經系統在很大程度上受精神意識的控制，所以要進行不同程度的意念誘導訓練，使自己的精神意識經常處於一種如臨其境的氛圍中，突出意念誘導之真實性，意念誘導越真實，就越能有效地刺激神經，增強其靈敏性與應激性，改善和提高其支配肌纖維的能力，從而調動更多的肌纖維同時參與收縮。

而拳勁的本質就是由神經支配肌纖維能力的大小所決定的，故其支配能力越強，越完善，肌纖維收縮的能力也就越強，爆發出的力量也就越大，越飽滿渾厚。

2. 合理的姿勢間架是技擊椿摸勁的重要外在結合形式。

所謂合理的姿勢間架必須是附合人體運動力學原理的結構形式。如站技擊椿時頭上領，如有小線上提，臀下似坐高凳，使頭與臀部上下相爭，目的是將人體脊柱生理彎曲在一定狀態下拉直，以利於發力時力量的傳導；站立的步型為丁八步，身體重心為前三後七，這種姿勢便於前腳引領和後腳的蹬踏起動，出擊靈活且重心穩固；肩要撐，肘要橫，外撐裏裹的力量分配為撐三抱七，兩手高不過眉，低不過臍，左手不過右，右手不超左，向前不愈尺，向內不貼身，在這個範圍內，手臂可變換出很多個姿勢來，且能有效的保護頭部和胸肋部位；胸窩微收，背緊胸鬆，小腹鬆圓，腿的四周如有木棍支撐，雙膝撐拔，有拔地欲起之勢，周身大小關節不處不曲，曲折處都假想有力牽引，整體要有撐裹捲黏、內外牽連、旋拔不已之意，這種姿勢間架暴露面積小，有利於攻防動作的實施，同時還能形成槓桿、斜面、三角、螺旋等多種形式的力。

總之，摸勁時配合合理的姿勢間架有利於力量的培養與運用及各種攻防動作直接有效地實施。

以上兩點著重論述了意念與姿勢間架在技擊椿摸勁中的重要作用。如何正確認識二者之間的關係呢？

俗話說：「善書者意在筆端，善畫者成竹在胸」，說明了「意」在任何一項工作中的引領作用，拳學中「意為

力之帥」即是此意。所以，意念是拳術的靈魂，意念活動水準的高低將直接與功夫成正比。而合理的姿勢間架則是「靈魂」的載體。

但是，現在很多意拳練習者不注重姿勢間架的正確搭配，雖強調意念，但在姿勢間架上卻缺乏規範性和嚴密性，如果只重「意」而沒有規範嚴密的姿勢間架相互搭配，拳術則成了水月境花、空中樓閣，在技擊時並不能實用；更有一部分意拳練習者，只重自身間架的調配，大講什麼整體結構的連結放長、起自身筋骨等等而缺少正確的意念誘導，這樣雖能練出推拉不動的穩固椿架，卻使神經系統得不到相應的刺激，久之則必形成不靈活之僵緊力，而影響技擊實戰。

意拳認為「意」是精神假借之支配，「拳」是運動的外部表現形式，拳術是精神的肢體的高度統一，沒有肢體的運動形式，精神就是空想，缺乏精神的作用，肢體則是盲目的運動，故意念和姿勢間架是一個相輔相成不可分割的整體。正確的意念誘導結合嚴謹周密的姿勢間架才是椿法之正規，任何脫離或偏重某一方面的做法都是極不科學的，祖師薌齋先生所謂「只求神意足，不求形骸似」是對椿法高級階段的要求，初學者切莫盲目效仿。

3. 思想高度集中，動作細微、緩慢、均勻是技擊椿摸勁求取力量的主要原則。

技擊椿摸勁時，思想集中，動作細緩均勻能掃除萬慮、更為專一和針對性地去體察自身及自身與周圍萬物的各種細微變化，如果摸勁時思想浮躁，動作粗糙，速度變快，就如豬八戒吃人參果一般又能品出什麼味兒呢？

姚宗勳先生講：意拳就是要學會在空氣中游泳，就是要培養身體各部的感覺。怎麼培養呢？就如春蠶嚼葉，閒時品茗一般揣摸意中力。此時，思想越集中，動作越細微、緩慢，體認也就越深刻，大面上體會有了，細微處有沒有體會，更細微處呢？摸勁時能否體會到周身每一根毛髮飛漲並與外物相爭？能否體會到皮膚與大氣相摩擦的感覺？能否體會到你的眼捷毛如鋼鞭一般隨時警惕來犯之敵？所以摸索的感覺越細，其輻射身體的部位就越廣泛，周身神經肌肉也就越協調統一，力量也就越渾厚飽滿。

同時，思想集中、動作細緩均勻的原則，也有利於正確的動作定型及條件反射的建立。因為學習一種新的運動技能，首先都要求思想集中，慢慢去體會其運動軌跡、用力方式，熟練後方可加快速度，最後運用自如。

4. 進行合理的意念間架調整是提高站樁摸勁品質的重要手段。

在摸勁過程中，意念活動（即精神激發）及姿勢間架不可能始終處於同一狀態，因為任何持續性的運動形式都會導致神經肌體的疲勞，所以我們要用相應的方法不斷地進行調整，才能保證訓練的順利進行。

精神激發是技擊樁摸勁的能量源，在整個摸勁過程中佔有極其重要的地位，然而，由於我們的技擊意念過重或執於已身未能將意念放遠放大，就會導致疲勞或身心發緊而影響練習效果，如此我們可暫停技擊意念，換以輕鬆舒適的養生意念進行調整、放鬆，待身心緩解後，可繼續運用技擊意念進行摸勁。

摸勁時精神激發調整過程可具體分解為：

意念刺激——精神激發——神經疲勞——意念調整放鬆——意念再次刺激——精神再度激發……

神經與肌肉鬆緊轉換的運動軌跡同樣可具體分解為：

動（緊）——停（鬆）——再動（緊）——再停（鬆）

動即緊，即力量瞬間的整體體現，一動即停，停即鬆，鬆是整體的鬆，是整體的蓄勁過程。在這鬆的瞬間，我們要體察自身各部是否已連成一個整體，是否與外界相爭，一切都已準備就緒，即刻再次一動（緊），將整體力量體現出來。這樣整個摸勁過程鬆緊轉換的節奏，清晰明辨，便於渾圓力的培養，但這種節奏只是初級的摸勁形式，待具備相當基礎後，摸勁時則要打亂這種節奏，不知身體是鬆還是緊，鬆緊應相互作用，形成鬆即是緊、緊即是鬆的狀態，即祖師薌齋先生「鬆緊緊鬆勿過正」之論，所謂「正」是適當，恰到好處的意思，宗師姚宗勳先生曾生動的比喻為：「運動員站在起跑線上聽到各就位時身體是什麼感覺，準備起跑的姿勢是緊還是鬆，是動還是靜？」所以站樁表面看一動不動，實際上身體卻在高速運轉待命啟動，高級階段的樁法摸勁就是要始終保持已接未觸的高度臨戰狀態。

在站姿上，如感精力充沛可稍站低一些，這相對高架來說更能提高功力；反之則提高樁架或放下樁架甩甩胳膊、踢踢腿放鬆一下，再接著站，這樣可有效地控制僵力的產生。

總之，在摸勁過程中，對意念和間架進行合理的調整，能有效地控制鬆緊，緩解疲勞，並防止意念與間架的錯誤定型，從而提高站樁摸勁的品質。

5. 科學、唯物、辯證的態度是正確認識技擊樁摸勁的關鍵。

意拳站樁造詣高深者結合試力、發力等系列基本功訓，雖然常有奇妙的功力體現，如放人於丈外，打出無堅不摧的穿透力，很強的抗擊打能力，以及在實戰時「硬打硬要無遮攔」和清逸大勇的精神氣概等等，但這些體現都超不出人體生理本能所能達到的境界。而現代一些意拳練習者過分誇大樁功的功效，提出「特異功能」、「發放外氣」，追求「長生不老之大道」，更有甚者將小說家所言之「劍仙」、「飛俠」之類立為「風裏來雨裏去」，武功造詣最高之典範。孰不知此類迷信荒唐之說教早被王、姚二位先生嗤為無稽之談。

祖師薌齋先生曾曰：「識別淺者，即以為人莫能也，便以為神秘視之，殊不知神秘之說根本荒謬，概由智識薄弱鑒別力淺及體認未精而起」。宗師姚宗勳先生也曾談起：「我國武術界出現了諸如神拳、刀槍不入、隔牆打人等反科學的宣傳，這是一股歪風邪氣，用不了多久就會壽終正寢，真正具有生命力的是站在真理一邊的科學訓練。意拳自創始以來就摒棄了一切唯心的迷信的糟粕，以科學的理論指導拳術的發展。」

所以姚承先先生曾憤慨地說道：「現在很多人標新立異，沽名釣益，大搞什麼創新，說白了有幾個科學系統的學過意拳，有幾個真正下功夫刻苦練過，拉出來能否將站樁說明白了？一天七八個小時站養生樁，真正就能練出了王、姚二位先生的功夫嗎？所以，學習一門技藝『不要浮聰明，切莫笨用功』，巧練而不要取巧，苦練而不要傻

練。一定要用唯物辯證的眼光去看待問題，掌握科學系統的方法，循序漸進地細心體會，並隨時總結，這樣才能『升堂漸入室，所學與日增』，故學習者切不可一味追求違反科學和人的生理本能根本達不到的東西，否則只能誤入歧途，此外，人的生老病死是自然規律，練功只能達到適當的延緩自然衰老的作用，所謂『長生不老修大道』是一種違反科學的幻想，這是學習任何功法都不可能實現的，學者應明慎之。」

三、技擊樁摸勁應注意的其他問題

1. 站樁時間長短要根據自己的體質而定，初學者每次10～15分鐘，有基礎後可逐漸增加時間。

2. 練習強度以每天練習後第二天身體不疲勞、精力充沛為適度。

3. 站樁入門體現在能隨意運用和控制意念，較好的調節放鬆神經肌肉，時間能站30分鐘以上。

4. 摸勁時一定要先求品質，再逐步增加時間強度，站樁是精神、肢體肌肉的同時練習，肌肉酸痛是正常現象，一般一週以後即可恢復正常。

5. 摸勁初期身體要大動，而後逐漸步入小動，最後成生生不已之微動，意念也是由小範圍入手，而後逐步擴大，最後與宇宙溶為一體，也就是說技擊樁摸勁時是「意念由小到大，動作由大到小」的一個矛盾過程。

總之，技擊樁整個摸勁過程，從有程式到打亂程式，最後無程式，在精神意識高度激發之下，就是要逐步適應

實戰時隨機隨勢有感皆應的臨站狀態。根據實戰時的各種情況，技擊樁訓練的形式和側重點也各不相同。

如渾圓樁是技擊的基本預備姿勢，即準備向前發力的蓄力階段，其掌心向內，形如抱物，力量撐三抱七，以訓練撐抱力為主。平抱樁手心向下，是渾圓樁向前發力，手與前臂擰滾而出時所形成的姿勢，以練習下按外旋之力為主，撐托樁五指朝上，掌心朝前，突出掌根，是正面向前發力最後落成的姿勢，其側重於推拉撐托之力的練習。這三種樁法，聯繫起來，正好是完整的正面向前發力過程。勾掛樁兩掌心相對，五指張開朝前，分別指向斜前上方，前方和斜前下方三個方向，側重於掌心向肘對手腕部上勾下掛及五指前指之力的練習。伏虎、降龍兩種大式樁，姿勢低，步子大，其目的一是為了強化腿部力量，二是為了應付技擊中的特殊情況，經過這種特殊的樁法練習，在技擊中步子大、姿勢低或拗步不順的情況下，同樣能做到步法、身法輕盈靈活，發放自如（大式樁除伏虎、降龍之外，以上幾種高式樁法皆可放低姿勢來強化練習）。獨立樁單腿支撐，訓練的目的主要是強化腿的發力，在技擊中以腿踢擊對手時，能夠保持身體平衡協調、均整，是腿法發力練習的基本功。

坐式技擊樁訓練，是在兩腿懸空、周身不得力的情況下，繼續摸索、培養渾圓力，使整體靈活多變，勁力渾厚，意拳名家卜恩富先生回憶第一次見祖師薌齋先生時，祖師薌齋先生坐在沙發上把他摔出去的情況，使這位元舊中國全國摔跤冠軍到老也說不清是怎麼飛起來的。

鳥難飛樁是意拳的高級樁法，其側重於鬆緊轉換的頻

率反應練習，像渾圓樁或其他樁法摸勁時的頻率是向前一下，隨即向後一下、左右、上下都是一下即止，而鳥難飛樁的摸勁頻率則是向前——向前——再向前，向後——向後——再向後，左右、上下亦然，都是朝一個方向連續性的鬆緊、鬆緊、再鬆緊，這樣練習能有效地強化鬆緊轉換頻率，提高技擊時的反應。

技擊樁之所以有這麼多形式，其目的就在於透過各種樁法訓練和側重點的不同，來強化周身不同部位的同一感覺，即渾圓、均整、協調、飽滿的力量，培養實戰時在各種情況下周身的應激能力。

以上樁法，初習應以渾圓樁為基礎，培養出渾圓力之後，可練習平抱、撐托及勾掛、鳥難飛、獨立樁等，待高式樁有了相當基礎後，可繼續進行大式樁及坐式樁練習，每一種樁法都要適當練一練，但應以一二種樁法為主，兼習其他。

綜上所述，整個意拳站樁體系是以養生樁為基礎（若僅為健身，可不必練技擊樁），在掌握了養生樁「鬆」的感覺之後再向技擊樁「鬆緊」轉換的摸勁過渡，進而繼續運用精神假借、意念誘導，經由鬆緊轉換的摸勁，來培養強化周身上下、左右、前後平衡、均整、協調的拳術力量——渾圓力（爭力），求取渾圓力是練習意拳站樁摸勁的最終目的，渾圓力的培養與運用是整個意拳訓練體系的核心。

第 二 章

意拳筋骨樁法

祖師薌齋先生在《意拳正軌》一文中說：

「鍛鍊筋骨力生於骨，而連於筋，筋長力大，骨重筋靈。筋伸骨要縮，骨靈則勁實。伸筋腕項（手足四腕與脖項）則渾身之筋絡皆開展，頭項齒扣，足根含蓄（含有若彈簧之崩力），六心相印（手心足心本心頂心也），胸背宜圓（闊背筋大雄筋異常有力）則氣自然開展，兩肱橫撐要平，用兜抱開合伸縮勁，兩腿用提挾扒縮淌崩擰裹勁，肩撐胯墜，尾閭中正神貫頂，夾脊三關透丸宮，骨重如弓背，筋伸似弓弦，運勁如弦滿，發手似放箭，用力如抽絲，兩手如撕綿，四腕挺勁力自實，沉氣扣齒骨自堅。

象其形，龍墩、虎坐、鷹目、猿神、貓行、馬奔、雞腿、蛇身，挺腰沉氣，坐胯提膝，撐截裹墜，粘定化隨。若能得此要素，如遇敵時自能隨機而動，變化無窮。任敵巨力雄偉漢，運動一指撥千斤。

所謂身似平準，腰似車輪，氣如火藥拳如彈，靈機微動鳥難騰。更以心小膽大，面善心惡，靜似書生，動若龍虎，總以虛實無定，變化無蹤為準則，自能得其神妙之變幻。故郭雲深大先師常云：『有形有意都是假，技到無心始見奇』，蓋即此也。」

這裏所謂的鍛鍊筋骨，在意拳門內一般稱之為筋骨椿。曾經是意拳門內一直密不外傳的秘密功法之一。我們把它列為高級功法就是為了突出表明它的意義和地位。我們反覆強調了意拳的技術核心是鬆緊訓練，前面的站椿功法，它的主要特徵是對鬆而不懈之鬆的整力（即渾圓之力）的追求，下面的椿法則是突出體現對緊而不僵之緊的整力（即渾圓之力）的追求。

只有經過了這一步功法的鍛鍊，再反回去重新練習技擊椿法，就可以加深體會鬆就是緊、緊就是鬆的鬆勁合一、鬆勁互換的意拳核心技術效果。

但是，假如一上來就先學筋骨椿法，不但不可能很好實現放鬆的要求，反而會由於過分緊，變成了僵。那就不是意拳了。以前曾有所謂僵屍拳法，大概就是這樣練出來的。但是那是外家拳法。

祖師薌齋先生在《意拳正軌》一文中還曾說：

「蓋初學時椿法頗繁，如降龍椿、伏虎椿、子午椿、三才椿等。茲去繁就簡，採取各椿之長，合而為一，名曰渾元椿。」

可見，在學習順序上，降龍椿、伏虎椿、子午椿、三才椿等椿法的產生曾經是在渾元椿之前。而渾元椿是後來「去繁就簡，採取各椿之長，合而為一」而成的。因此，我們在這裏也特別說明渾元椿法，並以它作為意拳椿法的歸結。

具體練習方法前面已經說過了，即撐抱提抓椿，最早此名的名字是撐抱提抓椿。

一、筋骨椿（上式）

【椿法要求】

兩腳分開，與肩同寬。兩腳平行或腳尖微往外撇均可。兩腳腳跟微微離地，兩腳腳尖著地，十趾微微用力抓地，兩膝微微彎曲。兩手使勁握成拳，有十指穿透手背之意。兩手上抬時，兩拳相對，空有一拳距離，緩緩上抬，兩肘尖用力向左右兩側撐開。

特別注意：肘的高度一直低於拳。兩拳上抬時，兩拳心慢慢從向下旋轉變成向自己心口，再轉成向外的左右兩側，這時兩拳已經成扭轉向外、手背相對的姿勢。從這時開始，保持兩肘向後頂，同時以手腕為軸，以兩拳眼為頭，使肩肘腕部力量合為一體，開始由拳眼帶動兩拳往外旋轉。到了兩拳眼幾乎正指向正前方時停下來。

保持這一姿勢和緊的力量，然後放鬆。從頭再來第二次。頭項要正，下頜內收。頭要似頂非頂，領導全身。項要似靠非靠。腰身要直，脊椎骨要挺直，有似靠非靠的感覺。臀部微微後坐。兩肩要放鬆，沉肩墜肘。全身大小關節都有似曲非直之意。胸腹部必須注意胸窩微收，小腹鬆圓，不可聳肩，氣要下沉。口和眼張開，睜眼時要看遠方，臉上表情似笑非笑，以舒適自在為宜。

筋骨椿是一種矛盾力，要做到統一，不要做成一種絕對的力量。要在兩種矛盾力中找出平衡的感覺來，才能達到輕鬆舒適的作用與要求。

要注意呼吸舒暢，氣不要往上提，橫隔膜不要緊張，

也不要有憋氣現象。在指尖和腳尖部微微用力，實現鬆緊互用和鬆緊結合的目的。這個樁功能增加力量到最大，效果最好。

椿功標準姿勢（如下圖）：

二、筋骨樁（下式）

【椿法要求】

兩腳分開，與肩同寬。兩腳平行或腳尖微往外撇均可。兩腳腳跟微微離地，兩腳腳尖著地，十趾微微用力抓地，兩膝微微彎曲。兩手使勁握成拳，有十指穿透手背之意。兩手上抬時，兩拳在自己左右兩側相對，緩緩上抬，兩肘尖用力向左右兩側撐開。到兩肘成彎曲弧形時停止。這時兩拳心向上，拳背向下。力量全部聚集在兩手腕部。保持這一姿勢和緊的力量，然後放鬆。從頭再來第二次。

頭項要正，下頜內收。頭要似頂非頂，領導全身。項要似靠非靠。腰身要直，脊椎骨要挺直，有似靠非靠的感覺。臀部微微後坐。兩肩要放鬆，沉肩墜肘。全身大小關節都有似曲非直之意。胸腹部必須注意胸窩微收，小腹鬆圓，不可聳肩，氣要下沉。口和眼張開，睜眼時要看遠方，臉上表情似笑非笑，以舒適自在為宜。

筋骨樁是一種矛盾力，要做到統一，不要做成一種絕對的力量。要在兩種矛盾力中找出平衡的感覺來，才能達到輕鬆舒適的作用與要求。

要注意呼吸舒暢，氣不要往上提，橫隔膜不要緊張，也不要有蹩氣現象。在指尖和腳尖部微微用力，實現鬆緊互用和鬆緊結合的目的。這個樁功能增加力量到最大，效果最好。

樁功標準姿勢（如下圖）：

三、筋骨椿（中式）

【椿法要求】

左腳向左前斜方伸出半步，站成稍息姿勢。左腳腳尖微往外撇，腳跟微微離地，腳尖著地，右腳指向右斜方，右腳腳趾微微用力抓地，兩膝微微彎曲。右膝蓋有向右前下方頂出之意。兩手虎口撐圓，十指撐開。雙手手背相對慢慢上抬到胸口部位。兩肘微屈，向外撐圓。肘高於手。兩手手心指向斜後右方。兩手手心微含。兩肘向後微微撐開，使胸部開闊，形成撐的姿勢。頭項要正，下頜內收。頭要似頂非頂，領導全身。項要似靠非靠。腰身要直，脊椎骨要挺直，有似靠非靠的感覺。右肩要放鬆，沉肩墜肘。全身大小關節都有似曲非直之意。胸腹部必須注意胸窩微收，小腹鬆圓，不可聳肩，氣要下沉。口和眼張開，眼順著左手看斜上方向，臉上表情似笑非笑，以舒適自在為宜。真個身體微向後靠，右胯往裏往後收。兩膝之間似有彈簧撐開。兩手要有前後呼應之意。

筋骨椿是一種矛盾力，要做到統一，不要做成一種絕對的力量。要在兩種矛盾力中找出平衡的感覺來，才能達到輕鬆舒適的作用與要求。

要注意呼吸舒暢，氣不要往上提，橫隔膜不要緊張，也不要有憋氣現象。在指尖和腳尖部微微用力，實現鬆緊互用和鬆緊結合的目的。

換一個相反姿勢，就是右式。

椿功標準姿勢（如下圖）：

左式　　　　　　　　　　右式

　　筋骨樁法的練習，還有不少姿勢，但是最重要的就是
上述這幾個樁法。關於這類筋骨樁法，意拳學術界目前也
存在不同的意見。特別是以姚宗勳、姚承光和姚承榮父子
三人為代表的一系，主張筋骨樁法是意拳早期發展階段的
產物。姚先生的這一觀點很值得我們重視和研究。但是，
對於大多數人不可能具有姚宗勳老先生那樣精湛的拳學功
力，更不可能具有姚宗勳老先生無私而又親自傳授姚承光
和姚承榮先生那樣的機會和拳學實踐，我們實在沒有資格
和能力把自己放到姚承光和姚承榮先生那樣位置上來談
拳。因此，筆者有幸從李見宇老先生那裏學來一招半式
的，出於保存完整的意拳拳學體系的角度考慮，向大家推
薦這一樁法。

第 三 章

意拳試力技術（上）

一、意拳試力概述

　　試力者，意為嘗試、探索拳術之力也。祖師薌齋先生曾曰：「試力為得力之源」，即經由一番嘗試與探索之後，去偽存真，去粗取精，方能更為深刻的認識意拳的渾圓力，並最終獲得這種真正意義上的拳術的力量。所以說站樁是基礎，試力是關鍵。

　　在意拳的訓練體系中，試力具有承上啟下的作用，它的範圍最廣，難度最廣，技擊能力的強弱和試力訓練的關係極為密切，故學習意拳要給試力以足夠的重視。

　　宗師姚宗勳先生曾言：「沒有渾圓力作為學習拳術的基礎，就談不到如何掌握技擊的功夫。」站樁是在身體相對靜止的微動狀態下培養和強化渾圓力，而當身體一旦運動起來，渾圓力就會消失，重新調整好樁架和意念後，周身又能體會到渾圓力。所以說要使周身身體在移動的狀態中繼續體會渾圓力，那麼，這種由靜到動的轉換過程，就由試力來完成。

　　試力可以說是由站樁得力向發力用力轉換過渡的一個重要樞紐，脫離了這種「樞紐」，意拳力量的培養階段就

會如「揠苗助長」一般陷於斷層狀態，而影響實作中的力量。所以，試力的主要目的，就是在周身緩緩動起來之後，運用意念誘導、精神假借，繼續摸索、培養和強化拳術中的渾圓力，使肢體在位移狀態中仍能體會到均整、飽滿之力，並運用自如，為下一步隨機隨勢任意快速發力打下堅實基礎。

同時來講，試力也是檢驗站樁品質優劣的標準：站樁品質的優劣直接影響試力的品質，反過來試力又直接檢驗站樁。從這種意義上來講，站樁和試力相互影響，相輔相成，試力是站樁在空間上的延伸。

二、意拳試力應注意的問題

1. 突出「精神假借、意念誘導」在試力訓練中的決定性作用。

精神作用在試力中佔有很重要的地位，祖師薌齋先生在《拳道中樞》中描述「試力」時所言：「一切力量都是精神之集結緊密、內外含蓄一致。若單獨而論，則成為有形破體機械之拳道，非精神意義之拳也……至於用力之法、渾噩之要，決不在形式之好壞，尤不在姿勢之繁簡，要在精神支配之大意和意念領導全體內外之工作如何。」所以，在進行試力訓練時，一定要「將精神假設、意念誘導」放在首位。

（1）突出精神假借、意念誘導的整體性。

渾圓力最突出的特點就是一個「整」字，即周身意力渾厚，飽滿、均整。而這一點最終是由神經肌肉協調通一

的程度來決定的，二者之間越協調，周身就越整。而精神假借、意念誘導內容之整體性則是決定神經肌肉能否協調統一的關鍵。如作分掛試力時設想兩條手臂插入前方的飴糖中，而此時如果我們只設想手臂與飴糖的黏連就沒有突出意念的整體性，最終只是局部效果。所以我們應擴展到整個身體團團被飴糖包裹（也可更為誇張的設想整個宇宙大氣就是一團飴糖），由於飴糖非常黏稠，單靠手臂的力量是根本動不了的，只有依靠全身的力量才能艱難的移動。經常處於這種精神意識假設之下，就能更為有效地將整體意念輻射周身，激發周身各部神經肌肉同時參與運動，使它們的工作率逐漸的協調統一。

（2）突出精神假借、意念誘導的真實性。

打實戰時，照準對方的頭部，微笑著輕輕的碰一下，與你怒目圓睜，以風馳電掣，蛟騰挾浪般的給其一記重拳，效果能一樣嗎？所以我們在運用精神假借、意念誘導的整體性進行周身神經肌肉的協調統一訓練時，最關鍵的是要突出其真實性。

有的人在試力時思想不專一，瞻前顧後，得隴望蜀，動作上也一劃而過，不注重勁力的細微摸索。這樣的訓練能有效的激發神經嗎？能體會到肢體運行中每一個細微的變化嗎？能經得起實戰時當之即催的迅猛氣勢嗎？所以意念的真實性直接影響你勁力的培養與實戰時的精神氣概。而意念之真實性，具體表現首先應是在思想上要高度集中，「靜如伏豹橫空立，動似蛟騰挾浪奔」，安靜時要如獵豹在捕捉獵物之前伺機等待一般，而一旦動起來，則如挾浪而奔的蛟龍一般勢不可擋；亦如拉弓射箭之前的撐弦

蓄勁一般，眼前要始終盯住一個目標，待蓄滿勁時才能「有的放矢」。

其次在運動時一定要細微緩慢，你的動作越細微，就越能體會到周身各部在「大氣中游泳」時的各種細微的變化。體會越深，說明你的思想越集中，就如品茶一般，我們喝的越慢，就越能體會到個中滋味，如果我們端起茶杯一飲而進，如豬八戒吃人參果一般，又怎能品味到茶的滋味呢？又怎能體現你是在用心品茶呢？

所以在突出意念整體性的同時，更要突出其真實性，如此，不僅能有效地激發周身整體的神經肌肉，更能有效地增強激發的強度，從而提高訓練效果。

（3）突出精神假借、意念誘導的階段性。

任何事物的發展都具有階段性，不同階段的事物所表現出的特徵也不盡相同。正是這些不盡相同的特徵，推動著事物由初級向高級的不斷進步。

所以，試力初始可設想周身站在一團飴糖之中，此時飴糖並不怎麼黏稠，但隨著體認的加深，感覺阻力越來越大時，就要逐漸增加飴糖的黏稠度並擴大其面積，最後可將宇宙大氣設想成飴糖並十分的黏稠，周身在大氣中緩慢的移動，每一動都非常的困難，感覺到肌肉與大氣相互黏連摩擦，阻力非常的大。

為什麼要突出意念的階段性呢？因為在初級階段，動作尚未定型，如果此時意念過重就會導致神經肌肉的緊張，而影響鬆緊的轉換，故初級階段應從適當的意念入手，使神經肌肉有一個適應過程。隨著體會的不斷深入而逐漸加重意念，從而更能有效的刺激神經肌肉，提高其工

作效率。

2. 自然、柔和、鬆緩、細微的形體運動是試力訓練的要點。

祖師薌齋先生曾說「用力則氣滯，氣滯則意停，意停則神斷，全身皆非矣。」所以試力時，必須保持身心的自然放鬆，周身一舉一動皆以輕鬆、舒適得力為原則。只可用意，不可用力，一用力反而沒有增長力量的希望，因為在發力的瞬間就是肌肉緊張的瞬間，如果你本身是緊的，發力時如何再緊呢？雖然試力不主張用拙力，但並非是不用力之鬆懈從事，應該是形鬆意緊，肌肉含力，骨中藏棱，周身骨骼支持，關節鬆靈，筋肉馳張，似鬆非鬆，如雜技演員表演走鋼絲一般，始終保持力的平衡均整，不可有絲毫偏頗之力。

有些初學者試力時總是慢不下來，思想上老是浮躁，此時我們可假設周身如在爛泥中行走，黏稠的泥水阻力非常大；亦可想像周身在運動時勁力如抽絲一般，絲線非常細，所以勁力一定要均整、細緻、緩慢、柔和，因為稍有不慎，絲線就有被抽斷的危險。試想，在這種狀態下，我們能快的起來嗎？

故試力時，周身必須自始至終的自然、放鬆、柔和、緩慢，細微的去體察身體在大氣中的緩緩運動。「思全體毛孔，無根不有穿堂風經過往還之感，然而骨骼、毛髮都要支撐，道放、爭斂互為，動愈微而神愈全，慢優於快，緩勝於急。」祖師薌齋先生此話說明在試力時身體運動越緩慢精神就越能集中，神意也就越真切，也就越能有效的激發神經系統，使其越發的與肌肉協調統一，如此則身體

所表現出來的勁力也就越渾厚飽滿。

所以，無論站樁還是試力，其初期階段的摸勁最忌快速急躁，因為意拳重精神，重意感，重自然力的培養與運用。練習試力時如果肢體運動快了，思想上急躁了，都會使摸勁的體會和認識驀然滑過，使神經肌肉不能處於最佳協調統一狀態。其效果會很粗糙，而影響渾圓力的形成。

3. 正確認識和運用試力過程中神經肌肉的「鬆緊轉換」。

（1）明白站樁與試力兩種不同狀態下摸勁時「鬆緊轉換」的異同。

在注重精神假借、意念誘導作用的前提下，意拳試力要繼續運用神經肌肉鬆緊轉換的摸勁來求得爭力，即將站樁時身體相對靜止的微動狀態向試力時身體處於緩動的摸勁狀態過渡。二者本質上雖同是意念誘導下鬆緊的轉換，但在摸勁的形式上卻不同。

站樁鬆緊轉換的過程非常短暫，往往是一緊即鬆，而試力的鬆緊轉換由於肢體運行的時間與空間相對的延長，故其鬆緊的時間也就相對的延長。

以平推試力為例，身體從放鬆狀態（鬆而不懈）起始，兩手臂在身體的催動下緩緩向前推出，因為這必定是神經、肌肉、骨骼同時參與的形體運動，所以在手臂的運行過程中，身體處於緊的狀態。但這種緊，其用力的程度僅僅要比普通的放鬆略微緊一點，其不同於生活中用蠻力所造成的僵緊，而是精神意識高度集中下神經肌肉趨於協調的一種狀態，即意念的緊。

當向前推出尺許遠時，隨即停下來，一停就是放鬆，

放鬆後不要急著回拉，而應在大腦裏想到自身是否聯成了整體，是否與外界有牽引之意，一切準備就緒，隨即回拉，此時又由鬆過渡到緊的狀態。

練習試力鬆緊轉換的摸勁時要注意以下問題：

第一，初習試力摸勁，一定要嚴格按照要求在摸勁過程中的意中緊要連續不斷，即：

（放鬆狀態）　　　（緊的狀態）　　　　（放鬆狀態）

起始位置　　　　運行過程　　　　　終止位置

（運行過程中動作勁力要一氣呵成，不可有停頓）

為什麼要這樣呢？因為試力初期，周身神經肌肉的協調功能在這種狀態下還未完善，甚至還未形成。如果此時不按照正確形式循序漸進的去培養而一味追求變化，那麼這種變化則盲目的變化，最終會形成錯誤的動作定型與用力習慣。俗話說：「沒有規矩，不成方圓」，寓意盡在於此。

第二，隨著水準的不斷提高，摸勁的感覺愈發渾厚時，我們在摸勁的運行過程中，就可打破其「不可停頓、一氣呵成」的常規。

以平推為例：從起始的放鬆狀態前推，一推（緊）即止（鬆），一止隨即再推。反覆轉換幾次到達終止位置。如下：

（放鬆狀態）　　（鬆緊轉換的狀態）　　　（放鬆狀態）

起始位置　　　　運行過程　　　　　終止位置

這種摸勁其鬆緊轉換的形式好似搓衣板搓衣服或機械之齒輪交錯互咬轉動時一般，由於其凹凸不平的表面使其在磨擦時會產生「咯嗒、咯嗒」的感覺，我們可將這種感

覺比喻為試力的高級階段肢體運動之「鬆緊」轉換的具體體現。也就是說將肢體運動在試力運行的起點與終點這段距離分成若干的點，每一個點（咯嗒一次）就是一個鬆緊的轉換，而這若干點所組成的這段距離就是試力時肢體運行的軌跡。此時，表面上看，試力好像鬆緩無力，實際上肢體的每一動，周身各部神經肌肉都處於非常繁忙的工作狀態，即要產生極細微的振顫，也就是在運行軌跡上每一點的鬆緊轉換。

總之，站樁與試力鬆緊轉換的摸勁在本質上雖相同，但在形式上卻各異。站樁摸勁是在一個點上鬆緊的互換，其行動的時間和空間都非常微小；而試力時，初期其摸勁是在一條線上的鬆緊的互換。相對站樁來講就延長了其運行的時間和空間；而到了試力的高級階段，由於神經肌肉之間建立了豐富而完善的協調機制，故可將這一條線分成若干個點，每一個點就是一個鬆緊的轉換，相對又縮短了其時間與空間，等於將站樁中細小的摸勁運用到試力上來了，這不僅增加了鬆緊轉換的密度，同時也是摸勁品質提高的一個重要標誌。

（２）明確試力時「鬆緊轉換」的目的和意義。

試力時的連續性鬆緊轉換能有效地培養打擊力量的迅猛連續。如濤天巨浪，排山倒海之勢；同時也是從試力入手培養「點」的意識。因為在雙人試力（推手）中四臂交纏，其接觸的位置就是點，而這個點並不固定，它隨著手臂的運動而變化莫測，在「點」的變化中，身體勁力的僵或懈等不足之處就是由某一點上鬆緊轉換的品質優劣所表現出來，所以「點」的運用與控制非常關鍵。

練習時「欲動又欲止，欲止又欲動，有動中不得不止，止中不得不動之意」，這就是運動軌跡中每一點上鬆緊轉換的具體體現。從而有效地強化了我們「點」的意識，為推手中控制、防守與進攻打下了紮實基礎。

4. 試力時「鬆緊轉換」的摸勁是培養爭力的關鍵。

祖師薌齋先生曾曰：「上欲動而且下自隨，下欲動上自領，上下動中間攻，中間攻上下合，內外牽連，前後左右相應而動」，即周身一動無不動，動一處則要為帶動整體動著想。這充分說明意拳試力注重整體訓練的特徵，整體訓練的最終目的是求取「渾圓力」，即整體爭力。試力時肢體在運行過程中鬆緊轉換的摸勁實際上也就是爭力逐步形成的過程。

意拳中的勁力雖表現形式繁多，如蓄力、彈力、驚炸力、開合力、剎車力及撐抱、惰性、螺旋、三角等等，但無不以整體爭力為核心，離開了整體爭力，其餘各力均成表面文章而內在卻空洞無物，失去其實質意義。

祖師薌齋先生曾曰：「試力為得力之源，力由試而知，更由知而得其所以用。」此處的「知、用」便是試力過程中對整體爭力（渾圓力）的體認培養與具體運用，即整體爭力形成的前提是試力時整體的摸勁。那麼，如何進行整體摸勁呢？

首先，要緊密結合上述意念假借及形體運動細微、緩慢的原則。

其次，進行由局部到整體的具體摸勁的練習過程。

試力初期，由於神經肌肉系統缺乏在這種緩慢運動狀態下工作的經驗，故其很難協調統一，相對來說，整體摸

勁就相當困難，所以我們可先從局部摸勁入手。由於手的感覺靈敏，故在體會外界爭力的摸勁時可先從手開始，待手上有了感覺之後，就要逐步用手臂、胸腹、腿、後背，最後運用周身整體。

試力摸勁是一個由局部到整體的體認過程，那麼我們如何正確認識與把握此過程的具體實施呢？亦如搭積木壘起的建築模型一碰就散架一般，局部與局部的相互搭配並不能組成整體，而由鋼筋水泥堆砌起來的磚塊卻能使一座座堅固無比的高樓大廈聳地而起，所以局部與局部的最佳組合連接才能形成真正意義上整體。

試力雖從局部入手，但最終還是將周身各部之間經由意念誘導，周身間架的合理結構及體內氣血暢通之勢將這種最佳組合連成一個有機的整體。最後運用整體摸勁於「徐徐、緩緩、略微」等抽象體認中才能逐步培養周身整體的爭力。

而運用整體摸勁培養整體爭力也是一個由局部到整體的過程。初涉爭力可先從二爭力入手，所謂二爭力就是關節相對部位相反方向的矛盾力。

如兩手發拳之前後可假設有皮筋相牽引，前手向前出拳時，後手則要向後撕拉皮筋，想像猛然將皮筋撕斷所產生的瞬間的爆發力，這種「前手打人，後手發力」之形式就是二爭力。同時，可延伸為只要構成同一直線上兩個相反方向的力均可構成二爭力。

待身體前後、左右、上下等二爭力有了體認後，就要將周身的二爭力交錯相爭，周身各部面面生力，互為應合，氣力通貫，渾然一體，無不相爭。周身整體之間如蠶

絲成繭一般相互交織，身無空隙。

隨著此種體認的深入，我們就要著意體會在運動時周身是否飽滿，能否隨機隨勢應感而發，能否體會到周身毛孔擴張與大氣相呼應之感，能否體會到自身如球一般的整體滾動，如具上述感覺，則充分說明試力時神經肌肉已達到了高度協調統一，自身整體爭力及與外界之爭在肢體緩緩移動狀態中已建立且非常豐富，周身意力飽滿、渾厚、沉重且意不使斷、靈不使散、神意氣力渾然一體。

「動之則奇趣橫生，四肢百骸終歸一貫」，此時形體運動如輕風拂柳一般表現出一種自然美、神韻美與和諧美。這種形體美歸根結底是由於人體神經肌肉經過鍛鍊達到高度統一時所表現出的一種內在勁力均整平衡的協調美，達到這種程度就為下一步整體發力打下了基礎。

三、運用「鬆緊轉換」的摸勁培養爭力時要注意的問題

1. 我們在進行整體爭力的培養過程中，身體的每一個動作，如手向前伸時則同時要有力向後牽引，而後則反之，上下、左右亦然，此即前人所說「順力逆行」之說，也就是運動中「前推時意有後拉，上托時意有下壓，外撐時意有裏裹，總之要共爭一中」。所謂「中」即身體重心所在，無論肢體向哪個方向運動，其正向與逆向的力量大小是平衡均整，相等相乘的，此時如稍有偏頗，則「失之毫釐，謬之千里」，爭力均整之要義盡失！

2. 試力摸勁時之勁力要「從開展處求取，於緊湊處提

高」。「從開展處求取，於緊湊處提高」，即摸勁時神意要開闊，姿勢要舒展，只有這樣姿勢間架在練習過程中對身體各部位的要求才能得以具體體現，更能有效地發現自身之不足。在開闊的神意與舒展大方的姿勢相結合下，我們對試力摸勁有了體認後，就要逐步將姿勢由舒展向緊湊過渡，以培養和掌握各種試力的細微精妙之處。因為動作越緊湊，就相對縮短了肢體運行的軌跡，使精神意識更能高度集中刺激神經肌肉，從而提高摸勁的品質。其實這個過程就如雕刻家手中的石頭一般，剛開始只是青石一塊，隨著工作的進展，要雕刻的東西逐漸顯露雛形，但這並非最終目的，那麼我們則要進一步再將雛形精雕細刻，精益求精，最終一件精美的藝術品便會呈現在面前。

3. 試力摸勁應先以一種試力為主，熟練後再練其他。試力雖有撥水、開合、扶按球等各種不同形式，但其內涵都是為了摸索培養渾圓力。所以試力伊始可擇其一種進行練習，待體認日深，再練習其他，這樣才能事半功倍。如果我們把全部試力學完後同時進行練習，反會多而雜亂不利於勁力的體認。

4. 確處理試力摸勁時「軀幹」與「梢節」的關係。試力摸勁時雖要求意（力）達指梢，但我們卻不能因此而忽視肢體根部即軀體的練習，要清楚，指梢之意（力）的根源是軀體。如開合試力時，不僅要意念手、小臂、肘部有開合的阻力感，更要體會雙臂「根部」即肩部同樣有開合的阻力感。以此類推，可意念假設手臂開合時整個軀幹，以中線為界有被微微撕裂的開合之意。

做扶按球試力下按練習時，不僅要意念兩手臂按著飄

浮在水面上的空球，更要想胸腹部都和球黏連，下按時不僅是雙臂按球，而是靠臀部往下坐，帶動手臂按球。由此可見意拳試力的每一個動作都不只是梢節的運動，而是軀體摧動梢節共同作用的結果，就如小孩玩的撥浪鼓一般，轉動時將兩個小錘甩動開來。所以意拳試力的原則應是「動一處牽全身，一動無不動」，但不能因此又忽視了梢節的作用，一定要注意梢節的練習。正確的練法是將軀體與梢節連成整體，練習時不單是意注指梢，更要意注周身，意念周身在大氣中游泳，無處不被包容，周身亦如掛在風中的口袋，無處不被撐脹。

　　總之，試力時軀體和梢節的相輔相成是很關鍵的，要以軀體為主，讓軀體去摧動梢節，梢節配合軀體，才能更好地進行試力練習。

　　5. 試力之間的連接要緊湊黏連。意拳推手實作時最突出的特點就是一旦黏住對方，抓住機會，就要以「揮浪捲朔風，大氣包寰宇」之勢，迅猛、連續的進攻，這種連續性便是神經肌肉鬆緊轉換頻率的快與慢的問題。我們在站樁時要求神經肌肉的鬆緊之間的轉換在保持鬆緩、細微之原則的前提下，要突出黏連、纏綿、緊湊的特點；而到了試力摸勁時，肢體在運行路線延長的情況下，仍要繼續保持這種狀態，切不可同出現一個試力定畢「嘎」然停止，再做下一個試力的現象，也就是說兩個試力之間沒有停頓，要求在連續、緊湊、纏綿的動作中體現鬆緊轉換時周身極其微小的震顫，這種震顫的頻率越疾速，發出來勁力就越連續，迅猛、爆發。

　　因為疾速的轉換說明周身神經肌肉高度協調，能在瞬

間將周身的力量調動起來並集中到一點上發放出去，故姚
承光老師在講述試力時強調：試力之間的連續性非常關
鍵，期間的連接是否纏綿、悠揚、黏連，將直接影響實作
時能否形成連續性的進攻，在連續性進攻中勁力是否渾厚
飽滿，頻率是否疾速爆發。

6. 後要特別說明的是：無論我們練習哪一種試力，都
要注意前腿膝蓋和後胯之間要始終有相爭之意，只有這兩
處相等，周身間架才能如一把撐起的傘一樣渾圓飽滿。在
認識和掌握了上述試力的原則原理之後，進一步則要將這
些原則運用到試力的技術中去進行考證。

第 四 章

意拳試力技術（下）

一、意拳試力的分類

意拳試力根據其不同特徵和應用方式可分為 4 類12種：

1. 三種基本試力

平推試力、撥水試力、開合試力。此三種試力在動作意念上都比較簡單，可作為試力的入門基礎練習，故為基本試力。

2. 三種推手試力

扶按球試力、勾掛試力、分掛試力。此三種試力在推手中出現的頻率最多，故為推手試力。

3. 三種身法試力

旋法試力、搖法試力、神龜出水試力。此三種試力側重於上下、左右、前後身法的練習，故為身法試力。

4. 三種打法試力

側劈試力、正劈試力、環繞側劈試力。此三種試力側重於打鬥時劈砍技術的練習，故為打法試力。

在上述試力中，平推試力、勾掛試力、旋法試力三種

試力側重於前後力量的練習。

其中，平推試力主練前推後拉之力，勾掛試力主練小臂上挑下掛之力，旋法試力與它們所不同的是，在身體雖是前後移動，但手臂都是呈平面弧線運動來體現「旋」的動作，此試力雖側重於前後身法移動的練習，但在推手中也是很有效且經常用到的技法。

撥水試力、扶按球試力、神龜出水試力三種試力側重於上下力量的練習。

其中，撥水試力主練上下撥動之力；扶接球試力主練上托下按之力；神龜出水試力主要練習上下身法的移動，而在練習上下身法的同時也將前後、左右身法的移動融入其中，故其是一種難度最大的試力技法，往往放到最後來學習。

開合試力、分掛試力、搖法試力三種試力側重於左右力量的練習。

其中，開合試力主練左右開合之力，分掛試力主練左右偏帶之力，搖法試力主要練習左右身法的移動之力。

三種打法試力，即側劈試力、正劈試力、環繞側劈試力，故名思義，主要練習不同方面的劈砍之力。

意拳雖不講究招法，但並非沒有招法，透過對上述試力招法的分析，我們會發現意拳的每一種試力雖然有一定的側重點，但都是圍繞上下、左右、前後六面力進行練習的，如平推試力，雖以前推後拉之力為主，但在前推時一定要輔以下按、擠合之意，後拉時一定要輔以外分、上提之意；扶按球試力雖以上下力為主，但向上托時要輔以擠合、向前之意，向下按時要輔以外分、後靠之意。

為什麼要這樣呢？因為意拳所試乃六面渾圓力，如果僅僅是前後、左右、上下單一的力量，就失去了「渾圓」之意，所以意拳每一個試力都是通過力量主次之分將這種渾圓力體現出來。

由此我們可以確定，在試力練習中：

凡是向前的力量，都要以向前之力為主，輔以下按、擠合之意。

凡是向後的力量，要以向後之力為主，輔以外分、上提之意。

凡是向上的力量，要以向上之力為主，輔以向前、擠合之意。

凡是向下的力量，要以向下之力為主，輔以後靠、外分之意。

凡是向外開的力量，要以外開之力為主，輔以回拉（身體微微後靠）上提之意。

凡是向內擠合的力量，要以擠合之力為主，輔以向下、向前之意。

明白了這些原則之後，神秘的意拳試力不再是「養在深閨人未識了」，無論其運動形式如何變化，總脫離不了上述的原則原理，而這些原則原理就是由上述各種形式的試力所體現出來。所以，意拳之招法是拳學的原則原理之法，而非枝節片面局部之法，而意拳所講的「無法」是以「有法」為基礎的，只有通過「有法」階段的無數次磨鍊，方能打破藩籬，進入「無法」之境，即武術先輩們所謂的明勁→暗勁→化勁的形成過程。而用現代生理學解釋則是在正確技術及理論指導下經過反覆練習而使動作由分

化→泛化→最後達到自動化的定型過程，即所謂「隨機隨勢，應感而發」。如果一上來我們就追求「無招無勢」，由於根蒂不深，而如牆上蘆葦一般，經不起風吹雨打！

二、試力訓練的階段

在掌握了意拳試力的原則原理及技術的核心要領之後，如何循序漸進地練習試力呢？根據其要求，我們可將試力分三個階段來進行練習。

1. 定步試力

所謂定步試力，是指身體利用技擊樁間架在原地站立不動的情況下進行試力練習，定步試力又分為以下數種：

（1）定步平推試力：

【定步平推試力要求】

兩足跟並齊，腳尖分開如立正姿勢，將右腳順著腳尖的方向（斜方向45°）向前邁出一步的距離，再橫向外移一個腳掌的寬度。右腳跟要虛，這時兩腳的位置即是前人所說的丁八步。兩足前後力量重心五五分配，各占身體重量的一半。步子定位後，雙手慢慢抬至胸部的位置，兩手相距二至三拳，手心朝下，手指前伸微屈。這時再逐步調整下身部位，右腳膝蓋略屈，膝蓋突出部位略向前指，周圍似有小棍支撐，足趾似有扒地之意。同時左腿後胯意向後指，有微微上提之意，與右腿前方似有彈簧前後相爭，兩腿外緣意念微向內裏，同時兩膝微向外張。

【定步平推試力意念要求】

將整個身體姿勢調整好後，再意念假借我們站在齊胸

深的水中，雙手五指與岸上的大樹各繫五根彈簧，雙臂輕輕扶按在漂浮在水中的木板上。這時意念假借向後拉動時，雙手五指把繫在大樹上的彈簧有緩緩拉長之意，要細心體會拉動彈簧時的阻力感。此時配合肘部有微微外分的意思，雙手的手指、掌心、手臂下側有微微上提之意。回拉時要細心體會回拉、外分、上提的三種力。要以回拉的力為主，以外分、上提的力為輔。

要注意手回拉時由於肘部的外分，回拉雙手的掌部有向內微微旋轉，腕部有微微外旋之意，兩手相距仍然是二至三拳的距離。身體在向後下坐靠時要體會整個身後有擠動水的阻力感，這時後腿微微下坐時與前腿內側微微的外分，前腳五指有微微扒地之意，頭與前腳相繫的彈簧有微微上下相爭之意，雙手大約拉至距胸部尺許遠就不要再拉了，彷彿雙手扶按的木板輕輕接觸了自己的身體，這時身體的重心是後七前三。隨即雙手再慢慢向前推去，雙手五指把拉長的彈簧慢慢地頂回，雙手掌部、手臂下側有下按木板之意，推動木板在水中緩緩向前，這時雙手臂內側有擠合之意，雙手在向前推時內含下按、擠合、前推的三種力，同時身體有微微向前推動水的阻力感，後腿應配合下踩前蹬，前腳掌微微下踩，後腿內側與前腿內側有向內擠合之意，要體會雙腿內含的三種力。在向前推時，前手的掌跟部位正好在前腳的位置，前腿膝部不要向前推的過度彎曲。這時身體的重心為前六後四。練習時要慢，用意不用力，可以反覆多次去做，細心體會整體運動時身體各部的阻力感。

定步平推試力標準姿勢（如下圖）：

（2）定步開合試力：

【定步開合試力要求】

　　兩足跟並齊，腳尖分開如立正姿勢，將右腳順著腳尖方向邁出一步，再橫向移動一個腳掌的寬度，右前腳足跟要虛，這時兩腳的位置為丁八步。步子站好後，慢慢將雙手抬至前胸的高度，右腳在前，右手高度大約在肩部位置，右前手前伸時似掌根不超過右腳尖為宜，左後手伸出時，比右前手高度矮半掌，距離比右前手近半掌，雙手手心微錯相對，相距約二至三拳，手指微屈前伸，意向前指。

【定步開合試力的意念要求】

　　姿勢擺好後，意念假借，我們身如巨人站在很深的水中，雙手十指與河岸的樹上有彈簧相繫，雙手腕部微扣，雙手及手臂內側都有很多相繫的彈簧，前後腿分開的空間也有很多彈簧相繫。

　　這時身體微微向後下坐靠，細心體驗身體後部彷彿真有把水或樹微微擠動之意。同時帶動雙手慢慢向外分開，

外分時要突出腕部意向外指，雙手分開大約40～50公分
寬，意念假借雙手及雙臂內側相繫的彈簧被拉直了，再拉
就會折斷。雙手臂在向外分拉彈簧時應細心體會有外分，
上提，微微回拉的三種力，同時體會把前後腿之間內在的
彈簧緩緩拉開，有前後相爭及外分之意，右前腳掌五指微
有扒地上提之意。

　　向外分開結束時，身體的重心是前三後七。隨即接著
做合的試力，這時左後腳掌微微下踩前蹬，身體慢慢向前
有擠動水的阻力感，並催動雙手臂向內做擠合的動作，要
突出以掌根為主，把雙手及手臂內側的彈簧慢慢向內擠
合，以向內擠合的力為主，以前指有微微向下按的力為
輔。同時意念假借把兩腿內在彈簧也慢慢的向內擠合，右
前腳掌微微下踩，兩腿緩緩前移。

　　當雙手向內擠合到二至三拳時，把彈簧壓成一體就不
要再合了，這時身體的重心應是五五或前六後四。

　　定步開合試力標準姿勢（如下圖）：

（3）定步撥水試力：

【定步撥水試力要求】

站立姿勢與定步平推試力相同，身體的重心為前三後七，前腳的後足跟微微離地大約 1 公分左右，前腳五趾微有扒地之意。姿勢站好後，雙手臂微屈分置於身體兩側，將雙手放置於腰胯兩側，兩手距腰胯兩側約為四至五拳，雙手五指分開微屈，掌心向前。

【定步撥水試力的意念要求】

姿勢站好後，意念假借，我們站在齊胸深的海水中，雙手及手臂都與水有接觸之意，這時右後腳掌微微下踩前蹬，身體慢慢向前有擠動水的阻力感，並催動雙手臂緩緩前推，前推時要突出掌根部位的力量，並要細心體會有向前、內合、向上的三種力（即向內螺旋力）。

在向前推水時，要細心體會水從雙手五指縫中及手臂兩側有緩緩流過去的阻力感，同時雙腿有向前微微下踩的力量。當向前撥完止住時，雙手的高度在肩部位置，手心朝上，雙手相距二至三拳。身體的重心，兩腿的力量分配為五五的位置。

撥完之後隨即緩緩回撥，回撥時身體微微後靠，體會身體推動水的阻力感，雙手突出腕部外側部位的力量，掌心微收，雙手肘部有外分之意，雙臂有向後，向下，外分的三種力，要細心體會雙臂腕部兩側的水有緩緩被撥開的感覺。雙手慢慢撥回到站立時的定勢位置。向後回撥時雙腿配合向下、外分，前腳五趾微微扒地。

定步撥水試力標準姿勢（如下圖）：

（4）定步勾掛試力：

【定步勾掛試力要求】

定步勾掛試力身體姿勢的要求與勾掛椿相同，練習時要求將雙手慢慢抬起，手心相對，雙手相距二至三拳距離，雙手大拇指、食指與三、四指微屈前指，小指斜向下方與地面拉一彈簧，虎口微撐，掌心微收，雙手腕部微微下扣，似有夾球之意，右手、右腳在前，右手腕部與右腳尖上下相對，肘部與腕部的角度要大於90°。右手長出右手半掌距離，前手高度在嘴部位置，後手高度約在肩部位置。

【定步勾掛試力的意念要求】

定步勾掛試力的意念要求與勾掛椿意念要求相同，身體的重心為五五位置。右腳在前，姿勢站好後，先練習向後回拉。這時左後腿膝部彎曲，臀部下坐，右前腳趾微微扒地，前後腿內側似有彈簧向外相爭，有向後、向下、外分之意，前腳尖五趾有扒地上提之意，左後胯力向後指，右前腿膝部前指，似有彈簧上下、前後相爭之意。周身有向後擠動大樹阻力感。在左後腿微微向後移動的同時，雙

手同時配合慢慢回拉，要突出雙手的肘部外分並向斜下方拉。意念假借，雙手回拉時把十指和腕部與遠處相繫的彈簧緩緩拉長，有回拉、外分、上提之意，同時要有把雙手臂之間橫著相繫的彈簧左右撕開之意，這時身體的重心已向後下移動到後七前三，雙手已拉回到離胸尺許遠（前臂與大臂約成120°角）。這時雙手腕部微微向外擰轉，手指微屈意向前指。意念假借，雙手的腕部，手臂彷彿被麻繩纏裹，在向後，向下，向外旋轉時，有彷彿把纏裹的麻繩擰、斷之意，同時雙手臂、雙肘意有向外擰轉（注意雙手的肘部不許外翻抬平），回拉和雙手向內向外擰轉時，肘部與前臂要保持不小於90°角，這時雙手已旋轉為手掌心向下，手指前指。隨即左後腿下踩、前蹬，兩腿之間有擠合、向前、微微向上之力。催動身體緩緩向前，雙手同時配合緩緩前推，手指似有把彈簧頂回之意，手掌、手臂下面似有將漂浮在水中木板向前推動之力或者把雙手、雙臂緩緩的向前插入在大團飴糖中，總之，雙手在向前平推時有前推、下按、擠合之意。這時身體向前移動為五五重心時，雙手已前推到丁八步平推完的姿勢。這時意念假借，雙臂已插入在飴糖中，以雙手的小指、掌根、肘部手臂內側為主，將整只手掌及手臂在飴糖中向內旋轉，手指意向前指，慢慢將雙手旋轉為手心相對，為丁八步勾掛試力的定勢，如此可反覆練習。

【意拳勾掛試力練習的目的和意義】

勾掛試力主要練習的是雙手臂回拉時，雙手臂同時回勾上挑的力量。它是推手中常用的技術之一。其主要作用是在與對手搭住手之後，運用手臂回勾上挑的力量，瞬間

來破壞對方的間架，為自己創造進攻的條件。

　　定步勾掛試力標準姿勢（如下圖）：

（5）定步分掛試力：

【定步分掛試力要求】

　　定步分掛試力站立的步法與定步勾掛試力的步法相同，身體的重心是五五位置，所不同的是雙手的姿勢。這時我們身體呈右式站立，右腳在前，雙手同時向前伸出手臂約80%的長度，右手不超過右腳尖，掌心向內，呈斜上方，手指微屈前指，五指及腕部似有彈簧與大樹相繫，高度大約在自己嘴部的位置。左手手心向下，手指微屈，腕部向下微扣，似有扒物之感，橫著向內前指，高度在自己的臂部位置，肘低手高。意念假借雙手內側有彈簧橫著相爭，前後手之間相距約二至三拳。

【定步分掛試力的意念要求】

　　意念假借我們周身站在大團的軟飴糖中，雙手的手指、手臂都插在大團飴裏，這時我們的左後腿緩緩向後下坐靠，右前腳足跟微虛，五趾扒地，前後腿的意念假借與

丁八步撥水試力的兩腿間意念假借一樣。由於身體向後的微靠運動，帶動了雙手、手臂從大團飴糖中慢慢回拉，右前手有回拉、外分、上提之意，在回拉時加強肘部外分，右前手大拇指和腕部外側似掛彈簧向外、向上回拉，左後手同時配合右前手緩緩向後、向外回拉，肘部微微向下有扒物之感，這時在右前手五指似有把相繫的彈簧緩緩拉長，把兩手腕部，雙臂內側相繫的彈簧緩緩左右撕開。身體在向後下坐靠時，似有擠動大樹之意。當雙手回拉到胸前尺許遠（前臂與大臂約成120°角）時右前手掌心翻轉向下，手指前指，此時意念假借，右手臂彷彿被麻繩纏繞，在手臂向內擰轉時，要有把麻繩擰斷之意。左後手同時配合微微的外分、回拉、內裹，向下微微下扒。這時左手已旋轉到掌心向下，手指向前，呈丁八步平推試力的預備姿勢，這時身體重心為前三後七。拉完之後，意念假借將雙手平行緩緩向前推出插入大團飴糖中，前推時有向前、擠合、微微下按之意，並體會手指手臂插入飴糖中的阻力感。向前推完時，身體的重心為五五位置。這時意念假借，雙手臂插入大團飴糖中，右前手及手臂內側將整只手臂在飴糖中旋轉，手心為斜面向上，左後手同時配合手臂內側似有擠合之意，左手腕部，大拇指外側向內慢慢微扣，這時雙手及雙手臂已變成分掛試力的定勢了，這時可以反覆進行分掛試力練習了。

【意拳分掛試力練習的目的和意義】

分掛試力主要練習的是雙手臂回拉時，一手上挑一手下掛的力量。它是推手中常用的技術之一。其主要作用是在與對手搭住手之後，運用上挑和下掛的力量，瞬間來破壞

對方的間架，為自己創造進攻的條件。

定步分掛試力標準姿勢（如下圖）：

（6）定步扶按球試力：

【定步扶按球試力要求】

雙腳站立姿勢為丁八步，兩腳前後力量重心為前三後七，姿勢與意念同渾圓樁意念要求相同，身體呈右式站立，雙手的掌心向下，手指微屈向前，雙手相距二至三拳，右手順右腳尖的方向前伸，右手掌根部在右腳腳面上方，頭部微微向右微擰，即頭、手、腳三點一線，左手在前手後面近半掌的距離並低於前手半掌高度，雙手向前伸出相當於手臂全長度的70%，手掌部高於肘部，兩手掌位置約在胸腹部之間，肩部自然放鬆，身體自然站直。

【定步扶按球試力的意念要求】

這時意念假借，周身站在齊腰深的水中，雙手臂下面扶按著一漂浮在水面上的球。首先左後腿緩緩下踩上蹬，頭頂配合向上向前微頂，平放的雙手同時配合突出腕部向上，肘低手高隨左後腳上蹬緩緩上提，後腿在向上向前蹬

地時，前腿膝蓋不要向前晃動，前腳掌輕輕下踩，後腳與前腳之間有微微擠合之意。這時雙手在向上提球時，有向上、向內擠裹，微微向前指之意，要以上提的力為主，內合、向前的力為輔。此時意念假借身體的胸腹部、兩腿之間彷彿與球黏在一起，在左腿向上、向前蹬起時，同時慢慢將沉重的水球與身體一同配合後腿，雙手將球緩緩上提，這時由後腿向前、向上蹬地，身體的重心漸漸移動到前腳掌上，重心分配為前七後三，此時雙手配合上提到頭頂的兩側，身體前傾約30°，要細心體會頭與左後腿似有彈簧上下斜面相爭。意念假借將裝滿水的大球整個上提到水面即止。這時意念假借裝滿水的大球突然變成了漂浮在水面上的空球，並有很大的浮力感，我們要將漂浮在水面上的球在重新按進水裏。首先，右前腿腳掌緩緩向下、向後蹬地，左後腿配合向下坐靠，彷彿要把臀部及兩腿內側下面的石墩，慢慢坐進地裏似的，左後腿在向後下坐靠時，要體會與右前腿內側有微微外分之意，左後胯與前腿膝部彷彿似有彈簧前後、上下斜面相爭，右前腳掌五趾微微向下扒地。在左後腿向後下坐靠的瞬間，雙手的掌根部，雙臂的肘部要以突出向下壓球的力為主，雙手五指微微向斜上方，雙手掌及整個手臂下側同時把漂浮的水球整體下壓。向下壓球時，雙手掌根部、肘部、手臂的根部微微外分，有下壓、外分、微微回拉的三種力，以下壓的力為主，外分、回拉的力為輔。在左右腿向下坐靠的瞬間，身體微微向後似有擠靠大樹之意，同時要體會右前腳掌與頭部上下相繫的彈簧微微相爭，這時身體的重心已變為後七前三了，雙手臂已回到起勢的肩架位置，這樣就可以繼續

反覆練習上提、下按的扶按球試力了。

【意拳扶按球試力練習的目的和意義】

扶按球試力主要針對向上和向下力量的練習。它是意拳基本發力和下壓發力的基本功，同時也是意拳推手常用的技術之一。

定步扶按球試力標準姿勢（如下圖）：

（7）定步綜合試力：

即在單式練習的基礎上將各單式試力打亂順序，綜合起來進行練習，如一上來是平推試力，隨即是開合試力，緊跟著扶按球試力，隨即是撥水試力，此目的是為了適應定步推手時的各種變化。

2. 活步試力

所謂活步試力，是指在定步試力的基礎上，結合摩擦步，在運動中進行試力的練習方法。在運動中進行試力練習就需要由定步試力和摩擦步相互協調搭配。由於活步試力是手和腳的同時移動，相對定步試力來說有很大的靈活

性，而且也複雜了許多，更重要的是它需要有定步試力和磨擦步的紮實基礎，如果基礎不紮實，在活步試力中就會體現出來，如摸勁的感覺不明顯，上下肢配合不協調等等，所以一定要注重基礎的練習。

活步試力同樣分以下兩種：

（1）活步（進退步）單式試力：

即將試力與摩擦步結合起來進行單式活步試力練習，其目的是為活步綜合試力創造條件。

（2）活步（進退步）綜合試力：

即將各種試力打亂順序，綜合起來結合磨擦步來進行練習，其目的是為了適應活步推手及散手的各種變化。

3. 定式的高級試力

在走步試力動作協調自如之後，就可隨意進退，如進一步、退一步，退一進二、退二進三等等，此動作熟練後又可進行左右迂回變步試力練習，總之，可隨意變換姿勢及運動路線，避免單調有意識的安排順序。當我們在細微緩慢的運動中體會到了渾圓飽滿之力感後，就要打破藩蘺，變緩動為速動，大動為小動，即緩、速、大、小各種運動都要練習。進而可將各種節奏順序打亂，因為技擊不可能事先安排好再施以較量，其快慢緩急、閃展騰挪各種情況都可能遇到，所以整個試力訓練的勁力節奏要以纏綿為主，參以悠揚頓挫，以接近實戰的需要。試力達到高級階段以後，無論其節奏變化如何，周身都應意力飽滿，均整協調，舒適得力，意到力到，意力不分，最後連「試力」二字也在意念中消失，即前人所謂「力量在身外去求取，意念在無心中操持」，達到自然而然之境。

第 五 章

意拳發力技術

發力的練習程式一般分為定步發力和活步發力。

一、定步發力

定步發力是指身體下肢在不產生位移的情況下進行的發力練習。包括定步向前、向後下及左右的發力。定步發力是一切發力的基礎，練習時要注意各種要領，如周身放鬆，意念放遠放大及周身各部的相爭之意。

例如進行下壓發力時，其關鍵在於身體後靠下坐時臀部及大腿的肌肉猛然下砸。下砸的同時，後腳掌如踩在彈簧上一般，要想像臀部的肌肉將地面上的樹樁砸入地下，利用臀部下咂的力量來帶動手臂的下壓發力。

1. 定步向前發力

【定步向前發力要求】

定步向前發力是意拳的最基本的發力。其站立的步法、手形，與右式定步平推試力的起勢相同。身體重心前三後七。

【定步向前發力的意念要求】

首先，意念假借，前方似有大塊燒紅的熱鐵。向前發力時，左後腳猛然下踩前蹬，催動身體、頭部向前撞擊，

前腿膝部力向前指，前腳掌猛然下踩，似把腳掌踩入地裏。在發力的瞬間，兩腿內側猛然向內擠合，頭與左腳似有彈簧上下斜面相爭，後胯與前膝似有彈簧前後、上下相爭。雙手、雙臂同時配合，向前、向上弧線上提，突出兩掌根部，掌高肘低，猛然發力。似有穿透、撞飛紅鐵之意。雙手向前發力時，雙臂內側似有外分、內裹。此時，身體重心為前七後三。一發即止，一緊即鬆，手形的姿勢，身體重心仍回到後七前三的起勢位置。在練習向前發力的時候我們也可以意念假借，我們全身各部彷彿都粘滿了泥沙或水珠。在向前發力的瞬間，猛然把泥沙或水珠全部拋飛。總之發力的意念假借是多種多樣的，練習時不可拘泥，只要能不違背「發力全憑後足蹬」和周身各部相爭的發力原理，發力的意念可以靈活運用。右式的發力與左式發力原則要領相同。

定步向前發力標準姿勢（如下圖）：

2. 定步扶按球發力

【定步扶按球發力要求】

站立的步法、手形，與右式定步扶按球試力下壓按球

時的起勢相同。周身各部的要點及意念活動相同。

【定步扶按球發力的意念要求】

　　站好之後，意念假借自己身如巨人，在雙手臂下面扶按著一個很大的鐵球。我們的雙臂要把這個大的鐵球猛然下按到地裏。首先站立的左後腿猛然下踩，右前腳掌五趾猛然扒地，兩腿之間內側相繫的彈簧猛然前後、左右有拉斷之意。意念假借兩腿內側、襠部、臀部同時配合猛然下坐，彷彿一下就把大樹墩坐進了土地裏。由於後腿的猛然下坐微靠，身體也同時配合下坐微靠，雙手臂也要配合身體把巨大鐵球一下拍進地裏。向下發力時，雙手要以掌根為主，以配合雙肘、雙臂根部為輔，在發力的瞬間，有向下、向外微分、微微有回拉的力，但要以向下的力為主，外分、回拉的力為輔。在發力的瞬間，意念假借雙手五指斜前上方上下相繫的彈簧，雙手腕部上下相繫的彈簧猛然間喀嚓拉斷。在向下發力時，身體的重心為前三後七，發力的瞬間，雙手臂的高度在胸部和腹部之間的位置。一發即止，一止即鬆，隨即就可以反覆練習扶按球的發力了。

　　定步扶按球發力標準姿勢（如下圖）：

3. 定步勾掛發力

【定步勾掛發力要求】

　　站立的步法、手形與右式定步勾掛試力的起勢相同。周身各部的要點及意念活動相同。

【定步勾掛發力的意念要求】

　　向後發力時，左後腿彎曲，臀部猛然下坐，似把支撐臀部的樹墩砸坐入地。右腳五趾扒地，前後腿內側似有彈簧相爭。雙手同時配合回拉，要突出雙手的腕部肘部外分、回拉，猛然上提。意念假借，雙手回拉時，把十指、腕部相繫的彈簧猛然拉斷。頭與前腳，後胯與前膝似有彈簧上下斜面相爭，身體後部似有靠樹之意。雙手拉回到離胸尺許遠，此時身體重心為後七前三，一發即止。步法、手法與左式定步勾掛試力起勢相同。身體重心為五五位置。

　　定步勾掛發力標準姿勢（如下圖）：

4. 定步分掛發力

【定步分掛發力要求】

　　站立的步法、手形，與右式定步勾掛試力的起勢相

同。周身各部的意念活動相同。

【定步分掛發力的意念要求】

向後發力時，左後腿彎曲，臀部猛然下坐，似把支撐臀部的樹墩砸坐入地。右腳五趾扒地，前後腿內側有彈簧相爭。頭與前腳，後胯與前膝似有彈簧上下斜面相爭。身體後部似有擠樹之意。由於身體向後的坐靠，帶動了雙手、雙臂猛然回拉，右前手回拉，外分，上提，在回拉時強調肘部外分，右前手大拇指和腕部外側似掛彈簧向外、向上回拉，左後手同時猛然向後、向外。肘部向下似有撕物之感。似把雙臂內側間相繫的彈簧猛然左右撕開，這時雙手已回拉到離胸尺許遠。此時身體重心為後七前三，一發即止。步法、手形，與右式定步分掛試力的起勢相同。身體重心為五五位置。

定步分掛發力標準姿勢（如下圖）：

5. 定步旋法發力

【定步旋法發力要求】

站立的步法、手形，與右式定步旋法試力的起勢相

同。周身各部的要點及意念活動相同。

【定步旋法發力的意念要求】

　　向左後下發力時，左後腿彎曲，臀部猛然下坐，似把支撐臀部的樹墩砸坐入地。右腳五趾扒地，頭與前腳，後胯與前膝，前後腿內側似有彈簧猛然上下斜面相爭。由於後腿、身體向右後下方的運動，雙手五指似把相繫的彈簧猛然拉斷。雙手、雙臂同時配合把扶按的鐵球猛然向右後回拉，似把扶按的鐵球猛然從身體的左後外側甩出。回拉時，身體重心為後七前三，一拉即止。步法、手形與右式定步旋法試力的起勢相同。身體重心為五五位置。左式的發力與右式原則要領相同。

　　定步旋法發力標準姿勢（如下圖）：

6. 定步後下發力

【定步後下發力要求】

站立為右式丁八步，身體的重心為五五位置。

【定步後下發力的意念要求】

　　將雙手上舉，呈半握拳狀，拳心相對，高度大約在額頭頂部，兩手相距二至三拳；兩肘微分，雙臂內側似有抱樹之意。意念假借，前方高大的樹幹上繫一大的滑輪，垂直下吊一大鐵球，雙拳似各拉一根繫在滑輪上的鋼絲繩。向後下發力時，意念假借，利用後腿的下坐，把臀部下面，兩腿內側支撐的大樹墩猛然砸坐入地。在後腿猛然下坐發力時，右前腳五指微微扒地，前、後腿內側似把彈簧猛然撕斷，身體同時配合猛然下坐微靠，似有撞動大樹之意。此時身體重心為後七前三，一發即止。身體重心為五五位置。左右式可交替練習。

　　定步後下發力標準姿勢（如下圖）：

二、活步發力

　　活步發力是指身體在下肢產生位移的狀態下進行的發

力練習。主要包括：活步向前、向後下及左右的發力。活步發力在定步發力的基礎上各突出了發力的靈活性，它是摩擦步與定步發力的有機結合，我們練習摩擦步的主要目的就是增強腿部神經的敏感性，在實戰中利用靈活的步法來時刻調整敵我雙方的距離，以利於攻防技術的有效實施。故好的步法應是靈活自如，沒有固定的順序，往往成敗之機就在進半步或退半步之間。練習活步發力就是在這個原則上進行的。

進行中一定要注意保持渾圓力，即上下、左右、前後的意力達到均整平衡的狀態，自身要不偏不倚，時刻高度警覺的判斷敵我之間的距離，使之逐漸的接近實戰。

隨機隨勢發力：當活步發力有了相當基礎之後，就要進行隨機隨勢的發力了。即自身的發力點不固定，「周身無處不彈簧」，碰哪兒哪兒就發力，所發之力能快能慢，經過的路能長能短，動作能大能小，體位能正能斜，即在不同情況下都能發出整體力，並結合「遇敵猶如火燒身」之精神狀態，全力以赴。

但這還不能說完全掌握了意拳的發力技術，最關鍵之處，是要經過推手、散手等實戰檢驗，不斷在實戰中總結、鞏固、提高自己的發力技術。

下 編

意 拳 研 究 文 選

第一篇

《拳道中樞》

祖師薌齋先生 著

自 志

拳道之大，實為民族精神之需要，學術之國本，人生哲學之基礎，社會教育命脈，其使命要在修正人心，抒發感情，改造生理，發揮良能，使學者精明體健、利國利群，故不專重技擊一端也，若能完成其使命，則可謂之拳，否則是異端耳。

習異拳如飲鴆毒，其害不可勝言也，余素以利己利人為懷，觸目痛心，不忍坐視，本四十餘年習拳經驗，探其真義之所在，參以學理，證以體認，祛其敝，發其密，捨短取長，去偽存真，融會貫通，以發揚而光大之，另成一種特殊拳學，而友人多試之甜蜜，習之愉快，因僉以「大成」二字為吾拳，欲卻之而無從也，遂聽之而已。

今夫本拳之所重者，在精神，在意感，在自然力之鍛鍊。統而言之，使人體與大氣相應合，分而言之，以宇宙之原則原理為本，養成神圓力方，形屈意直，虛實無定，練成觸覺活力之本能。以言其體，則無為不具，以言其用，則有感即應。以視彼一般拳家尚形式、重方法、講蠻力者，故不可相提並論也。

誠以一般拳家多因注重形式與方法，而演成各種繁冗畸形怪狀之拳套，更因講求蠻力之增進而操各項激烈運動，誤傳誤受，自尚以為得意者，殊不知盡是戕生運動，其神經、肢體、氣管、筋肉，已受其摧殘而至頹廢，安能望其完成拳道之使命乎？余雖不敢謂本拳為無上之學，若從現代及過去而論，信他所無而我獨有也。學術理應一代高一代，否則當無存在之必要矣！余深信拳學適於神經、肢體之鍛鍊，可因而益智，尤適於筋肉之溫養、血液之滋榮，更使呼吸舒暢，肺量加深，而本能之力亦隨之而漸長，而實現一觸即發之功能，至於致力之要，用功之法，統於篇內述之，茲不贅述。

但此篇原為同志習拳較易而設，非向世之文者可比也，蓋因余年已老，大家迫求，只得以留驚鴻爪影於泥雪中以尋之，僅將平日所學，拉雜記載，留作參考，將來人手一篇，領會較易。

但余素以求知為職志，果有海內賢達，對本拳予以指正，或進而教之，則尤感焉。以一得之愚，得藉他山之石，而日有進益。日後望從學諸生，虛心博訪，一方面儘量問難，一方面盡力發揮。倘有心得，希隨時共同研究，以求博得精奧，而期福利人群，提高國民體育之水準，實為盼甚，否則毫無價值也。如此提高而不果，是吾輩精神之不逮焉，或智力未符故耳。

夫學術本為人類所共有，余亦何人而敢自秘？所以不揣簡陋，努力而成是篇。余不文，對本拳之精微，不能闡發淨盡，所望者，僅不過筆錄而已，實難形容其底蘊，以詳吾胸中之事矣，一偶三反，是在學者，余因授道之誠，

情緒之熱，遂不免言論之激，失之狂放，知我罪我，笑罵由人。

河北博陵

蒒齋王尼寶　志於太液萬字廊

第一章　習拳述要

近世之操拳者，多以筋肉之暴露、堅硬誇示人前，以為運動家之表現，殊不知此畸形發達之現象，既礙衛生，更無他用，最為生理家忌禁，毫無運動之價值也。近年以來，余於報端曾一再指摘其非，雖有一般明理之士咸表同情，而大都仍是庸俗愚昧，忍心害理，尤其信口詆人，此真不齒。故終不免有諸多銜怨者，大凡從來獨抱絕學為人類謀福利者，與忠誠之士和聰明絕頂者，社會從來鮮有諒解。水準之低，概可想見。余為拳道之永久計，實在不敢顧其私，希海內賢達其諒鑒之。

按拳道之由來，原係採禽獸搏鬥之長，象其形，會其意，逐漸演進，合精神假借一切法則，始匯成斯技。奈近代拳家，形都不似，更何有益於精神與意感乎？然亦有云「用力則滯，用意則靈之論。」詢其所以，則又瞠然莫辨。用力則筋肉滯而百骸不靈，且不衛生，此故然矣，然在技擊方面言之，用力則是力窮，用法則是術罄。凡有方法，便是局部，便是後天之人造，非本能之學也。且精神便不能統一，用力亦不篤。更不能假以宇宙之力以呼應，其精神已受其範圍之所限，動作似裹足不前矣，且用力乃是抵抗之變象，抵抗是由畏敵擊出而起。如此豈非接受對

方之擊，則又安得不為人擊中乎？

用力之害，誠大矣哉。要知用力、用意乃同出一氣之源，互根為之，用意即是用力，意即力也。然非筋肉凝聚僵硬之力謂之力。若非用意支配全體之筋肉鬆和，永不能得伸縮自如、遒放致用之活力也。既不能有自然之活力，其養生與應用，吾不知其由何可以得。要知意自神生，力隨意轉，意為力之帥，力為意之軍。所謂意緊力鬆，筋肉空靈，毛髮飛漲，力生鋒棱，非此不能得意中力之自然天趣。

本拳在20年前，曾一度有「意拳」之名，舉「意」字以概精神，蓋即本拳重意感與精神之義也。原期喚醒同人，使之顧名思義，覺悟其非而正鵠是趨，孰知一般拳家各懷私見，積重難返，多不肯平心靜氣，捨短取長，研討是非之所在，情甘抱殘守闕，奈何！奈何！遂致余願無由得償，籲可慨也。余之智力所及，絕不甘隨波逐流，使我拳道真義，永墜沉淪，且尤不時大聲疾呼，冀以振其麻痹，而發猛醒，此又區區之志，不能自已者也。

第二章　論信條與規守

拳學一道，不僅鍛鍊肢體，尚有重要深意存焉。就傳統而言，首重德性，其應遵守之信條，如尊師敬長，重親孝長，信義仁愛等，皆是也。此外更須有俠骨佛心之熱誠，捨己從人之蓄志，苟不具備，則不得謂拳家之上選。至於渾厚深沉之氣概，堅忍果決之精神，抒發人類之情感，敏捷英勇之資質，尤為學者所必備之根本要件，否則

恐難得其傳，即使傳之，則亦難得其神髓矣。故先輩每於傳人之際，必再三審慎行之者，蓋因人材難得，不肯輕錄門牆，至其傳授之程式，率皆先以四容五要為本。如頭直、目正、身莊、聲靜，再以恭、慎、意、切、和五字訣示之，茲將五字訣歌列後，以示其意。

習拳即入門，首要遵師親。尚友須重義，武德更謹遵。動則如龍虎，靜尤古佛心。

舉心宜恭慎，如同會大賓。恭則神不散，慎如深淵臨。假借無窮意，精滿渾元身。

虛無求實切，不失中和均。力感如透電，所學與日深。運聲由內轉，音韻似龍吟。

恭慎意切和，五字秘訣分。見性明理後，反向身外尋。莫被法理拘，更勿終學人。

第三章　論單雙重與不著象

以拳道之原理論，勿論平時練習抑在技擊之中，須保持全身之均整，使之毫不偏倚，凡有些微不平衡，即為形著象、力亦破體也，蓋神、形、力、意皆不許有著象，一著象便是片面，既不衛生，且易為人所乘，學者宜謹記之。夫均衡，非呆板也，稍板則易犯雙重之病，然亦不許過靈，過靈則易趨於華而不實也。須要具體舒放、屈折含蓄，如發力時，亦不許斷續，所謂「力不亡者也」。蓋雙重非指兩足部位而言，頭、手、肩、肘、膝、胯以及大小關節，即一點細微之力，都有單、雙、鬆、緊、虛、實、輕、重之分別，今之拳家大都由片面之單重走向絕對之雙

重，更由絕對之雙重而趨於僵死之途。甚矣！

單雙重之學，愈久而愈湮也。就以今之各家拳譜論，亦都根本失當，況其作者儘是露形犯規而大破其體者，所有姿勢誠荒天下之唐，麻世人之肉矣。愈習之則愈去拳道之門徑而愈遠甚。不著象而成死板，一著象散亂無章，縱然身遇單重之妙，因無能領略，此亦無異於雙重也。非弄到不自然、不舒服、百骸失正而為止，是以不得不走入刻板方法之途徑，永無隨機而動，變化無方，更無發揮良能之日矣。噫，亦誠可憐之甚也。

至於神與意之不著象，乃非應用觸覺良能之活力，不足以證明之，比如雙方決鬥，利害當前，間不容髮，已接未觸之時，尚不知應用者為何，解決之後，復不知邇間所用者為何，所謂不期然而然，莫知至而至，又謂極中致和本能力之自動良機者也。

第四章　抽象虛實有無體認

習拳入手之法，非只一端。而其結晶之妙，則全在於神、形、意、力之運用互為一致。此種運用都視之無形、聽之無聲、無體亦無形象。就以有形而論，其勢如空中之旗，飄擺無定，惟風力是應，即所謂與大氣之應合；又如浪中之魚，起伏無定，縱橫往還，以聽其觸，只有一片相機而動、應感而發和虛靈守默之含蓄精神，要在以虛無而度其有，亦以有處而揣其無，誠與老莊、佛釋「無為而有為」，「萬法皆空即為實象」，一切學理多稱謹似。又如倪寬作畫，各以俏逸之筆，孤行天壤，堪並論也。其機其

趣完成在於無形神似之間，度其意可以求之，所以習時有對鏡操作之戒者，恐一求形似，則內虛而神敗矣。

習時須假定三尺之外、七尺之內四周如有大刀闊斧之巨敵與猛獸毒蛇蜿蜒而來，其共爭存生之情景，須當以大無畏之精神而應付之，以求虛中之實也。如一旦大敵林立，在我如入無人之境以周旋之，則為實中求虛。要在平日操存體認，涵蓄修養，總之都是從抽象中得來，所謂神意足不求形骸似，更不許存有對象，而解脫一切者是也。

切記：「習時要慢而神宜速，手不空出，意不空回，即些微細小之點力動作，亦須具體無微而不應，內外相連，虛實相需而為一貫，須無時無處不含有應付技擊之感。」倘一求速，則一切經過之路徑滑然而過，再由何而得其體認之作用乎？是故初學時須以站樁為基礎，漸漸體會而後行。總之，須有神、形、意、力成為一貫，亦須六心相合，神經統一，一動無不動，亦更無微而不合，四肢百骸，悉在其中。不執著，不停斷，再與大氣之呼應、點力之鬆緊，互以為用，庶乎可矣。「離開己身，無物可求，執著己身，永無是處。」旨哉斯言，細心體會，自不難窺拳道之堂奧矣。

第五章　總　綱

拳本服膺，推名大成。平易近人，理趣橫生。一法不立，無法不容。

拳本無法，有法也空。存理變質，陶冶性情。信義仁勇，悉在其中。

力任自然，矯健猶龍。吐納靈源，體會功能。不即不離，禮讓謙恭。

力合宇宙，發揮良能。持環得樞，機變無形。收視聽內，鍛鍊神經。

動如怒虎，靜似蟄龍。神猶霧豹，力若犀行。蓄靈守默，應感無窮。

歌要，古人多以歌訣之法，以為教授工具，謹師其意，略加變更，特編歌訣刊後，以餉學者。

拳道極細微，勿以小道視。開闢首重武，學術始於此。當代多失傳，荒唐無邊際。

拳道基服膺，無長不彙集。切志倡拳學，欲復故元始。銘心究理性，技擊乃其次。

要知拳真髓，首由站樁起。意在懸空間，體認學試力。百骸撐均衡，曲折有面積。

彷彿起雲端，呼吸靜長細。舒適更悠揚，形象若瘋癲。絕緣摒雜念，斂神聽微雨。

滿身空靈意，不容粘毫羽。有形似流水，無形如大氣。神綿覺如醉，悠然水中浴。

默對向天空，虛靈須定意。洪爐大冶身，陶鎔物不計。靈機自內變，調息聽靜虛。

守靜如處女，動似蟄龍起。力鬆意須緊，毛髮勢如戟。筋肉遒欲放，支點力滾絲。

螺旋力無形，遍體彈簧似。關節若機輪，揣摩意中力。筋肉似驚蛇，履步風捲席。

縱橫起巨波，若鯨游旋勢。頂上力空靈，身如繩吊繫。兩目神凝斂，聽內耳外閉。

小腹應常圓，胸間微含蓄。指端力透電，骨節鋒棱起。神活逾猿捷，足踏貓踽蹐。

身動似山飛，力漲如海溢。一觸即爆發，炸力無斷續。學者莫好奇，平易生天趣。

返嬰尋天籟，軀柔似童浴。勿忘勿助長，升堂漸入室。如或論應敵，拳道微末技。

首先力均整，樞紐不偏倚。動靜互為根，精神多暗示。路線踏重心，鬆緊不滑滯。

旋轉緊穩準，鉤錯互用宜。利鈍智或愚，切審對方意。隨曲忽就伸，虛實自轉移。

蓄力如弓滿，著敵似電急。鷹瞻虎視威，足腕如蹙泥。鶻落似龍潛，渾身盡爭力。

蓄意肯忍狠，膽大心更細。劈纏鑽裹橫，接觸揣時機。習之若恒久，不期自然至。

變化形無形，周旋意無意。叱咤走風雲，包羅小天地。若從跡象比，老莊與佛釋。

班馬古文章，右軍鐘張字。大李王維畫，玄妙頗相似。造詣何能爾，善養吾浩氣。

總之盡抽象，精神須切實。

第六章　練習步驟

本拳之基礎練習，即為站樁。其效用在能鍛鍊精神，調劑呼吸，通暢血液，舒和筋肉，改造生理，增長智力，誠養生、強身、益智之學也。

亦為優生運動，其次為試力、試聲、假想體認各法

則，再次為自衛與大氣之呼應和波浪之鬆緊、良能之察覺、虛實互用之切要，茲將各階段逐述於後。

一、站　椿

站椿即立穩、平均之站立也。初習為基本椿。習時須首先將全體之間架配備安排妥當，內清虛而外脫換，鬆和自然，頭直目正，身端頂豎，神充力均，氣靜息平，意思遠望，發挺腰鬆，周身關節似有微曲之意，掃除萬慮，默對長空，內念不外游，外緣不內侵，似神光朗照顛頂，虛靈獨存，渾身毛髮有長伸直豎之勢。周身內外激盪迴旋，覺如雲端寶樹，上有繩吊繫，下有木支撐，其悠揚相依之神情，喻曰「空氣游泳」，殊近相似也。然後再體會肌肉細胞動盪之情態，鍛鍊有得，自知為正常運動。

夫所謂正常者，即改造生理之要道，能使貧血者可以增高，血壓高者可以下降而達正常。蓋因其勿論如何運動，永使心臟之搏動不失常態，平衡發達，正常工作。

然在精神方面，須視此身為大冶洪爐，無物不在陶熔體認中。但須察覺各項細胞為自然之同時工作，不得有絲毫勉強，更不許有幻想，如依上述原則去鍛鍊，則肌肉不練而自練，精神不養而自養，周身舒暢，氣亦隨之而逐漸變化，其本能自然之力，由內而外，自不難漸漸發達。但切記身心不可用力，否則稍有注血，便失鬆和，不鬆則氣滯而力板，意停而神斷，全體皆非矣。

總之，無論站椿試力或技擊，只要呼吸一失常，或橫隔膜一發緊，便是錯誤，願學者慎行之，萬勿忽視。

二、試　力

以上的基本練習，既有相當基礎之後，則一切良能之發展，當日益增強，則應繼續學試力功夫，體認各項力量之神情，以期真實效用。此項練習為拳中之最重要、最困難之一部分工作。蓋試力為得力之由，力由試而得知，更由知始能得其所以用。習時須使身體均整，筋肉空靈，思周身毛孔無一不有穿堂風往還之感，然骨骼毛髮都要支撐遒放，爭斂互為，初動愈微而神愈全。慢優於快，緩勝於急，欲行而又止，欲止而又行，更有行乎不得不止，止乎不得不行之意，以體認全體之意力圓滿否，其意力能否隨時隨地應感而出發，全身之精神力量能與宇宙之力起感應合否，假借之力果能成為事實否。

欲與宇宙力起應合，須先與大氣發生感覺，感覺之後漸漸呼應，再試氣波之鬆緊與地心爭力作用，習時須體會空氣阻力何似，我即用與阻力相等之力量與之應合，於是所用之力自然無過，亦無不及。初試以手行之，逐漸以全體行之。能認識此種力良能漸發，操之有恆，自有不可思議之妙，而各項力量亦不難入手而得。至於意不使斷，靈不使散，渾噩一體，動微而觸牽全身上下、左右、前後，不忘不失，非達到舒適得力、奇趣橫生之境地不足曰得拳之妙也。

所試各力，名稱甚繁，如蓄力、彈力、驚力、開合力，以及重速、定中、纏綿、撐抱、惰性、三角、螺旋、軸輪、滑車、斜面等種切力量，亦自然由試力而得之。蓋全體關節無微不含屈勢，同時亦無節不含放縱與開展，所

謂道放互為，固無節不成鈍三角形，且無平面積，尤無固定之三角形，蓋拳中之力，都是精神方面體認而得之。形則微矣。表面觀之，形似不動，而三角之螺旋實自輪旋不定，錯綜不已，要知「有形則力散，無形則神聚」，非自身領略之後不能知也。

蓋螺旋力，以余之體認觀之，非由三角力不得產生者也。而所有一切力量，都是筋肉動盪與精神假想相互而為，皆有密切連帶之關係，若分而言之，則又走入方法之門，成為片面耳。所以非口傳心授，未易有得，更非毫端所能形容，故不必詳述也。

總之一切力量都是精神之集結緊密，內外含蓄，一致而為用。若單獨而論，則成為有形破體機械之拳道，非精神意義之拳也。余據四十餘年體會操存之經驗，倍感各項力量都由渾元擴大、空洞無我產生而來，然渾元、空洞亦都由細微之棱角形成漸漸體會，方能有得。

是以吾又感天地間一切學術，無不感矛盾；同時亦感無一不是圓融。統一矛盾，始能貫通，方可利用其分工合作，否則不易明理。至於用力之法，渾噩之要，絕不在形式之好壞，尤不在姿勢之繁簡，要在精神支配之大意和意念之領導與全體內外之工作如何。

動作時，在形式方面不論單出、雙回、齊出、獨進、橫走、豎撞、正斜互爭，渾身之節、點、面、線，一切法則無微不有先後、輕重、鬆緊之別，但須形不外露，力不出尖，亦無斷續，更不許有輕重方向之感，不論試力或發力，須保持身體鬆和，發力含蓄而有聽力，以待其觸。神宜內斂，骨宜藏棱，要在身外三尺以內，似有一層羅網保

護。而包羅之內，盡如刀叉勾錯並蓄，有萬弓待發之勢。然都在毛髮筋肉伸縮、撥轉，全身內外無微不有滾珠、起棱之感。他如虛無假借種種無窮之力，言之太繁，故不具論，學者神而明之。

以上各力果身得後，切莫以為習拳之道已畢於此，不過僅得些資本而已，而始有學拳之可能性，若動則即能「鬆緊緊鬆勿過正，實虛虛實得中平」之樞中訣要，則又非久經大敵之實作通家，不易得也。然則須絕頂天資，過人氣度，尤須功力篤純，方可逐漸不加思索，不煩擬意，不期然而然，莫知至而至，達本能觸覺之活力也。具體細微之點力，亦須切忌無的放矢之動作。然又非做到全體無的放矢而不可，否則難能得其妙。

三、試　聲

試聲為輔助試力細微所不及也，其效力在運用聲波鼓蕩全體之細胞工作。其原意不在威嚇，而聞之者則起猝然驚恐之感，實因其聲力併發，與徒作喊聲意在威嚇者不同，試聲口內之氣不得外吐，乃運用聲由內轉功夫。

初試求有聲，漸從有聲而變無聲，蓋人之聲各異，惟試聲之聲，世人皆同。其聲如幽谷撞鐘之聲，似老輩云：「試聲如黃鍾大呂之本，非筆墨毫端可以形容。」須使學者觀其神，度其理，聞其聲，揣其意，然後以試其聲、力之情態，方能有得。

四、自　衛

自衛即技擊之謂也。須知大動不如小動，小動不如蠕

意拳正軌

下編　意拳研究文選

182

動，要知蠕動之動才是生生不已之動。比如機械之輪或兒童之捻轉兒，快到極處，似乎不動。如觀之已動，則將不動，是無力之表現矣。所謂「不動之動速於動，極速之動猶不動」，一動一靜，互根為用。其運用之妙，多在神經支配、意念領導與呼吸之彈力、樞紐之穩固、路線之轉移、重心之變化。

以上諸法，若能用之得機適當，則技擊之基礎備矣。亦須在平日養成隨時隨地一舉手、一抬足皆含有應機而發之準備，要在虛靈含蓄中意感無窮，方是貴也。

然在學者於打法一道，難無足深究，亦似有此必經之過程。如對方呆板緊滯，且時刻表現其重心、路線、部位之所在，則無足論。倘動作迅速，身無定位，而活若猿猴，更不必曰各項力之具備者，就以其運動之速，則亦非一般所能應付，故平日對於打法亦應加以研究。

習時首先鍛鍊下腹充實，臀部力穩，頭、手、肩、肘、胯、膝、足，各有打法。至於提打、鉤打、按打、掛打、鋸打、鑽打、搓打、拂打、疊打、錯打、裏打、踐打、截打、堵打、摧打、撥打、滾力打、支力打、滑力打、粘力打、圈步打、引步打、進步打、退步打、順步打、橫步打、整步打、半步打、斜面正打、正面斜打、具體之片面打、局部之整體打、上下捲打、左右領打、內外領打、前後旋打——力斷意不斷，意斷神又連，動靜已發未發之機和一切暗示打法，雖係局部，若非實地練習，亦不易得。然終是下乘功夫，如聰明智慧者則無須習此。

五、技擊樁法

技擊樁與基本樁，神形稍異，然仍依原則為本，步如八字形，亦名丁八步，又為半丁半八之弓箭步也。兩足重量前三後七，兩臂撐抱之力內七外三，何時發力，力始平均，平衡之後，仍須復原，仍須如槍炮之彈簧，伸縮不斷之意。兩手足應變之距離，長不過尺，短不逾寸。前後左右，互換無窮，操之愈熟，愈感其妙。至於鬆緊沉實之利用，柔靜驚彈之揣摩，路徑之遠近，間架之配備，發力之虛實，宇宙之力波以及利用時間之機會，仍需逐漸研討，此為拳學之整個問題也。

在平時須假定虎豹當前，蓄勢對搏力爭生存之境況，此技擊入手之初不二法門，亦為最初之法則。茲再申述神、意、力三者之運用於後：

（一）神、意之運用

技擊之站樁，要在具體空靈均整、精神飽滿、神猶霧豹、意若靈犀，具有烈馬奔放、神龍嘶嚙之勢。頭頂項豎，頂心按縮，周身鼓舞，四外牽連，足趾抓地，雙膝撐撥，力向上提，足跟微起，有如巨風捲樹，思有拔地欲飛，擰擺橫搖之勢，而具體則有撐裹豎漲、毛髮如戟之力，上下樞紐曲折，百繞重線，自乘其抽撥之力，要與天地相爭，肩撐肘橫，裹捲回還，撥旋無已，上兜下墜，推抱互為，永不失平衡均整之力。指端斜插，左右鉤擰，外翻內裹，有推動山嶽地球之感，筋肉含力，骨節生棱，具體收斂，躍躍欲動。要知含蓄吞吐，兩肩開合，擰裹直前，有橫滾推錯兜卷之力，毛髮森立，背豎腰直，小腹常

圓，胸部微收，動則如怒虎搜山，山林欲崩之狀，全體若靈蛇驚變之態，亦猶似火燒身之急，更有蟄龍振電直飛之神氣，尤感筋肉激蕩，力如火藥拳如彈，神機微動雀難飛，頗似有神助之勇焉。

故凡遇之物，則神意一交，如地網天羅，無物能逃，如雷霆之鼓舞，鱗甲雪霜之肅草木，且其發動之神速，更無物可以喻之，是以余此種神意運動，命名之曰「超速運動」。言其速度之快，超出一切速度之上也，以上所言。多係抽象，而精神方面須切實為之，以免流入虛幻。

（二）力之運用

神意之外，力之運用更為切要，且係良能之力，此非片面力也。惟大部分須試力以求之。

習時須先由節段面積之偏倚而求力量之均整，繼由點力之均整，揣摩虛實之偏倚，復由偏倚之鬆緊以試發力之適當，更由適當之發力，利用神光離合之旋繞與波浪彈力之鋒棱，再以渾身毛髮有出巡問路之狀，而期實現一觸即發之功能。且時時準備技擊之攻守，亦時刻運用和大敵之周旋，尤須注意發力所擊之要點。

萬不可無的放矢，見虛不擊擊實處，要知實處正是虛，虛實轉移樞紐處，若非經歷，永不知混擊蟄打亦有益，須看對手他是誰。正面微轉即斜面，斜面迎擊正可推，勤習勿懈力搜求，敬謹意切靜揣思。

技擊在性命相搏一方面言之，則為決鬥。決鬥則無道義，更須抱定肯、忍、狠、謹、穩、準之六字決要，且與對方抱有同死之決心，若擊之不中，自不能擊，動則便能致其死，方可擊之。其決心如此，自無不勝。此指勢均力

敵而言。如技能稍遜，不妨讓出。若在同道相訪，較試身手方面言之，則為較量。

較量為友誼研討性質，與決鬥不同，須首重道義，尤須觀察對方之能力何似，倘相去遠，則須完全讓之，使其畏威懷德為切要。較量之先，須以禮讓當先，言詞應和藹，舉動要有禮度，萬不可驕橫狂躁有傷和雅。

夫今後武德可以漸復，古道可以長存，實我拳道無上光榮，則餘有後望焉。

第七章　論樁功之境界

持樁需經歷三種境界，體認有得，方為功夫。所謂境界，即持樁時所有之心理狀態與生理狀態也。蓋心理作用於生理，生理作用於心理，交相輝映也。

清末學者王國維先生嘗謂：凡成事者皆須經歷三種境界，一曰：「衣帶漸寬終不悔，為伊消得人憔悴。」二曰：「昨夜西風凋碧樹，獨上高樓望盡天涯路。」三曰：「眾裏尋她千百度，驀然回首，那人卻在燈火闌珊處。」習拳亦應如是。

樁功之第一境界，從心理上講謂之「不悔」。學者需堅信不疑，有百牛挽之不動決心。從生理上講堅持百日，即有感覺。堅持三、四年，即覺四肢膨脹，手足發熱，有灌鉛之感。四肢陰面有感覺較易且快，其陽面有感覺則較難且慢。四肢之陰陽面皆須有灌鉛膨脹之感，方為有得，臻此境界始可學功。

樁功之第二境界，從心理上講謂之「望盡天涯路」。

此際須信天下拳道之妙，唯我自家獨尊，而他家所無也。從生理上講持樁至五、六年即覺兩耳膨脹，眉鼻梁覺如有物在內鼓動，頸項挺拔猶如頂上有大繩吊引，頭皮發脹、鬢髮飛漲，覺有大石壓頂之感。此即持樁時頭直頂豎之功也。同時上肢之感覺漸漸蔓延至臀部及小腹。至此四肢之感有日增焉。臻此境界，即覺天趣盎然矣。然所發之力還非源自腰脊，而是梢節之機械之力也。

椿功之第三境界，從心理上講謂之「回首」，此時本能活力如蛇。神莊意靜，彈指揮手，無非天籟。回過頭來再看，十年來所操各法，皆如敝履，理應棄之溝壑而不惜，初步所練即為正果。從生理上講堅持十年左右即覺腰脊有膨脹之感。此種感覺直達穀道臊根，卻覺體整如鑄，身如鉛灌，肌肉如一，行走似趟泥，抬手鋒棱起，身動如挾浪，腰脊板似牛。臻此境界，動則自有奇趣橫生之感，所發之力始能均整。至此技擊之資備矣。

以上所談之年限，皆係我自身體識所得。在於學者或可略長，或可略短，均在於個人天賦與功力然耳。曾文正公曾謂：「成就事業天資僅作三分，而勤奮則占七分」。此非虛語也，學者勉之。

持樁雖日久，但見效不著，須求之於己身，不是姿勢不正確，或既是心理起副作用於生理，或既生理起作用於心理，總之必有問題，當求證於高明，莫自以為是，切要！切要！

又持樁切忌死持一式，各式須交替輪流，每日如此。同時又須有站臥之分，站式與臥式尤須堅持。如是始有調配生理機能之作用。各式樁法雖皆可培育內勁，但各式之

效應不同。若死持一式，從技擊角度看則為偏頗，學者慎之！每日之中持樁時間以一小時至一個半小時為宜。每日持樁之時間應占練功總時間的三分之二，以三分之一做試力，就我之經驗而論，如此為宜。蓋樁功為意拳之基本功之故也。

第八章　論四形

持樁而達於「體整如鑄」、「身如鉛灌」、「肌肉如一」、「毛髮如戟」之境界，始可言拳。拳者何？學者力之奮也，非局部方法之謂。昔日我曾有一首題為「舞相」的詩：

身動揮浪舞，意力水面行。游龍白鶴戲，迂迴似蛇驚。

肌肉含勁力，神存骨起棱。風雲吐華月，豪氣貫長虹。

詩中所說「揮浪」、「游龍」、「白鶴」、「驚蛇」皆拳式也。然此拳式的舞蹈，亦即所謂「健舞」或「武舞」。在隋唐時代健舞甚為盛行，為當時之養生術與技擊之法。不僅武夫操之，即使文人學士亦多習之，後多失傳。近世拳學家黃慕樵先生本多年參拳之體會，並揣敦煌唐人壁畫之中人物與陶俑之舞姿，始將健舞之幾個姿式仿出，北伐之際，我南遊至淮南，得遇黃慕樵先生，遂得其傳，乃約略得其健舞之真意，我不敢私其秘，曾再傳於從我習拳者，然其中能得健舞之妙者僅十餘人耳。

習健舞之先決條件則須達於四如境界，即能「整體如鑄、身如灌鉛、肌肉如一、毛髮如戟」，否則難出舞相。舞起來豈不是搖擺四肢而已。我過去嘗謂：「勁營自體

內，力奮形骸外」。持樁而達於四如境界，則內勁具矣。然如何將此種內勁爆發出來而成外力，以收技擊之效應，四形則為最適當之形式也。

四形舞法乃係依「形曲力直」之法則。習時須永設一假想之敵，對之蓄勢搏鬥。手指腕擰，指彎爪攝，不論手起舞或單或雙，指端永遠指向對方口鼻，須用最大能力控制對方之中線，給敵造成威脅。控制對方中線，亦即保持住已方之中線不受侵犯矣。不僅掌之食指、中指、無名指、小指皆指敵，既拇指亦須彎曲蓄勢與其他四指同指一方向。此種掌法與所謂內功拳如太極拳，外功拳如少林之掌法根本不相同，此即手指爪攝之意也。

欲手指爪攝則腕不許上拱、不許下塌、不拱不塌，故運行時必擰腕始能圓活制敵。具有鉤、錯、斂、抗之妙。十指不許僵直，皆須曲蓄；指要分、掌要凹，如果運行時指端可有透電之感，此即指彎腕擰之妙也。

兩臂運行時永不許失去裹、捲、撐、抱之力，樁內蚊蠅不落。雙足進退永不許失去刀、叉、分、刺之能，步法寸步不讓。肩要撐、肘要橫，兩臂始有裹、捲、撐、抱之力。襠要坐、膝要縱，坐襠縱膝始有力，方有刀、叉、分、刺之能。與對方交接我無執令彼亦無執，其訣竅要在肩胯之扭錯。而肩胯之靈活扭錯又須以腰脊為動力，故習時腰脊須搖旋如軸，如是始能以無執而破有執也。

雙足運行覺如在泥雪中求動，兩足重量三七互換。腳無定位，身無定勢，或以後步作前步，或以前步作後步，前後交替，虛實互演，以步法奪敵之位。運行起來身隨意走，手底留痕，覺全身如與物遇，三尖協調，四心相印。

若快，快不許飄浮，若慢，慢不許呆像。

力之爆發皆在一瞬間。此時如襟人，心毒為上策，力由意發之故也。手狠方克敵，法隨意生之故也。故習時每一動作皆需假借，無假借之動作身體力不篤。習時周身永不許失去體整如鑄、身如鉛灌、肌肉如一、毛髮如戟之感。所謂「意不使斷、靈不使散、渾噩一致、不忘不失」也。如是，舞起來始有天趣橫生之境界。生理作用於心理，此即健舞之養生意義也。

由此看來，意拳之真功夫非自動中得來，須於不動中求之。故曰：「蠕動之動方乃生生不已之動也」。

練習四形是對內勁的一種定向訓練，使之能隨時隨地爆發為外力，以及技擊應付效用，故習進只求舒適與否，不求姿式好壞美觀與否。但姿式確是形之代表，故需求姿式正確，即不違反生理運動力學之規律也。若動則能循力學之規律，且不失四如之境界，其大動正確、小動亦正確，否則均不正確。

習時還須並善於運用人體外力與內勁之間的對立統一規律。人體外力有四種：人體重力，即重力位能向重力動能之轉化，此即所謂之「與地心爭力」；地面支撐與支撐反作用力，此我所說：「拔地欲飛」；空氣阻力，此我所謂之「與大氣呼應」；技擊時對方之作用力，此我所謂之「假借之力」。這些力我總名之曰「宇宙爭力」。人體內力即是處於四如狀態之整體肌肉拉力，此即我謂之「渾元爭力」。膈膜動力，此我所謂之「呼吸彈力」亦為人體內勁之一種。欲收技擊之真實效用，須使渾元爭力與宇宙力相合拍，其作用之妙皆在於呼吸彈力也。故曰：「吐納靈

源合宇宙」、「喊聲叱吒走風雲」。因此只要橫膈膜一發緊即錯誤，故學者宜慎之。

現再將四形分項加以說明：

一、揮　浪

此式仍依「形曲力直」之法則，仍須不失四如之境界。其具體則為運用伸、縮、抑、揚、沉、托、提縱之力。蓋人體站立時兩足不動，而軀體與兩臂同時作上下方向相反之波狀運動。即雙臂同時向上揚提，而軀體卻往下沉坐；雙臂向下抑探，而軀體卻向上伸長，亦即上下對拔位長，此時人體重位能即轉化成重力動能，全身即有一種波浪力，謂之「重力波」。

此種重力波正是技擊之所需也。同時上下對拔拉長蕩起縱波力，借雙臂左右圓撐之勢，使縱波之中夾帶橫波，如是始有揮浪之舞姿。運行時，雙臂一前一後。若左手在前，則出左足；若右手在前，則出右足。雙臂與軀體配合，上下伸縮、抑揚，對拔拉長，雙手走一橢圓形軌道。左右進退，互換無窮。

此式之形象猶如龜之游出水面，欲浮而又沉，時常浮而挾浪揚波於水面，故此形又名神龜出水。

二、游　龍

此式仍須依「形曲力直」之法則，仍須不失四如之境界，然具體則係運用提、按、撫、橫、分、閉、開、合之力，此式之運行與揮浪同，仍需利用重力波以發提、按、撫、橫、分、閉、開、合之力。雙臂與軀體配合，上下對

拔拉長。所不同者在於雙臂在軀體之兩前以提按開合之勢，走橢圓形軌道。須以縱波出提按之力，以橫波出開合之勢。縱橫高低，進退互用。其形象若一龍游蒼海，龍即是浪，浪即是龍，龍行浪動，浪動龍行。

揮浪、游龍二式皆係利用重力波以收技擊之效應。故用時需掌握力波之鬆緊。鬆以蓄勁，緊以發力，鬆緊緊鬆，無波不浪。波浪主要需有彈力，此種彈力遇物即須爆發為炸力，此即意拳之蓄彈驚炸也。

習揮浪、游龍二式，又須有仰之則彌高，俯之則彌深之身，對方高來我則高以行之，使有凌空失重、高不可攀之感。對方低來我則低以行之，使有如臨深淵、搖搖欲墜、愈陷愈深之感，此即高則揚其身，低則縮其身之法也。

三、白　鶴

此式仍依「形曲力直」之法則，仍須不失四如之境界。然具體則係運用摟、劈、鑽、刺、翻、揚、裹、擰之力。蓋我之整體任一曲蓄部位，當其作用於敵體之某一部位而受阻，或當敵體之某一部位作用於此處，即將發生變形時，我之此一曲蓄部位即產生一種阻力，阻止變形這彈性力，即爆發之為炸力。此種爆發之炸力正是技擊之所需，此即我所謂之「蓄彈驚炸」。

必須知在我曲蓄部位、伸縮自如之限度內，彈性力與我曲蓄部位之伸展量成正比。故練習此形時兩臂運行之幅度應大些，以增強爆發力之直射強度。

運行時兩臂交替自外向內畫弧。若高，指端不過頂；

若低，指端不過臍。設左臂先起，則出左足；右臂先起，則出右足。畫弧時，兩手臂須有摟、劈、鑽、刺、翻、揚、裹、擰之力，習時需根據不同之假想、假借，我手臂曲蓄部位所產生之彈性力或翻揚、或裹擰、或摟劈、或拉鑽刺爆，發為炸力。

此式之妙還在於起腳制敵。若左臂先起的，則左腳用勁，橫起橫落。起須不高於自己實腳之膝，落時不超於敵胸，提膝、腳落勁發於手，力出應為一聲，此種落腳之勢並非踢、蹬、踹、踩、實為頓也。只運用爆發力兩臂交替連用，雙足一齊互用，其形象頗似白鶴突圍拔地欲飛也。意拳之「三拳一腳」即從此式化出。

四、驚　蛇

此式仍依「形曲力直」之法則，仍須不失四如之境界，然具體則運用起、頓、吞、吐、撐、抱、悠、揚之力。此式之運行與白鶴同，仍需利用曲蓄部位所出之彈性力而發起、頓、吞、吐、撐、抱、悠、揚之力。運行時若出左足，則起左臂，自內向外畫弧，同時右臂在左臂下自外向內畫弧。進右足，右臂向外畫弧，同時左臂在右臂下畫弧。運行時根據不同之假想、候借，我叫曲蓄之彈性力。可以起、頓、吞、吐之形式爆發為炸力，亦為撐、抱、悠、揚之形式爆發為炸力。前後左右，互換無窮，其形象宛似驚蛇乍走，左右迂迴刀光閃。所謂三拳、三棍皆從此式中化出，厲害無比也。

白鶴、驚蛇二式皆係利彈性以得技擊之效應。故習時需掌握回縮量與伸展量，回以蓄勁，伸以發力。將欲伸

之，則必回之；將欲回之，則必伸之；回伸須致遍體似彈簧。此種彈力遇物即須爆發為炸力。故白鶴驚蛇二式亦係蓄彈驚炸之運用也。

習白鶴驚蛇二式又須知白鶴能制橫，驚蛇可夾縱。對方齊出，我則裹其力，使之旋轉而拔根；對方獨進，我則放其勢，令彼力盡而前俯。此即橫則裹其力，縱則放其勢之法也。

第九章　論意拳之哲理根據

關於意拳之哲理根據，我不想多用筆墨，只以哲學命題之形式提出，彼此對照，自不難看出意拳之真正面貌也。

1. 莊子曰「物物者非物」。意即使物質成為物質，並非物質。意拳主張一切力量都是精神之集合。亦可謂力者非力也。換言之，使力成為力者並非力，乃精神也、意念也。此即意拳所以名為意拳之實質所在。

2. 老子曰：「無為而無不為」。意拳則主張「有為之為出於無為」，「不動之動乃生生不已之動」。所謂「無為」與「不動」意拳則為樁功，所謂「有為」與「動」則為試力與發力。意拳重視樁功，故亦係「無為」之義。昔日有人贈意拳是「古道家之靜功」，此非貶詞也。

3. 老子曰「反者道之動」。意拳則主張「力生有兩，兩則能一」，即作用力與反作用力之對立統一。所謂「矛盾錯綜須統一也」。

4. 佛門禪宗有云：「萬法皆空，即為實象」，又云：「不思善，不思惡，還我父母未生時之面目來。」父母未

生時之面目即「空也、無也」。意拳則主張「各項力量都由渾元擴大空洞無我產生出來。」因此教人「虛無求切實，運用在虛空」。

5. 禪宗又云：「無法無執」。意拳則又主張「一法不立，無執破執」。技擊時「我無執令對方亦無執」。不僅抗勁用力為有執，使用招術方法亦有執。以無執破有執，破執而無執也。

6. 明氏學者王守仁提出：「致良知」之說，意拳則主張「發揮良能」之論。王守仁說：「實如水流濕，火就燥。」其勢然也。

第十章　論拳套與方法

拳之深邃，本無窮盡。縱學者穎悟絕世，更要具篤信力行之精神，終身習行，亦難究其極，而拳套與方法，所謂「人造之拳架子」是也。自滿清三百年來，為一般門外漢當差表演而用，即拳混子謀生之工具。果欲研拳者，則又何暇而習此？非但毫無用處，且於神經、肢體、腦力諸多妨礙，戕害具體一切良能，故習此者鮮有智識，而於應用尤不合適，且害處極多，筆難書罄，對於拳之使命、衛生原則相距太遠，根本不談。

對於較技，設不用方法拳套，而蠻幹混擊，或不致敗，倘或用之，則必敗無疑。至謂五行生剋之論，則尤妄甚。在決鬥勝負一瞬之間，何暇思考？若以目之所見，一再思察，然後出手以應敵，鮮有不敗者。生剋之論，吾恐三尺孩童亦難盡信，夫誰信之？可詢之於決賽過者，自知

吾言非謬也。見《漢書・洪範五行》識，乃指政治、人民需要、開發金、木、水、火、土應用而言，後一般不學無識之輩，濫加採用，妄為偽造，致演為世之所謂五行生剋之論，此不過為江湖之流信口云云而已，豈學者可以讀此乎。

蓋拳套一項，大都知係人偽造，然招勢方法又何嘗不是人所偽為？皆非拳之原則、非發揮本能之學也。縱有純篤功夫、信專之堅忍、恒心毅力而為，然亦終歸是捨精華而就糟粕者也。要知拳學根本無法，亦可云「無微不法」。一有方法，精神便不一致，力亦不篤，動作散慢不果速，一切不能統一，更有背於良能。

所謂法者，乃原理原則之法，非枝節片面之刻板方法而為法，習枝節之法，猶之乎庸醫也，所學者都是備妥藥方，以待患者，而患者須按方治病，否則無所施其技矣。凡以拳套方法而為拳，是不啻以蛇神牛鬼之說而亂大道，皆拳道之罪人也。歎今之學者，縱有精研之志，苦無可入之門，故余不顧一切，誓必道破其非。

夫拳套方法既屬毫無用途而且有害，何傳者習者尚不乏人者，何也？概因此中人大都智識薄弱，故多好奇喜異，即告之以真，彼亦難悟，悟亦難行。蓋習之者咸以拳套方法，藉以眩人而誇世，而傳之者更以拳套方法以欺人，但猶藉此以消磨時間而便於謀生，況根本不識拳為何物者？故相率以己誤遺誤，永無止境，誠可憐可哭亦可氣也。噫，豈僅拳之一道，吾感一切學術，大都亦是畸形發展，余實不忍目睹同類走入迷途之浩劫而不救，故不惜本人多年體認及經驗，所得所知，反覆申論，以正其妄，而

期喚醒同胞，勿復執迷不悟也。大凡天地間之高深學術，皆形簡而意繁，而形式複雜者絕少精義，固不僅拳道然也。願同志三思之。

第十一章　論拳與器械之關係

古云：「拳成兵器就，莫專習刀槍」。若能獲得拳中之真理，復對各項力之功能、節段面積之屈折、長短斜正之虛實、三段九節之功用、路線高低之方向和接觸時間之火候，果能意領神會，則無論刀、槍、劍、棍種種兵器稍加指點，俱無不精，即偶遇從無見聞之兵器，且執於使用該兵器專家之手，彼亦不敵，何則？比如工程師比小爐匠、醫博士比護士，根本無比例之可似也。

第十二章　論點穴

點穴之說世人都以為奇，有云點穴道者，有云時間者，其種種異說，紛爭不已，聞之令人生厭嘔吐，所論皆非也。蓋雙方較技，勢均力敵，不必曰固定之穴不易擊中，即不論何處擊中均很難，如僅以其穴之可點，再加以時間之校對，則早已為對方擊破矣。

總之若無拳術之根本能力，縱使其任意戳點亦無所施其技，即幸而點中，亦無效果，若已得拳中之真實功力，則無論兩肋前胸之某一部位，一被擊中，立能致死。非有意點穴，而所至之處則無不是穴，若僅學某處是穴、某時可點，其道不愈疏遠乎？

第十三章　天賦與學術之別

世人常云：「某甲身高八尺，力逾千斤，其勇不可擋。」要知身長八尺，力逾千斤，只可謂得天獨厚，不得用以代表拳學也。又云：「某一拳擊斷巨磨石，單掌劈碎八塊磚，及前縱一丈，後躍八尺。」果能如此，僅不過愚人局部功夫耳，則必將走入廢人途徑，此且不談，然都不得以拳道目之。

以上所談，世人都以為特殊奇士，若與通家遇，則毫無能為。至於飛簷走壁、劍俠之說，此皆小說家夢想假造，只可付之一笑，如開石頭、過刀槍，乃江湖中所謂吃托之流，此下而又下，不值一道。

第十四章　解除神秘

每有天資低而學識淺者，其為人忠誠，然已承師教，且有深造，獨專絕大純篤之功夫，雖係局部，但多不及聽其言論之玄妙，觀其效用之功能，識別淺者，即以為人莫能此，便以為神秘視之，殊不知神秘之說，根本荒謬，概由智識薄弱、鑒別力低及體認未精而起，即或偶爾僥倖，得到拳道真義，奈無能領略而漠然放過，所以每以理趣深者，輒起一種神秘思想，若夫習之深，見之廣，聞之多，有所遇，自然豁然洞悉，而不疑有他，凡事皆然，豈獨拳學哉？

第十五章　知行解釋

學術一道，要在知而能行，行亦能知，否則終不免自欺欺人，妄語叢叢，言之多無邊際，知行二字，名雖簡易，實則繁難，世云有謂「知難行易」者，更有謂「知雖難而行尤不易」與「知行合一」及「事之本無難易」，以上所談，各具有理，然究屬籠統，且多片面，不能使人徹底明瞭。

余以為凡對一門學問有深刻之功夫，亦有相當效果，而因知識所限，不能道其所以然者，皆可云「知難行易」。如識鑒功深，知雖易而行亦難，若有識別而無功力，則可謂「知易行難」。倘無功力又乏智識，則「知行」二字兩不可能。學術本無止境，其有若干知或有若干行，行到如何地步，知到怎樣程度方為真知、真行？則余實不敢加論定，然應以能知者即能行，能行者亦能知，始可謂「知行一致」，非由真知永無真行之一日，亦非由真行弗兌有真知之時也。誠以相需而相成，不二真理，學術皆然，武道尤甚。蓋因此道中須時刻兌現。雙方相遇，無暇思考，更不容老生常談。

夫學術一道，首要明理，更須切實用功，若不首先明理，不知用功切要之所在，易於走入岐途，功夫愈深，殘害愈烈，不論讀書、寫字任何藝術，往往在幼時多以為可造，豈知年長功深，名滿天下者，反而不堪造就矣，此比比皆是。蓋因師法不良，用功不細心，追求表面，人學亦學，人云亦云，所謂盲從者是也。若習而不果，則亦永無體認之可言。茫然一生，毫無實際，且易起神秘思想，終

不得望見門牆。由是而罄其所學，以致終無體認也，哀哉！須知巧者不過習者之門，故曰：「子孫雖愚，讀書不可免」。亦要明理，更要實踐，表裏內外，互相佐之，否則終難入正軌。

第十六章　拳道喪失之原因

習拳之要有三原則：一健身，一自衛，一利群。利群為吾人之天職，亦其基本要項，然一切之一切，則須完全由於身心健康中得來，不健康絕無充足之精神，精神不足永無可歌可泣之事蹟，且不必曰殺身成仁、捨身取義，吾恐見人溺水或自縊亦得畏縮而不前也，況路見不平拔刀相助哉？不但此也，凡身之弱者，多氣量小而情緒惡，是容物怡情亦非身體健康不可也。

健身為人生之本，習拳為健身之基，一切事業，悉利賴之，其關係既如是之大，豈能任其以偽亂真，欺天下萬世而不辨乎？按拳道之起初最簡，而後始趨繁雜，夫拳道為改善生理之工具，發揮良能之要訣，由簡入繁，則似可也。由繁而簡，違背生理之原理原則，則不可。

形意拳當初有三拳，且三拳為一動作，所謂「踐、鑽、裏」，若馬奔連環，一氣演為三種力之合一作用也，至五行十二形亦包括在內。蓋五行原為代名，五種力之名詞，如十二形乃謂十二種禽獸，各有特長，應博取之。非單獨有十二形及各種雜類之拳套也。

八卦拳亦如是者，初只有單雙換掌，後因識淺者流未悉此中真義，竟妄為偽造至演有六十四掌及七十二腿等偽

式，非徒無益而猶有害。

太極拳流弊尤深，惟其害不烈於生理方面，尚不十分背謬。但一切姿勢亦毫不可取。如以該拳譜論，文字較雅，惜精義少而泛泛多，且大多有籠統之病。總之按近代所有拳術，根本談不上養生與技擊之當否，亦無一法能合乎生理要求者。

余四十年足跡大江南北，所遇拳家有萬千，從無見有一式而能得其均衡者，況精奧乎？夫拳本形簡而意繁，且有終生習行而不能明其要義者，至達於至善之境地，則尤屬鳳毛麟角，又況於此道根本不足者。此非拳道之原理難明，實因一般人缺乏平易思想與堅強意志。降及今世，門戶疊出，招式方法多至不可名狀。詢其所以，曰：「博美觀以備表演耳」。習拳若以悅人為目的，是何如捨習拳而演戲劇乎？且戲劇中尚有不少有本之處，較之一般拳家誠高一籌也。每聞今之習拳者，常與人曰「能會若干套與幾多手」而自鳴得意，殊不知識者早已竊笑於旁，更為之歎息不止也矣。

然則拳道之喪失，豈非拳套方法為之，歷經三百年來，相習既已成風，積重難返，下焉者流推波助瀾，致演為四象五行之說，九宮八卦之論，以及河海之學者，凡荒唐玄奇之詞，儘量採用而附會，使學者不明真象，感於鼓說而趨之若鶩。原道之原理，焉得不日就斯滅哉？此外尚有學得幾套刀槍劍棍，欲假此而謀生，幸而機遇巧合，其計獲售，而因謀生之不遂者，以為有機可乘，爭相效法，佈滿社會，此等行徑，不惟拳道之真義背棄無餘，而尚義俠骨之風，亦與相隨而俱廢。然其間不免有豁達之士，能

窺拳中奧蘊者，惜又為積習成見所囿，不肯將所得精華以示人。豈知江洋之水，何患人掏，是何因所見之不廣其小之若是耶？

夫學術本為人類所共有，苟有所得，理應公諸社會，焉可以私付密，使之湮沒不彰乎？邇來更聞有依傍佛門，說神說鬼，妄言如何修道、如何遇仙，其荒誕不經，又如邪怪亂道之尤甚者，良可慨也。夫今為科學昌明之時代，竟敢做此野狐之謬說，傳之人口，布諸報端，此種庸患昏憒之徒，真不知人間尚有羞恥之事矣。佛如有靈，不知對此流傳謬種之類作何感思歟？世間求各謀生之道，不只一端，何必利用社會弱點自欺欺人，興言及此不禁為拳道悲，更為世道人心歎也。

拳道之陵替，固應罪康、雍二帝，以其時倡之不以其道也。然亦歸咎乎同志智識不足，根性不良以致為其所愚，迄今以誤傳誤，而於此道都莫能識辨，即或向有覺悟者，又因保守門戶之成見，而是非人逐愈趨而愈下也。拳之一道，學之得當有益身心，更可補助一切事業之不足。學之不當，能使品德、神經、肢體、性情都致失常，且影響生命，因而誤及終身。謂余不信，請看過去拳術名家，多因筋肉失和而罹癱瘓下萎者，比比皆是。習拳原為養生，反而戕生，結果殊可憐也。

世人多呼拳道為「國粹」，如此國粹，豈非製造廢人之工具乎？民國十五年後，各地設有國術館，以示其他各術皆不配稱當一國字也。然則此丟人喪氣毫無價值之國術，亦僅我國可見，但未悉個中尚有如此高明之奇士，能賜其偉大之命名。

余不知其大膽若輩又作何想也。至論提倡運動的大人先生們，終日振臂高呼，為天下倡，豈知運動健將都是提前死亡之領導者。噫！何以盲從之若是耶？惟願世人靜時慎思，須明辨之。人生最寶貴者莫過於身體，豈能任一般人之支配、信意而摧殘乎？甚矣！投師學技不可不慎也。餘之學拳只知有是非之分，不知有門戶之派別，為使拳術昌明，願將平生所得所知，交代後任。更願社會群眾，無不知之，故有來則教。向視人類為骨肉，從不喜有師徒之稱，以期逐漸掃除門派之觀念，則拳道或可光大乎？是所願也。

第十七章　解除師徒制之商榷

師徒之制譽為美德，然往往極美滿之事，行之於我國則流弊叢生，醜態百出，而拳界為尤甚焉。故社會多以為不齒。學之者若不拜師難得其密。教之者，亦以不拜師不足以表現其親，更不肯授之以要訣，尤而效之，習為固然。噫！誠陋矣哉。姑不論膚淺者流，根本無技之可密，即或有之，則彼密此密，始密終密。勢必至將拳道真義，密之於烏有之鄉矣。甚至門牆之內，亦自有其密而不傳者，余實不解其故。此真下而極下者也。

拳道之不彰，有故也夫。降至今日，異拳瞽說遍天下，變本加厲可勝歎哉！蓋拳道之真義，可云「與人生大道同其凡常」，亦可云「與天地精微同樣深奧」，不明其道而習之，終生求之而不可得。果以其道而習之，終身習行不能盡，又有何暇密之乎？凡屬人類，都應以同胞為懷，以饑溺自視，果如此而天下定，否則縱使世界人類死

光，只餘你一家存在，可望自私之望已極，則又將如之何？吾恐人類之幸福永絕矣。國民積弱，事事多不如人，病亦在此也。而況學術為千古人類所共有之物，根本不應有畛域之分，更不必曰一國之內，同族之中，不當有異視。即於他國別族，亦須皆抱大同，而皆學術更不當為國界所限也。熙熙然皆生於光天化日之下，又何可密之有？其作用卑陋，真不值一文也。

是以余授拳之事，從來來者不拒，凡屬同好，有來則教，教必盡力，有問則告，告必盡義。惶惶然惟恐人之不能得，或無以使人得也。故每於傳授之際，有聽而不悟，或悟而不見諸行者，輒起憾然之恨。惟一見其知而能行，行而有得者，則又欣然自喜，區區此心，一以慰人為慰，固未嘗以師自居也。

蓋以人之相與，尚精神、重感情，不在形式之稱謂。果有真實學術以授人，我雖不以師居，而獲其益者，誰不懷德附義而師事之，是師之名亡而實存也，又何損焉？若以異拳瞽說以欺世，縱令拜門稱弟，而明達者一旦覺其妄，且將痛惡之不置，此又何師之有？師名雖存而實亡矣。又何取焉？不但如此，師徒之名份一定，而尊卑觀念以起，徒對師說即覺有不當，常恐有犯師之尊嚴而不敢背，即背之，而師為自保尊嚴計，亦痛加駁斥而不自反，此尚有何學術道義之可言？師徒制之無補拳道，可概見矣。又何況門派之爭，常以師徒制之流行而益烈，入主出奴，入附出汙，紛紜擾攘，由師承而成門戶，由門戶而成派別，更由派別之分岐而至學理之龐雜，如此則拳道真義將永無昌明之一日矣，其患不亦更甚乎？且學之有得，始

乃有師，若叩頭三千，呼師八百，而於學術根本懵然，是究不知其師之所在也。要知學術才是宇宙神聖，是公有師尊，此吾所以力主師徒制之解除也。

雖然此為余個人之見，而師徒制在拳界積習已久，如一時不能遽除，為慎重記，則亦須俟雙方學識品德互有真切認識而後行之，藉免盲從捍格之弊，似較為妥善也。

結　論

習拳不盡在年限之遠近與輩份之高低，或功力之深淺和身體之強弱及年齡之高下與方法之多寡、動作之快慢。要在於學術原則、原理通與不通。尤須在天賦之精神有無真實力量，再度其才志之何似。始定其造詣之深淺，將來成就至何境地也。習拳最貴明理和精神力量之篤實。換言之，即有無獸性之篤力也。果能如是之力篤，再加之以修養，鍛成神志清逸之大勇，自不難深入法海，博得要道，至通家而超神化之堂奧也矣。

夫所謂通家者，不僅精於一門，而於諸般學術，聞其言便知其程度何如、是否正規、有無實際；觀其方法，一望而知其底蘊或具體局部、或具體而微。至用何法補救，自能一語道破，所謂「得其環中，以應無窮」。夫為教授者，能語人以規矩，不能示人以巧，更不得為人工，是在學者精心模仿，體會操存，然後觀察其功夫與精神合作之巧妙如何耳。以上所談為拳道，乃拳拳服膺謂所拳，亦即心領神會，體認操存之義，非世之所見方法、招式、套路，以及各種局部功夫之拳也。

第 二 篇

《意拳譜》

祖師薌齋先生 著

緒 言

禪家者流，乘有大小，宗有南北，道有正邪。學者須從最上乘，具正法眼，悟第一義。若小乘禪，非正法也，論拳如論禪，內家拳則第一義也，外家拳，則小乘禪，已落第二義矣。

大抵禪道，惟在妙悟，拳道亦在妙悟。然悟有深淺，有分限：有透徹之悟，有但得一知半解之悟。意拳，應不立招術，乃透徹之悟也。意拳，即大乘拳也。不立招術，乃透徹之悟也。其他拳術，雖有所悟，但皆立招設術，俱非第一義也。若以為不然，則是見拳之不廣，參拳之不熟耳。試取外家拳譜而熟參之，次取太極、八卦而熟參之，其真是非，自有不能隱者！

夫學拳者，應以意為主，入門須正，立志須高，不可以小成為是，必以大成為志焉。

技有未到，可以加功。路向一差。愈騖愈遠，由入門之不正也，工夫須從上坐下，不可以從下坐上，上者何？第一義也，此念醞釀胸中，久之自然悟入。雖云不至，亦不失正路，此謂之而上一路也。拳之極致有一曰：「力感

如透電」，拳而力感如透電，至矣！盡矣！無以加矣！唯意拳得知之，其他拳術力感，得之蓋寡也。意拳之力感如此，其力如何！此力乃人之本能活動力也！人之本能活力，蓋為種種社會應力所抑制，不能欲之技擊也，意拳之妙用，即在恢復人之本能活力，其他拳術，皆不能也，此即吾創此拳之目的。

總　綱

意拳遺形，獨與力俱。集古大成，實踐服膺。身無定勢，隨遇平衡。

腳無定位，蹂線踏重。手藝定蹤，沾身縱力。落無定法，抽身勁發。

蠻用拙力，戕生之道。精神內守，食力而飽。你打你的，我打我的。

力無虛靶，靶要定的。內不外遊，外不內侵。循力而行，惟奸惟詐。

甯我負人，毋人負我。放不務重，務審所達。擊不務遠，務審所及。

彼竭我盈，契機發力。動如遇仇，不以先舉。打後需看，落水上岸。

活中反死，死中反活。拳本無法，制人以力。有法也空，法為力居。

力彌時所，凝重如泥。四體一勁，遇物驚炸。神鬆意緊，形曲意直。

渾渾噩噩，形行拙笨。力雖為一，發則梢肢。羚羊掛角，無跡可尋。

嘉彼釣翁，得魚忘荃。混元驚炸，無我神化。技到無心，信手即真。

一、意拳的樁法

1. 混元樁

樁法是意拳的基礎，站樁，能恢復人的本能活力。人的本能活力是什麼？首先，應知道什麼是力，戰國時代的墨子，曾給力的這個概念下過一個科學的定義。他說：「力，形之所以奮也，」又說：「力，重之謂也。」奮即興奮，奮鬥，奮發之奮。這就是，就形體本身而言，如果某一個形體，把它的自身的力奮出來，而加於另一個形體，使他改變位置，這種力，就成為重力。

人的這種活力，用通俗的話說，就是整勁。用意拳的術語說，叫做六爭力，也叫爆炸力。站混元樁，就是要站出這種六爭力，其要領如下：

拳本服膺，推名大成。習拳之始，混元為勝。混元樁法，博大精深。

便於實搏，便於生勁。拳打三節，樁有三式。高式齊眉，指分掌凹。

中式平胸，含胸拔背。低式抱腹，溜臀提兌。三弓漫月，四容端正。

五字秘訣，六面爭力。上柔下剛，上軟下硬。上鬆下緊，上虛下實。

頭頂欲飛，趾抓入地。手項互爭，兩肘相掣。呼吸以腹，輕入緩出。筋絡鼓蕩，體成一塊。

六面爭力，體成一塊，這是混元樁法的關鍵。站樁

時，在意念裏，要上下相爭，左右相爭，前後相爭。不論從哪一方面，有人一觸，即刻六面爆炸。久之，內勁真力，即本能活力，自然而生。

另外，混元椿又是本拳的基礎椿，即發三節拳的基礎椿。因此，個高者要多站中式混元椿，個矮者要多站高式混元椿。

2.技擊椿

混元椿，是意拳的拳式基礎椿。技擊椿，則是意拳的身法和步法的基礎椿。而技擊的基礎，是步法，因為手法好不如身法好，身法好不如步法好。從這個角度上講，意拳，是踐拳，其要領如下：

身是手基，步是身基。要精拳技，須站技擊。手隨足出，肩亦隨之。

三尖齊照，踏彼中門。指分掌凹，虎口撐圓。頭頂項豎，手頂腕挺。

左為元帥，右為將軍。右為元帥，左為將軍。元帥抱鉤，將軍握劍。

抱握含蓄，中藏八法。肩沉肘墜，膀扣背圓。膝合腿裏，腰擰臀溜。

兩足含空，不丁不八。支撐範圍，一尺七八。前三後七，慣力克敵。

前五後五，六爭制彼。力源於腿，腰為主宰。形於手指，勁透敵背。

內動外靜，內陽外陰。神意氣力，合一集中。技擊椿法，式有高低。

低打根節，高打梢中。高低相輔，左右輪站。勤持此

椿，技擊無隙。

技擊椿，有高低二式。這是身法。高式用於發中節拳和梢節拳。低式用於發根節拳。前三後七，前五後五，這是步法。三七步，用於發慣性力。二五步，用於發爆炸力。不論站什麼式，用什麼步，上身要柔軟鬆靈，下身要剛硬緊實。因為力生於根，這是技擊椿的關鍵，也是意拳的訣竅所在，望學者切勿忽略。

3. 其他椿法

意拳的椿法，除混元椿、技擊椿外。還有雞椿、鷹椿、檳杆椿、彈跳椿，這些椿也要站。雞椿有二式，一個是一腿提起，足趾斜上蹺，足跟繃緊，全身重量放在一條腿上，上身是技擊椿。另一個式是一足著地，一足的足尖點地，兩脛相磨，上身仍為技擊椿。前一個式，是意拳的龍形基礎椿，不必多站。後一個式，是意拳的磨擦步的基礎椿，要多站。

鷹椿：是意拳的掌法的基礎椿，要多站。

鷹椿之站法是，不丁不八，腋半虛，肘微屈，兩臂向左右大伸約45°，左掌心向左舉，右掌心向右前，指尖向上，再向前約45°。

比較重要的是彈跳椿：最初，這個椿的站法是兩腳一肩寬，足跟懸起，全身重量放在足趾和前腳掌。兩臂曲蓄，高舉過頂，掌向上托，後來我覺察到，這種站法有副作用，站別的椿，日久了，氣已入丹田，即已在膈膜下了，但一站此椿，就有氣上浮於胸的感覺。

為此，我將此椿改了，下身不變上身改為、檳杆椿的上式，這樣站一個等於兩個椿都站了，此椿的作用在於培

蓄兩腳、兩腿的彈力，意拳，打的是踐拳。手起腳起，手落腳落，力生於根，講究腳落力出，兩腳無彈力是不行的，因此，此樁要天天站。

二、意拳的步法

意拳的步法，叫擦拉步，此種步法由兩種步法組成，即磨脛步和蹉步法。磨脛步是起手步法，蹉步是落手步法，要領會其要領：

蹉步雞行，手起磨脛。前趨後蹬，步法六爭。步似水中，提趟而行。

三七分明，二五要清。手起腳起，窺彼中央。手落腳落，勢要鑽襠。

高打梢中，似直非直。低打臍腹，兩腿曲蓄。步大則滯，步小則靈。

大不重尺，小可開胯。手隨腳起，腳隨手落。起落合一，踐拳克敵。

落步六爭，是意拳步法的關鍵，這表明意拳的手法、身法、步法是合一的。對此，學者要反覆領會，切勿忽略。

三、意拳的試力

此處所謂試力，是一種單項試力，與以後要講的綜合試力不同。首先，要明確此種試力所要試的力是什麼力；此種試力所要試的力，即是持樁法所站出來的那種爆炸力。即六爭力，亦即武術界所津津樂道的所謂整勁。學者應反覆琢磨其要領：

試力精深，八法之根。上是混元，下為技擊。屈膝虛

踩，三七分明。

頂領開胯，二五力均。膺爪蛇腰，兩腳一線。步似水中，提趟而行。

臂圓腋虛，肩撐肘橫。圓撐爆炸，落步六爭。手落勁發，兩臂曲蓄。

曲則力遠，直則力近。力源於腿，腰為主宰。形於手指，勁透敵背。

以意導力，以力引力。舊力未亡，新力已生。手起腳起，手落腳落。

力不出尖，力不空亡。運行動作，大不過尺。小不逾寸，非此力散。

力打三節，不著形象。若著形象，技不云彈。

以意導力，以力引力，是試力的關鍵，也是意拳之所以是意拳的基本精神所在，學者要反覆在練習中體會這句話。

我看到我的學生在試力時，把它做成八法的吞吐了。這是把相對的東西，弄成絕對的東西了。殊失我的原意。試力是八法之根，不單純的是吞吐。意拳是相對論，不是絕對論。試力在意拳裏，是模式拳。因此，它的手型是非拳非掌，要求在試力時，力貫指尖。你的手型一做成拳型或掌型，就不能力貫指尖了。

要注意，試力的目的是試力，而不是練拳。只有把這種整勁試出來了，叫它能招之即來，呼之即出，這才算收到效果。在這個基礎上，開始練拳。

如果你能在試力那種動作形式裏，把整勁試出來了。那麼，用八法的任何一法，或用意拳的任何一個手法，你

也就能把整勁使出來了。

　　由此，可以看出試力在意拳的組成部分裏的重要性，也可以理解到，意拳為什麼不立招式了。

四、意拳的勁力規律

　　力潛於體內，謂之勁。勁奮於體外，謂之力。勁、力一元謂之混元一氣。勁力之用，有其規律。意拳是由六種、兩類勁力規律組成的，這六種力是：爆炸力；慣性力；螺旋力；槓杆力；離心力；彈簧力。這六種力又分為兩類：即爆炸力是一類，這是意拳的基本力。其他五種屬於引爆力一類。意拳發力克敵，主要用爆炸力，然須有引爆力。有兩類：一類是心理的，即是敵情觀念，用意拳的術語說叫做意，這就是下面要領所講的。敵情一動，六力流形亦即以意導力。另一類是引爆力，相對的東西給弄成絕對的東西了，已失我的原意。

　　試力是八法之根，不單純的是吞吐，意拳是相對上面所說的那五種力，這是物理的引爆力。下面所說以力引力，即指此。但這兩類引爆力裏，意是主要的。由此，也可以理解到，我為什麼最初把意拳叫做意拳的緣故了。要注意玩味下面關於勁力規律的要領。

　　勁潛於內，力奮於外。勁力一元，謂之混元。敵情一動，六力流形。

　　以意導力，以力引力。力先於根，勁溢周身。力力相因，其用不盡。

　　爆炸力發，六面力均。慣性特奇，使彼位移。螺旋力厚，靜向力隨。

槓杆力動，勁在兩臂。發力之際，兩腿如簧。兩臂曲蓄，須寓彈意。

離心力發，妙在磨擦。六力一意，用貫八法。起落放膽，手到人翻。

起落畏葸，已必失利。起手要後，落手搶先。起後落先，訣在手奸。

發力原則，一字秘訣。謂之曰爭，天機要明。

意拳發力的基礎，是步法。用慣性力引爆則用三七步，用其他四力引爆則用二五步。發稍節拳和中節拳，則用技擊樁高式。發根節拳，則用其低式。發力妙訣，就在一個「爭」字上，即「落步六爭」。此乃意拳的天機，學者必須明白透徹。否則，即是意拳的門外漢。

五、意拳的八法

意拳的八法即八法的模式拳。

意拳特殊的實搏風格是：起手要後，落手搶先，起後落先，訣在手奸。「奸」字一字，可以概括了意拳的實搏風格，其所以能手奸，即在於意拳用的是整勁。其他拳術，也不是不想手奸，但是，奸不起來。原因只有一個，就是沒有整勁，整勁是奸的先決條件。其次意拳把起手後、落手先給統一起來了。起手和落手是一，不是二，落手是打，起手也是打。這兩個條件，又決定了另一個條件，即兩臂運行動作小，即大不過尺，技擊射程短，即長不過尺。另外，還有以力引力的技巧即八法，這八法是提、頓、吞、吐、沉、托、分、閉。

八法，是六種勁力規律的具體應用。但是，八法裏面

還有一些其他東西。近代科學裏，有一門叫仿生學的，這門科學專研究怎樣模仿某些動物所特有的那種本能活動力，製造出某種特殊的儀器，以擴大和增強人們的感官能力。中國拳術很早就知道利用仿生的道理，模仿某些動物的特殊本能活動力來設招式，如什麼青龍探爪，什麼惡虎撲食，什麼野馬亮蹄，什麼鷂子翻身等。這些拳術的仿生招術，也仿的是形，而不是仿的動物本能活動力所表現出來的勁力規律，形意拳尚且如此，其他拳術更是如此。意拳裏的八法也有仿生，模仿的是十二種動物的某種特殊的本能活動力所表現出來的勁力規律。

六力、八法、十二形是有機的聯繫在一起的。六力、十二形組成了八法模式拳。由八法模式拳所派生出的各種拳型，又體現了六力、八法、十二形。

八法模式拳，突出地表現了駝、馬、熊、猴，四大形的本能活動力，要認真領會其要領。

駝形提頓發栽捶，吞吐連環如馬奔。沉托須用熊膀力，分若猿猴撕弄人。

裹閉好似馬揚蹄，提頓務使人離地。仿生無形學其力，力貫八法求神聚。

八法模式拳本身，並不是實搏手法，而是實搏手法由此派生的模式。模式拳，體現了勁力的規律。而勁力規律，必須經過一定的恰當模式，即方式方法才能表現出來。意拳的八法，我認為能很充分的把六種勁力規律再現出來，從這個角度講，意拳設立八法模式拳並不是設立什麼招術。

意拳有一些手法，這些手法是從八法模式拳假想假借

出來的，但有一個規則，就是必須符合八法，體現六力。如果把別門別戶的招術拿來既不符合八法，也不體現六力，那就不純了。練意拳要練純了。有一個禪門故事，唐朝有個老禪師，收了許多徒弟。一日，一個小沙彌問道：「師傅，為什麼說，即心即佛」。師答：「為止小兒啼。」又問：「啼止時如何。」師答：「非心非佛。」

過去我曾設場授徒，有許多學生也和那個小沙彌一樣，專愛叫「即心即佛」，就是不愛叫「非心非佛」。我設八法，以及一些手法，也是為止小哭啼。當你啼止時，我將告訴你，一法不立，意拳的核心是模式拳，而不是由模式拳所派生出來的手法。實際上，這些手法也是一種模式拳或半模式拳。因此，它與在實搏中所具體應用的打法，還是有很大距離的。但三者有一個共同點，即都體現了力。由此看來，意拳的練法，實際上是為了試力。

六、意拳的拳型

按照人的生理構造與六力的規律，以及八法的特定模式，意拳設計了幾種拳型，即：劈、崩、鑽、炮、橫、裹、踏、指掌。劈、崩、鑽、炮、橫，五種拳型是借用形意拳五行拳的名稱，但與形意拳的五行拳名同實異。意拳只講力，不講五行，更不講五行相生相剋。下面是拳型的要領：

你不起手，我不起手。你將起手，我已落手。落手拳型，雖然有九。

九型歸一，踐拳是依。強勁露型，粘勁無跡。拳型有別，曲蓄則一。

拳發一面，制人以體。體用結合，意力統一。手無定

型，或掌或拳。

手出不空，空因不齊。力均六面，手打一節。就高打高，就低打低。

勁發之際，膝肘曲蓄。力至彼身，脆有彈意。九型拳法，勤演勤習。

與人實搏，彼不位移。

意拳落手的手型中，雖然有九種，但都是踐拳，即六爭拳。出手不中而空亡，是因為不齊，沒有做到手腳齊落齊起，所出之手，不是踐拳。不論用什麼手法，用什麼拳型，發力都要打踐拳。這是意拳的拳技中最基本的要領。上面要領裏還有許多內容，要經常反覆領會。

七、意拳的仿生拳

形意拳模仿十二種動物，設立了十二形拳。意拳也模仿十二種同樣的動物，設計了十二仿生拳。但意拳所仿的不是形，也不是十二種動物的所謂精神姿態，而仿的是十二種動物各自專有的本能活動力所表現出來的某一種特殊的力，這是意拳的仿生拳。與形意拳的十二型拳有根本不同的地方。由此也可以理解到，我最初為什麼把意拳叫做意拳的又一個緣故了。

意拳所仿生的十二型是龍、虎、駘、馬、熊、猴、鼉、蛇、鷹、雞、燕、鷂。下面是十二仿生拳要領：

龍形盤根，虎形撲人。駘形栽捶，馬形連環。熊形肘頂，猴形戳睛。

鼉形彈打，蛇形掌塌。鷹形劈面，雞形攛心。燕形紮脇，鷂形指臉。

練形無形，學其本能。練形露形，謂之畸形。

雙把駘形抱拳、單把猴形指拳、單把雞形指拳都是險手，切勿輕用。

連環馬是意拳的一個典型的手法。六力、八法它都包括了。我的學生中有些人就認為，連環馬是意拳的絕手。有的甚至說「學好連環馬，走遍天下都不怕」。這種看法，又失去了我的原意了。意拳的手法，都是相對的，不是絕對的。任何一個手法，你把它用好了就有效，用不對就無效。連環馬的確是一個很厲害的手法，但它也是相對的，用好了它厲害，用的不好也是沒用。

不要把意拳的任何手法給絕對化了。意拳重力不重法，講法是為了講力，練法也是為了試力。這是與其他拳術的根本不同之點，學此切勿忽略。

八、意拳的綜合試力

綜合試力，就是用八法模式拳。由模式拳所派生出來的手法，九個型別的拳法，以及十二種仿生拳，試出六力。試力時要帶敵情觀念，以意為主，假想假借。不要把試力，弄成其他拳術的套路趟子那樣，那樣在心理上，就形成不了條件反射了。

試力的目的有兩個：一是把力試出來，二是由天生的假想假借在心理上形成條件反射。一句話，要做到意之所至，力即至之。下面綜合試力的要領：

精發混元，假想假借。力雖有六，試法無窮。運依八法，動循六力。

非九非八，純度不佳。運行動作，大不如小。小不如

蠕，蠕動最恰。

力生於腳，淵源於腿。發於腰脊，形於手指。意之所至，力亦至之。

力不隨意，求於腰腿。趾抓勁繃，胯開腰鬆。手落勁發，其力鏘鏗。

舊力未亡，新力已生。連綿不斷，力如抽絲。六力流形，手法派生。

體成一塊，法法皆靈。六力流形，九型拳出。體成一塊，拳拳不空。

六力流形，十二形成。體成一塊，形形派生。六力流形，拳已大成。

體成一塊，搭手即贏。學拳需理，莫被理拘。理法如橋，過河拆橋。

上面的要領，我想解釋很重要的一點，即在意拳試力的動作講究上，大動不如小動，小動不如蠕動。鼓蠕的動作雖微不可見，卻是全身皆動。意拳的要求，就是要一鼓蠕，就能把力發出來。此種蠕動，正是功夫到了體成一塊的整勁之動。蠕，是一種爬行的軟體肉蟲，它的動作很微小，但一動全身皆動。這是它特有的本能。我原意本是說大動不如小動，小動不如蠕動。可能是由於不理解或理解的不深，有人卻把我的話說成「大動不如小動，小動不如不動」。請問：不動怎麼能打人呢？這也可能是因為不理解，也可能是因為「蠕動」二字與「不動」的讀音易混吧！

九、意拳拳譜後記

至此意拳的基本內容，可以說是講完了。但也可以說

沒講完，這是因為什麼呢？戰國時代的哲學家莊子有這樣一句話，他說：「物量無窮寸無止。」這句話的意思是，只要時間不停止，任何可能的事物都會出現。只要隨著時間的向前推動，從意拳上現有的內容還可能推出很多的東西來。從這個意義講，意拳至此還沒講完，最後，我想用兩句話結束這部拳譜。

見與師齊，減師半德。見過於師，方堪傳授。

王薌齋一九五九年寫於天津

意拳譜附條

（一）模式拳（模式歌要）

勁潛於體內，力奮形骸外。力奮生矛盾，無處不彈簧。力發混元身，彌所即彌時。

彌所藏驚炸，彌時不斷續。多面出螺旋，蠕動本無形。身抱鈍三角，其力生於根。

渾噩機動力，逆體力輕盈。起落須合一，落步六面爭。離向本囨圓，陡頓離向分。

機關消息靈，全憑後腳蹬。六爭蘊彈力，短縮起落驚。急鑿混沌開，發力如泥拽。

滑車力長伸，直堅攻守能。一指撥千斤，剛捷不露形。槓杆作用三，技擊其事旋。

萬力用於臂，扛撬能移山。長伸不過尺，短縮不粘身。揚抗不過眉，抑捺不過臍。

四不乃訣要，可為試力模。其中微妙意，言語不可追。活句莫參死，死句要活參。

死拳要活用，活拳莫死用。

（二）模式拳的名稱

一混元爭力　　　二多面螺旋　　　三渾噩逆體
四圓輪離向　　　五混沌驚開　　　六滑車長伸
七槓杆三用　　　八起頓吞吐　　　九舉撫提旋
十沉托提縱　　　十一提按抗橫　　十二鑽提搜索
十三分閉開合　　十四推抱互為　　十五摟劈鑽刺
十六滾錯雙疊　　十七截讓截迎　　十八旋繞擰撐
十九悠揚撐抱　　二十翻揚裏擰　　二十一遒放本同
二十二蓄彈驚炸　二十三榔頭拷打　二十四擰捲隨漲
二十五空氣游泳　二十六控制平衡　二十七順力逆行
二十八大氣呼應　二十九伸縮抑揚　三十半讓半隨
三十一隨讓牽隨　三十二逆隨緊隨　三十三不動之動
三十四斜面三角　三十五面積要實　三十六斜正互參
三十七進退反側　三十八單雙輕重　三十九形曲意直
四十意動形奮　　四十一桎梏發力　四十二神鬆意緊
四十三無形神似　四十四有無統一　四十五動靜互根
四十六恢復平衡　四十七重心移一　四十八勾錯刀叉
四十九剛柔相濟　五十遠近長短　　五十一縱橫高低
五十二鑽裏踏打　五十三死中反活　五十四左右互換
五十五抑揚頓錯　五十六會照陽秋

（三）模式拳說明

形體活力，應揚斯感。感物發力，莫不自然。形不破體，體不破象。

形體相宜，無往非適。形體兩乘，其力必塞。體實形拔，體虛形散。

遇物擊放，莫先於形。力無虛靶，虛中有實。靶無空

的，實中有虛。

形行拙笨，力力相因。妙達此旨，始可言拳。

（四）模式拳訣要

1. 單雙輕重

起單落雙，起雙落單。單去雙至，雙去單至。

雙去單至，重量歸一。單去雙至，力均兩把。

2. 斜面三角

五弓提起，處處彈簧。身抱鈍角，圓背圓襠。

隨遇不倒，預應抵抗。斜身鑽坐，橫撐直取。

3. 榔頭拷打

遒不失節，單手鑽身。放不拔根，雙手縱力。

以地為身，以身為拳。力遞彼身，抽身趨前。

4. 推抱互為

正抱斜推，雙去單至。斜抱正推，單去雙至。

沾身即推，抽身即抱。抱不沾身，推不過尺。

5. 遒放本同

雙起兩遒，雙落而放。起落是一，遒放本同。

手起立輪，逆曳彼身。遒奇其節，放拔其根。

第 三 篇

《意拳正軌》

祖師薌齋先生 著

序

　　技擊一道，甚矣哉之難言也。《詩》言拳勇，《禮》言角力，皆技擊之起源。降至漢代，華佗氏作五禽之戲，亦技擊本質。良以當時習者甚少，以至湮沒無聞。迨至梁天監中，達摩東來，以講經授徒之餘，兼習鍛鍊筋骨之術，採禽獸性靈之特長，參以洗髓易筋之法，而創「意拳」，又曰「心意拳」。徒眾精是技者甚多，少林之名亦因之而噪起。岳武穆王復集各家精華，編為五技連拳、散手、撩手諸法，稱為「形意拳」。逮及後世，國家宴安，重文輕武之風日盛，又精拳技者復多以好勇鬥狠賈禍，於是士大夫相率走避，致將此含有深奧學理之拳術，不能見重於歷世。相沿既久，無可更易。即後世之有道，懷瑾握瑜者，率多埋沒於鄉村閭里間，不敢以技擊著稱。此固使後之學者深資悼惜者也。

　　清代晉之太原郡戴氏昆仲精於是技，而獨得詳傳於直隸深縣李洛能先生。先生授徒甚眾，復獲得李老先生之絕技者，厥為同鄉之郭雲深先生，郭先生之教人習形意也，首以站樁為入學初步。從學者多矣，能克承其教者殆不多

遘。郭先生亦有「非其人不能學，非其人不能傳」之歎。吾與郭先生同裏，有戚誼為長幼行，愛吾聰敏而教之，且於易簀之時猶以絕藝示之，諄諄以重視相囑。

晚近世風不古，學者多好奇異，殊不知真法大道，只在日用平常之間，世人每因其近而忽之，「道不遠人，人之為道而遠人」之說益徵。薌不顧以此而求聞達，無如晚近世欲趨於卑下，不求實際，徒務虛名。於是牟利之徒，不自學問，抄襲腐敗之陳文，強作謀生之利器，滿紙荒唐，故入玄虛；忽而海市蜃樓，跡近想像，忽而高山遠水，各不相干，使學者手不釋卷，如入五里霧中，難入半點真假。一般無知之士，猶以聖人之道，不可贊仰。

嗚呼！利人當途，大道何昌，午夜深思，曷勝浩歎。薌雖賦性不敏，而於技擊一道，竊焉心喜，既獲得親炙真法大道之指導，每日承其教誨之語言多具有記載之價值者，連綴成冊，本利已利人之訓，不敢自私，以期同嗜者均沾斯益，非徒以此問世也。是為序。

中華民國十八年菊月　深縣王宇僧

一、椿法換勁

欲求技擊妙用，須以站椿換勁為根始，所謂「使其弱者轉為強，拙者化為靈」也。若禪學者，始於戒律而後精於定慧，證於心源，了悟虛空，窮於極處，然後方可學道。禪功如此，技擊猶然。蓋初學時椿法頗繁，如降龍椿、伏虎椿、子午椿、三才椿等。茲去繁就簡，採取各椿之長，合而為一，名曰渾元椿，利於生勁，便於實搏，精打顧，通氣學，學者鍛鍊旬日，自有效果，亦非筆墨所能

表其神妙也。

夫椿法之學，最忌身心用力，用力則氣滯，氣滯則意停，意停則神斷，神斷則受愚。尤忌揚頭折腰，肘腿過於曲直，總以似曲非曲，似直非直為宜，筋絡伸展為是。頭頂、尾閭宜直，氣宜下沉，心宜靜思，手足指尖微用力，牙齒似閉非閉，舌捲似頂非叮，渾身毛孔似鬆非鬆，如是則內力外發，弱點換為強勁，自不難得其要領也。

二、鍛鍊筋骨

力生於骨，而連於筋。筋長力大，骨重筋靈。筋伸骨要縮，骨靈則勁實。伸筋腕項，則渾身之筋絡皆開展，頭項齒扣，足根含蓄，六心相印，胸背宜圓，則氣自然開展，兩肱橫撐要平，用兜抱開合伸縮勁，兩腿用提挾扒縮淌崩擰裹勁，肩撐胯墜，尾閭中正神貫頂，夾脊三關透丸宮，骨重如弓背，筋伸似弓弦，運勁如弦滿，發手似放箭，用力如抽絲，兩手如撕綿，四腕挺勁力自實，沉氣扣齒骨自堅。

象其形，龍墩、虎坐、鷹目、猿神、貓行、馬奔、雞腿、蛇身、骨查其勁，挺腰沉氣，坐胯提膝，撐截裹墜，粘定化隨。若能得此要素，如遇敵時自能隨機而動，變化無窮。任敵巨力雄偉漢，運動一指撥千斤。

所謂身似平準，腰似車輪，氣如火藥拳如彈，靈機微動鳥難騰。更以心小膽大，面善心惡，靜似書生，動若龍虎，總以虛實無定，變化無蹤為準則，自能得其神妙之變幻。故郭雲深大先師常云：「有形有意都是假，技到無心始見奇」，蓋即此也。

三、用　勁

　　拳術之妙，貴乎有勁。用勁之法，不外剛柔方圓。剛者直豎，柔者靈活，直豎長伸有攻守力，柔者縮短有驚彈力。剛勁形似方。柔勁外方而內圓。伸縮抑揚，長短互用，剛柔相濟，有左剛而右柔，有左柔而右剛，有梢節剛而中節柔，亦有時剛時柔虛實變化之妙，半剛運使之精。更有柔退而剛進，剛退而柔進，周身光線不斷為樞紐。橫撐開放，光線茫茫謂之方。提抱含蓄，中藏生氣謂之圓。所以筋出力而骨生棱。

　　凡出手時，用提、頓、撐、抱、兜、墜、鑽、裹，順力逆行，以方作圓。落手時，用含蓄纏綿，滔滔不斷，以圓作方。蓋圓勁能抽提，方勁能轉頓，開合若連環。若萬縷柔絲，百折千回，令人不可捉摸，其玲瓏開朗，如駿駒躍澗，偏面矯嘶，神彩麗麗，壯氣森森，精神內固，如臨大敵，雖劍戟如林，刀斧如山，亦若無人之境。身如強弓硬弩，手如弓滿即發之箭，出手恍同蛇吸食，打人猶如震地雷。

　　夫用勁之道，不宜過剛，過剛易折。亦不宜過柔，過柔不進，須以豎勁而側入，橫勁吞吐而旋繞，此種用勁之法，非心領神悟，不易得也。若能操之純熟，則勁自圓、體自方，氣自恬，而神自能一。學者其勿惰。

　　求勁之法，慢優於快，緩勝於急，而尤以不用拙力為最妙。蓋運動之時，須使全體之關節任其自然，不稍有淤滯之處，骨須靈活，筋須伸展，肉須舒放，血須川流，如井之泉脈然。如是方能有一身之法、一貫之力，而本力亦

不外溢。若急急於拳套是舞，徒用暴力以求其迅速之美觀，如是則全體之氣孔閉塞，而於血系之流通亦大有阻礙。觀諸用急暴力者，無不努目皺眉，頓足有聲，先閉其氣，而後用其力，既畢，則又長籲一聲，歎氣一口，殊不知已大傷其元氣也。

往往有數十年之純功，而終為門外漢者，目睹皆然，豈非用拙力之所致也？亦有用功百日而奏奇效者，可知謬途誤人之甚。學者於此求力之法，當細斟之，自能有天籟之機，然亦非庸夫所能得之道也。

四、練　氣

夫子養性練氣以致治，軒轅練神化氣以樂道，達摩參禪，東來傳道，始傳洗髓易筋之法，而創意拳及龍虎椿，故為技擊開山之宗。自古名賢、大儒、聖人、豪傑、金剛佛體，未有不養性練氣及習技者。莊子云：「技也，進乎道矣」。然技雖小道，殊不知學理無窮，凡學此技者，非豐神瀟灑而無輕浮狂燥塵俗之氣，堪與聖賢名儒雅樂相稱者，不足學此技也。

夫練氣之學，以運使為效，以鼻息長呼短吸為功，以川流不息為主旨，以聽氣淨虛為極致。前為食氣出入之道，後為腎氣升降之途，以後天補先天之術，即周天之轉輪。蓋周天之學，初作時，以鼻孔引入清氣，直入氣海，由氣海透過尾閭，旋於腰間。蓋兩腎之本位在於腰，實為先天之第一，猶為諸臟之根源，於是則腎水足矣。然後上升督脈而至丸宮，仍歸鼻間，以舌接引腎氣而下，則下腹充實，漸漸結丹入田。此即周天之要義，命名周天秘決，

學者勿輕視之。

五、養　氣

養氣練氣，雖出一氣之源，然性命動靜之學，有形無形之術各有不同。蓋養氣之學，不離乎命，神即是性，氣即是命，故養氣之術須由性題參入。夫性命之道，非言語筆墨所能述其詳也。況道本無言，能言者即非道。故孟子云：「難言也。」難言而強言之，惟道本無也。無者天地之源，萬物之根，人有生死，物有損壞，道乃永存。其大無外，其小無內，視之無形，聽之無聲，而能包羅天地，彌滿六合，塞充乾坤，混含宇宙，性命之學，亦即天地之陰陽也。然欲養氣修命，須使心意不動，心為君火，動為相火，君火不動，相火不生，氣念自平，無念神自清，清而後心意定。故云：「意念動時皆是火，萬緣寂淨方生真，常使氣通關節敏，自然精滿穀神存。」

若能有動之動，出於不動，有為之為，出於無為，無為則神歸，神歸則萬物寂，物寂則氣泯，氣泯則萬物無生，耳目心意俱忘，即諸妙之圓也。如對境忘境，不耽於六賊之魔，居塵超塵，不落於萬緣之化。誠能內觀其心，心無其心，外觀其形，形無其形；遠觀其物，物無其物；三昧俱悟，即風虛空，所空欲無，無無亦無，大抵人神好清而心擾之，人心好靜而欲亂之，故言神者不離性，氣者不離命，若影隨形，不爽毫釐。

六、五行合一

五行者，生剋制化之母，亦即萬物發源之本也。如世

俗之論五行者，則曰：「金生水，水生木，木生火，火生土，土生金，謂之相生；金剋木，木剋土，土剋水，水剋火，火剋金，謂之相剋。」此朽腐之論，難近拳理，而亦不知拳術為何物。又曰：「某拳生某拳，某拳剋某拳」，此論似亦有理，若以拳理研究之，當兩手相接對擊時，豈能有暇而及此也？

若以目之所見，心再思之，然後出手制之，余實不敢信。況敵之來勢，逐迭更變，按有以生剋之說能致勝之理？此生剋之學，欺人誤人，謬談之甚也。苟能不期然而然，莫知擊而手足已至，尚不敢說能制人。如以腦力所度，心意所思，出手論著，操技論套，是門外漢也，不足與談拳。蓋拳術中之所謂五行者，換言之曰：「金力，木力，水力，火力，土力」是也。即渾身之筋骨，堅硬如鐵石，其性屬金，故曰：「金力」。所謂皮肉如棉，筋骨如鋼之意也。四體百骸，無處不有若樹木之曲直形，其性屬木，故曰：「木力」。身體之行動，如神龍遊空，矯蛇游水，猶水之流，行蹤無定，活潑隨轉，其性屬水，故曰：「水力」。發手若炸彈之爆烈，忽動如火之燒身，猛烈異常，其性屬火，故曰：「火力」。周身元滿，墩厚沉實，意若山嶽之重，無處不生鋒芒，其性屬土，故曰：「土力」。凡一舉一動皆有如是之五種力，此方謂五行合一也。總之，不動時周身乃一貫之力，動時大小關節無處不有上下前後左右百般之二爭力，如是方能得周身之渾元力也。

七、六　合

六合有內外之分，曰：「心與意合，意與氣合，氣與

力合，為內三合；手與足合，肘與膝合，肩與胯合，為外三合。」又曰：「筋與骨合，皮與肉合，肺與腎合，為內三合；頭與手合，手與身合，身與足合，為外三合。」總之，神合、勁合、光線合，全身之法相合謂之合。非形勢相對謂之合。甚矣哉，六合之誤人也，學者慎之慎之。

八、歌　訣

歌訣者，拳術中之精粹也。若能參透其意，窮盡其理，自能得道矣。

心愈專；意昧三，精愈堅，氣愈安，神愈鮮。

渾噩一身貫，形具切忌散。拳出如流星，變手似閃電。舌捲齒更扣。頭頂如懸磬。兩目神光耀。鼻息耳凝斂，心目宜內視。腰轉如滑車，進足如鋼鑽。提蹬裏扒縮，滾銼挽撐擰。手足指抓力。毛孔如生電。

九、交手經法

人之本姓，各有不同，有聰明者，有智慧者，有毅力者，有恒心者，有沉著精敏者，更有奸猾陰毒者，其性不同，其作為亦因之而民。如技術之擊法，亦然。有具形而出，無形而落。敗勢而往，發聲而來。千變萬化，不能盡述。須以功力純篤，膽氣放縱，處處有法，舉動藏神，不期然而然，莫之至而至。身動快似馬，手動速如風。

平時練習，三尺以外、七尺以內，如臨大敵之象。交手時有入若無人之境。頸在豎起，腰要挺起，下腹要充實，兩肱撐起，兩腿夾起，自頭至足，一氣相貫。膽怯心虛者，不能勝。不能察顏觀色者，亦不能取勝。總之，敵

不動，我沉靜，敵微動，我先發。

所謂打顧之要，亦其擊先者也。不動如書生，動之如龍虎。發動似迅雷，迅雷不及掩耳。然所以能致勝者，皆在動靜之間；動靜已發而未發之間謂之真動靜也。手要靈，足要輕，進退旋轉若貓形。身要正，目斂精，手足齊到定要贏。手到步不到，打人不為妙。手到步亦到，打人如把草。上打咽喉下打陰，左右兩肋在中心，拳打丈外不為遠，近者只在一寸中。手出如巨炮響，足落似樹栽根。眼要毒，手要奸。步踏中門，鑽入重心奪敵位，即是神手亦難防。用拳須透爪，用掌要有氣，上下意相連，出入以心為主宰，眼手足隨之。兩足重量，前四後六，用時顛倒互換。夫有定位者步也，無定位者亦步也。如前足進後足隨，前後自有定位矣。左右反背如虎熱能山，乘勢勇犯不可擋，斬拳迎門取中堂，搶上搶下勢如虎，鶻落龍潛下雞場，翻江倒海不須忙。

凡鳳朝陽勢為強，雲遮天地日月交，武藝相爭見短長。三星對照，四梢會齊，五行俱發，六合彌結，勇往前進，縱橫高低，進退反側，縱則放其力，勇往而不返，橫則裹其力，開合而莫擋，高則揚其身，而身若有增長之意。低則縮其身，而身若有鑽捉之形。當進則進摧其身，當退則退領其氣。至於反身顧後，亦要隨，打要遠，氣要摧。拳似炮、龍折身，發中要絕隨意用，解開其意妙如神。鷂子入林燕抄水，虎捉綿羊抖威風。

取勝四梢均要齊，不勝必有懷疑心。聲世擊西，指南打北，上虛下實，靈機自揣摸。左拳出，右拳至，單手到雙手來。拳中心窩去，發向鼻尖前。鼻為中央之土，萬物

產生之源，衝開中央全體皆糜。兩手結合迎面出，自然把定五道關。身如弩弓拳如彈，弦響鳥落見奇鮮。遇敵猶如身著火，打破硬進無遮攔。

何為打？何為顧？顧即是打，打即是顧；發手即是處。計謀精變化，動轉用精神，心毒為上策，手足方勝人。何為閃，何為進，進即是閃，閃即是進。不必遠求尚美觀，只在眼前一寸間。靜如處女，動若雷電。肩窩吐勁，氣貫掌心，意達指尖前，氣發自凡田。按實用力，吐氣開聲，遇敵來勢兩相交，風雲雷雨一齊到。

十、龍　法

龍法有六，曰：滄海龍吟、雲龍五現、青龍探海、烏龍翻江、神龍遊空、神龍縮骨。其為物也，能伸能縮，能剛能柔，能升能降，能隱能現，不動如山嶽，動之如風雲，無窮如天地，充實如太倉，浩氣如四海，玄曜如三光。度來勢之機會，揣敵人之短長。靜以待動，動中處靜，以進為退，以退為進，直出而側入，斜進而豎擊。柔去而驚抖剛來而纏繞。縮骨而出，放勁而落。縮即發也，放亦即縮。甲欲透骨而入髓，發勁意在數尺間。

十一、虎　法

虎法亦有六，曰：猛虎出林、怒虎驚嘯、猛虎搜山、餓虎搖頭、猛虎跳澗。揣其性靈，強而精壯，橫衝豎撞、兩爪排山，猛進猛退，長年短用，如剖食，若搖頭，猶狸貓之捉鼠，頭頂爪抓，鼓蕩周身，起手如剛銼，用斬抗橫兜順，落手似勾杆，用劈摟搬撒撐，沉托分撐，伸縮抑

揚，頭要撞人，手要打人，身要摧人，步要過人，足要踏人，神要逼人，氣要襲人。借法容易上法難，還是上法最為先。較技者不可思悟，思悟者寸步難行。甯教一思進，莫教一思退。有意莫帶形，帶形必不贏。猶生龍活虎，吟嘯叱吒，谷應山搖。其壯哉如龍虎之氣，臨敵毫不虛，安有不勝之理哉？

總之，龍虎二法，操無定勢，勢猶虎奔三千，氣若龍飛萬里，勁斷意不斷，意斷神連。非口授心偉，莫能得也，聊述其大意，未克盡詳。

十二、意拳正軌

意拳之正軌，不外古勢之老三拳與龍虎二氣。龍虎二氣為技，三拳為擊。三拳者，踐、鑽、裹也，踐拳外剛內柔有靜力，曰：虛中，以含蓄待發之用。鑽拳外柔內剛如棉裹鐵，有彈力，曰：實中，乃被動反擊之用。裹拳剛柔相濟，有驚力，曰：化中，乃自動之用。任敵千差萬異，一驚而即敗之。所謂樞得其環中，以應無窮。

第 四 篇

《習拳一得》

祖師薌齋先生 著

　　普通常說，有了健康的身體才有偉大的事業。意思就是人的身體健康，生命得以延長，而後才能從事一切事業。所以健康是非常重要的。而健康與否在於平時修養和運動的得當不得當，也就是運動是否合於衛生。須要詳加研究，並經實際的考驗。究竟怎樣才算是正常的運動呢？應於練習某運動之前，根據醫學的方法，檢查心臟的能力，血壓的高低，脈搏與呼吸的次數，紅白血球的數目。至練習一個時期以後再行檢查，自然就知道這種運動正常不正常。所謂正常的運動，是指適應人體的自然發展的運動，惟有適合這種規律的運動，才能增加人體的健康。

　　正當的運動，能使全身的細胞及各種器官發生高度的新陳代謝的作用，促進呼吸血液循環，增強體內燃燒作用。換言之，就是使身體內部呈活動狀態。因此，適當的運動可以給予細胞一定的刺激，對在成長期者可以促進其成長，增強體力；對已經成長者可以使之維持其效能，因而保持了體力與健康。若運動不當，則必然招致相反的結果。運動過激或運動不適當，不但損傷健康，甚而戕害身體，也就成為發生疾病的誘因。

現在一般的運動，筋肉疲勞以前，心臟已因呼吸困難而呈急性擴張。遂不得不停止其運動，以使心臟得以休息，減低呼吸的困難，恢復正常狀態。

　　中國的拳學，是以完全與此相反的方法來鍛鍊身體，這種運動是筋肉氣血的運動，更可說是具體細胞的運動，在運動中，使全身各種細胞器官同時以平均發展為原則，即使運動時全身之筋肉雖已呈疲勞不能忍受的狀態，而心臟的搏動並不失常，呼吸亦不困難，相反的在運動後尚能感覺到較運動以前的呼吸輕鬆舒暢。

　　中國的拳學，是以其個人的筋肉心臟所能負擔範圍以內的能力，來求其個體平均，漸次發展生長，不限年齡，不限性別，而達保持健康增強體力的目的，更因沒有任何招式，所以在運動時腦神經不受刺激、不緊張，使其能得到恢復，也是與一般運動不同的地方。

　　站樁方法雖然只是站立不動，實則其內部筋肉細胞已在開始工作，完全在於求得身體內部細胞的發展與血液循環之適當，亦即所謂身體內部呈活動狀態，而非探求其外表之變動與轉移，以使身體各器官平均發展，減少心臟擴大後的不良現象。拳學的運動，是「大動不如小動，小動不如蠕動，蠕動之動才是生生不已之動」。

　　這種運動可以說是我中華民族所獨有的特殊學術，但從未被一般人所注意，同時也不是一般人所能只憑主觀就能簡單瞭解的。若主觀地認為以很簡單的姿式站住，一動也不動如何能長力，如何能練好身體，那是根本沒有認識。實則就是這樣站著不動，不但能很快地增長力量，而且能夠治好許多在醫學上治療不好的多種慢性疾病。在治

療醫學與預防醫學上是具有相當的價值的，是一種最合於生理的運動方法。

至於一般的運動，有的失於激烈，損害身體，有的失於偏頗，而促成局部的發達，因此在生理上本有欠缺的人，不習運動尚可在日常生活中自然得其復原，一經運動反受戕害致使疾病加深，甚或生命夭折。每見著名運動家和運動成績優良的青年，而研究學術課程反多落後，這都是運動不當所發生各種不正常的現象，至於過去拳術名家老手，也有因違背生理而頓足努力、老年癱瘓下萎者，凡此種種皆與運動生理相背馳。

要知研究學術不貴墨守成規，更忌抱殘守缺，重在體認與創造。但須根據原則與事實繼續不斷的求創造，然須切實再切實，所以良好的運動必能發揮其具體聰明，與讀書足以增長知識而能致用之理並無二致，所以運動無論如何不能過激，若再詳細分析，現在的運動都是以青年人為對象而設的，而忽略了四十歲以後的壯年人和老年人，實際上惟有四十以後的人，學識充足，經驗豐富，才能在國家社會中擔當重要的任務。忽略了這些人的正當運動，就是忽略了這些人的健康，對國家是極大的損失。

以運動的原理來講，靜、敬、虛、切，是習運動的要訣，同時還需要渾大深鷙的精神來培植。如運動時不許閉氣，心臟搏動不許失常，橫膈膜不許稍緊，都是常識豐富的人方易體驗，至於六十歲以後的人若求技擊深造似不太易，欲求身心的健康則實非難事。

學習運動大致不外三個目的：一是求衛生使身體健康；二是講自衛；三是尋理趣。

求衛生使身體健康是最容易的。只要舒適、自然、輕鬆、無力，渾身像躺在水中或空氣中睡覺就大半成功。若矯柔造作蓄意別為，則徒然擾亂神經，消磨時日，再要激烈地動起來，則終將受害而影響健康與生命。

　　運動的結果能使身體健強，進一步就要講自衛。所謂自衛不外是希冀倘遇不測受外敵侵害的時候，伸出一拳半足即可壓倒群流，若習作到純熟神化的境地，更有不可思議和語言難以形容之妙。

　　但是，自衛與衛生有不可分離的連帶關係。首先要身體健康，繼而身手敏捷，力量過人，方法巧妙，才能適意而行。可是要想增長力量，卻不可用力，一用力反沒有增長力量的希望。要求身手敏捷，動作迅速，鍛鍊時以不動為最好，若是覺得枯燥無味，或是煩累難支，也不妨稍事動作。可是要知道動時要有動乎不得不止，止乎不得不動之意。亦即只許有動之因，不許有動之果。意思就是精神意義要深切，不需要形式上作出來。形式上作出，就如所謂「有形則力散，無形則神聚」，破體而力散，所以愈慢愈好，這樣方可能逐步的體會到四肢百骸各種細胞工作如何，不致使體認漠然滑過。這是學動的最簡單的條件。倘若求速度的美觀，表示靈敏，不惟毫無所得，反而根本消來了希望。

　　他如方法巧妙以制敵，那更要任何方法不許有，要是有了人造的方法摻雜其間，可就把萬變無窮的本能妙用丟淨了。

　　這種運動極簡易，可以一目了然，收穫也極快，不過須要不用腦力，不用氣力，不單獨消磨若何時間，養成生

活的好習慣，方可奏效而有益於身心，若想耍花樣，示強威，必將終無所成。

這種運動雖簡易，而有絕頂聰明的人愈學愈感覺其難，竟有終身習行苦心鍛鍊一生是非不能辨者。要知道宇宙間平常才是非常，若捨平常而學非常就無異走入歧途。

至於這種運動的理趣是無窮的，千頭萬緒一時無從說起，願略舉一二原理竟竭誠歡迎同好者參研究討。

如動靜、虛實、快慢、鬆緊、進退、反側、縱橫、高低、爭斂、遒放、鼓盪、開合、伸縮、抑揚、提頓、吞吐、陰陽、斜正、長短、大小、剛柔，種種都是矛盾參互、錯綜所為的，做到圓融的圓，還要反回頭來學初步，這一切是不能分開的，要分開可就永遠不能認識這種運動的真諦。

在這種運動中，鬆即是緊，緊即是鬆，並且要鬆緊緊鬆勿過正。實即是虛，虛即是實，要實虛虛實得中平。橫豎撐抱互為根，打顧鑽閃同時用。

以上是為初學求力的人所說的，若不依照這種規範來學習，終身鍛鍊不能識，果守這種規範來學習，一生學之不能盡。至於試力、運力、發力、蓄力以及有形無形之種種假借的力量，言之太繁，姑不具論，若非逐漸地搜求、鑽研、深造、力追未易有得，其實一經入手便感平地凡無奇，非常容易，因為這是一種平易近人，一法不立，無法不備，虛靈守默而應萬物的運動，若能以此相推，不日就可以觸類旁通。

拳學一道不是一拳一腳謂之拳，也不是打三攜兩謂之拳，更不是一套一套謂之拳，乃是拳拳服膺謂之拳。

習拳主要的是首重衛生，其次是自衛，習拳能使醫藥無效的多種慢性疾病患者很快地都能恢復健康，使勞動者勞而晚衰，使失去勞動力者能夠恢復勞動，這樣才是拳的價值。這種運動可以說是運動的休息，休息的運動。

　　自衛是技擊的變象。學技擊並不是社會人士所想像的這手怎麼用，那手怎麼使的。所謂技擊既不是那樣的複雜，但也不是所想像的如此簡單。而是首重修養，再按身心鍛鍊、試力及發力，循步驟學習才可以逐漸的進行討論技擊。否則恐終是非莫辨。

　　蓋修養是先由信條及四容八要方面作起。信條是尊長、護幼、信義、仁愛、智勇、深厚、果決、堅忍。四容是頭直、目正、神莊、聲靜。八要是靜、敬、虛、切、恭、慎、意、和。有了以上沉實的基礎，才能說到身心的鍛鍊。鍛鍊首重樁法，同時研討關節和筋肉的控制，及利用單雙重的鬆緊。單雙重不是專指兩手兩足的重量而言，頭、手、身、足、肩、肘、膝、胯，以及大小關節，四體百骸，即些微的點力，都含有單雙、鬆緊、虛實、輕重之別，至於撐三抱七，前四後六，顛倒互相為用，則不是簡單筆墨所能形容，總之，大都要由抽象作到實際，這不過是僅述其目錄而已。

　　試力。力之名稱甚繁，難能具體，蓋力由試而得知，更由知而始能得其所以用，無論作何力的練習，也得要「形不破體、意不有象、力不出尖」。只要力一有了方向，就是出尖，也是有窮的，局部、片面的，動作便呆板而減低力量的效能，並且斷續散亂茫無所從，較技如牛鬥，而趨於死僵之途。試力要從假想去作，假想是無形

的，是精神的，是永存不斷的，也是無往而不浪的。拳學這種學術，都要由空洞中得來，有形則力散，無形則神聚，精神意思要實足，而不求形體相似。

發力。要發動這種力量的功效，須有基本的造就，有了各種力學的知識，然後與大氣的力量起應合。能與大氣起呼應，才能利用波浪的鬆緊，要知發力不是注重擊出沒有擊出、擊中未擊中，是要看自己本身發動的力量，是不是有了前後、左右、上下的平衡均整，具體螺旋的綜錯力量和無往不復的力量，是不是輕鬆，準確，慢中快的惰性力量，是不是本能發動的，不期然而然，莫知至而至的力量。有了以上的條件，始有學拳的希望，至於能學與否，則又當別論。

王薌齋　一九五九年著於天津

前　言

技擊之法，分門別派，要皆以拳套招術為本，而拳套招術俱是人之偽造，非發揮本能之學也。

大成拳之斷手，拳套招術一概不用，是以各門各派之所長，歸納為一，所謂「無長不彙集」，「集古大成」者是也。大成拳之斷手，首要勁力均整，再要三角弦應，次要單重發力，更要無微不法，法在無念，最後要形力須歸一，神意不著象。故大成拳之斷手，與別門別派之技擊均不相同也，蓋因其所重者在發揮人之本能活力而不在局部方法故也。

大成拳斷手模式，並不是多，而是極少，只有數式而

已。然皆形簡意繁，俱應付範圍皆是多方面的，其所運用之力，為一種立體之力，非僅點、面、線之力，如別門別派者然，此種之體力，非是一種片面方法，而實為一種發力方法，如能掌握此種發力方法，則技擊之道思過半矣。此正是他人所無而我所獨有者也。

習學大成拳，不盡在年限之長短、與功夫之深淺和體質之強弱，更不在方法之多寡，動作之快慢，要在於有無真實篤誠之力，如有此種篤誠之力，又能運用立體發力之方法，則於拳道就不難升堂入室，然於學者，平日亦須用此發力方法將本能活力加以訓練，否則，亦不成功夫。此即「後天返先天」之謂也。本文所欲闡述者，亦即如何訓練人之本能活力，以期達到「不期然而然」，「莫知至而至」之境界也。舉一反三，我希望學者不要囿於我所說者，要從我所說者之中推出我所未說者，如是才可貴也。

第一章　勁力均整

大成拳斷手，最重勁力之均整及各項力之綜合運用，要做到無動不動。己身之動，無論微著，皆須是整體機械之動。一指之指動，百骸皆動，所發一指點微之力，亦是均整之力。周身之意皆到，力不論大小，動不論微著，皆不許破體發力。發力不破體，須使渾身無任何執著點，一有執著點，發力必破體，其力亦無由均整矣，且易為人所制。故發力無執，則體不破，體不破則力必均整矣。若能均整無執不破體，則對方挨著我之何處，我便以何處擊之，此即「周身光芒不斷」之真義也。

是故技擊斷手之際，不論主動之發力與被動之接發力，在我則意無定向，無的放矢，六面支撐圓活，突擊內戰，何處觸敵，何處驚炸，既圓活又直射，神意形力，似黏糕之妙，即在於此。如果力有執著、破體不均整，則不能臻此意境也。然須知力生有兩，兩則能一，蓋反者力之用也，欲吐必吞，無吞則吐無以生，吞而不吐，則吞無以成。同理，欲上兜必下挫，欲左之必右向，前擊之中必有後撐。此即神圓意方，形曲意直也。

禽獸各有其特殊之本能活力，然其活力及第一次自然力，即先天即有者，非後天自覺培養而出者也。人之本能活力，雖先天具有，但由於種種社會應力而減弱，甚至淹而不彰，然籍後天之鍛鍊，使其恢復而增強，此乃人之第二次自然力也，人之此種自然力，即技擊斷手之資本。此種自然力須加以訓練，使之成為人所特有的欲之即出而又出之有方的一種均整之力。因藉以訓練此種活力之形式不同，斷手時此種活力之表現形式亦會因人而異，形式雖不一，但勁力必須均整不破體，力則無二也。

大成拳所運用之力，如炸力、旋力、慣力、槓杆力、離心力、彈簧力等，不能單獨使用，實際上亦不可能單獨使用。若單獨使用，亦達不到均整，且成為局部片面之方法矣。各項力須綜合運用，尤須借對方之力以成我之力。須知各項力都是筋肉收放與精神假想之統一，二者缺一則力不成力矣。此種均整之力，須由樁法育之，由試力體認而得之，再由斷手訓練而專一之。均整之力是技擊之資本，斷手乃是其具體之運用。力之發，非點、線、面之力，乃立體之力也，即立勁、橫勁、豎勁三者統一成體者

也。故平日操練，不可偏專其一。

蓋立勁發必以橫豎二勁為支撐，則立勁始能定向，同樣，豎勁發也必以立橫二勁為支撐，則豎勁始能定向，故平日必須練習三勁成體，六力錯綜，我身何處觸敵，何處即為向敵突擊之鋒面。三勁成體，六力錯綜，鋒面突擊，皆是精神之集合。故斷手之操練，須以意求法，而法又須存於無念，出於無意，如是才是可貴也。

第二章　三角弦應

大成拳之技擊，非進攻性之拳術，乃自衛之術也。因此，大成拳之技擊專講斷手，意即：「斷敵可來之手」，善守即善攻也。為此，技擊時周身關節與具體面積之折疊處，皆應成鈍三角形，蓋三角形能產生預應力故也。

對方不論拳打腳踢，我出手斷其來勁，周身三角所產生之預應力，能分解彼之集中應力也，況我出手即是均整之力，彼必難敵。三角不僅具有預應力，且我所發之各項力，皆是三角遒放與精神假想之分工合作，故三角力實大成拳之重要法則也。渾身上下所形成任一三角，都是一項分力點。

發力和接發力，實際即是處處求得合力點。一旦求得合力，就可以代替無數分力。故須切記不使各關節拉力所產生之三角分力破壞整體之平衡，即均整之力。而須在各關節拉力之貫串中，求得每一動作的合力點，即力之均整，此即形曲意直之義也。

故平日操練時，全身關節須無微不含曲勢，同時，亦

無關節不含放縱與開展，遒放互為者是也。因無關節不成鈍三角形，且無平面積，而是斜面迎擊，尤無固定三角形，而是曲中直射，故我手臂與對方手臂一接觸，三角之螺旋力即輪旋不已，順力而逆行，守中寓攻。且我周身皆為活三角，猶如一大彈簧，波動不已，柔靜而驚彈，起落如水之翻浪也。三角螺旋力與三角彈簧力實自活三角出耳，故接發力時動必活三角，否則即為硬抗，抗必執著焉。如是操練，久之則自能有沖之不散、捶之不開之妙。

第三章　單重發力

任何一門拳術，步法實為關鍵，而步法之妙，在於形體重心之調配也。據我數十年練功與實博之經驗而論，三七步單重發力，實技擊勝人訣竅也。此種發力形式，須粘其身始縱力，抽我身勁已發，否則難得其妙。須用意支配我身全體之筋肉鬆和空靈，剎那間一緊，而力已運至彼身矣。如此始能鬆緊不滯，力斷意不斷，意斷神猶連。樞紐穩固。此種發力方法，別門拳術得知者蓋寡也，實為古代拳術之精華。我之所謂「欲復古元始者」即此類也，非單重發力，均整之力無法囫圇遞至彼身也。

所謂緊，即爭也，所謂鬆即斂也，爭斂致用，緊鬆互為。爭斂鬆緊之關鍵，在於虛實相互為用。前進發力，兩足重量前三後七，前虛後實，後退發力，則前七後三，前實後虛。實非全然占煞，實中有虛。虛非全然無力，虛中有實。兩足非「丁」非「八」，其支撐範圍一尺七八，大則滯，小則靈，以能坐褴開胯為度，前足大趾吃力，後足

小趾吃力，要有植地生根之感。

發力時，要利用呼吸之彈力，小腹充實，臀部力穩，坐襠提旋，穩定重心，增強兩足力量，與地心爭力，利用地面之反作用力，以加大力之爆炸，須記坐襠時要收斂臀部，使之成為上體的支座，穩定重心，以增加力之直射速度。如是所發之力，才能實而透，切記兩足不許站在一條直線上，前足不許直線分出，後足不許直線後坐。須以三角螺旋形迂回進退，擰擺橫搖，若鯨之遊旋，如浪之起伏，進則能占勢，退則能避鋒，此即擦拉步之妙也。

發力之際，腰與襠是調節勁度、重心和增強力之均整的關鍵。我力運至彼身，對方因受力而產生一種反作用力，為克服此種反作用力，以控制己身之平衡，故我須使重心下降，始終下體穩固，上體虛靈。不倒翁之所以不倒，因其重心在其形體之下部故也。即使我發高拳擊對方之頭部，發力時亦須重心下降，斷手多用退步打法，敵方出手發招，亦多用踏重穿襠之術。如敵已向我發起踏重穿襠之勢，此際我須退步斷其手，發力始能便當，故退步打法較之進步打法更為重要。

技擊斷手之目的，實際即以暴力迫使敵方喪失重心，以保持我之重心，始終放在一條載七之實足上，以載三之虛足護衛之，其勢如不倒翁也，不倒翁之所以不倒，一則因其重心下降，一則因其重心始終在一個點上。其重心點外之面積，當受到外力作用而改變其位置時，隨時可改變為其臨時的重心點。

故重心點外之面積上的任何一個點都能起護衛其實際重心之作用，單重發力之奧妙，此其一也；再者彈簧力在

身抱三角之情況下，非單重不能出之，只有單重發力，才能做到遍體彈簧似，使全體成為一大彈簧，此其二也；另外在我無執而彼亦無執時，所生之來回勁，非單重不能出也，此其三也；只有在單重發力之情況下，才能以同一發力動作，發生二次打擊，此其四也。但須記隨時調整兩足虛實之比例，以控制平衡，保證力之均整，尤須切記發力時兩肩不許貫勁，始能源動腰脊，勁貫四肢，力隨足生，三角蓄勁，直線發力。如虛實不清，則犯雙重之病，雙重之病，技擊大忌。學者不可不察。

無法即法，法在無念。

實搏不許用法，局部方法乃束縛神意之桎梏，故用法是取敗挨打之道。大成拳之斷手，不用局部方法，不蠻用拙力。用法則無異做繭自縛，將本能活力納入框框之中，而無由發揮。用力則己身必有執著點，犯形破體而為人所制。故斷手亦是一法不立而發揮本能之學也。然後可謂無微不法，因動靜皆依一定原理法則，而此種原理法則又非局部片面之方法，如別門別派之拳術者然，各項原理法則極其高明深刻，而體現此種原理法則之形式又是極平庸，形簡意繁。所以，大成拳之學實為極高水準而蹈平庸之學問也。

關於大成拳之原理法則，昔日我曾於其他文字中有所論述，此處不再重複。然有一點再扼要重述者，即，無法即是法之意。亦即道家「無為無不為」，佛家「萬法皆空，即為實象」之義。蓋技擊不用法，不用法本身亦是法，不用法之法，實質上不同於渾擊蠻打，因大成拳技擊惟持本能活力之自然反應，而此種活力是經過各種原理法

則嚴格訓練之觸覺良能。微動亦循法。此種循法而動之本能活力，實亦成為人之條件反射生理功能矣。

其動必循法，實出於無意識，實如赤子之哺乳，天趣盎然，非有意造作之行也。同一姿勢，有意為之，局部方法也，操之無念，觸覺良能也。

各派技擊，不管其自覺或不自覺，都要遵循一項原則，即降低勁力消耗與提高技擊效率，欲降低勁力消耗與提高技擊效率，平日訓練本能活力之方法就愈少愈好，少而精，少而全面，形簡意賅。

待將此種活力訓練至一定火候時，須將自己之精力專注於一兩項打法，操之熟練，宛如赤子之哺乳，春蠶之吐絲，「尋天籟」者是也。遇敵時自然不煩凝儀，不加思索，不期然而然，莫知至而至，率然成章也。

第四章　提頓吞吐，沉托分閉

斷手，從形跡上來講，是截擊對方所來之手，若從勁力來講，是斷對方所發之力。

依據運動生物力學，斷手所用之力與物體運動時所產生之機械力相同，亦有三個特性，即：重量、方向、打擊點。斷手之目的，即斷對方所來之力，實即打擊力之此種特性也。上兜下坐，與地心爭力。利用地面之反作用力，有拔地欲飛之勢。旨在截擊敵力以改變其方向，此法謂之提。蓄彈驚炸，欲止先行，行而突然中止，正中寓斜，斜中寓正，斜正互爭，勁由脊發，力從足出，旨在抵消敵力之重量，或震撼敵力之源，即敵之形體，此法謂之頓。提

頓為一來回勁，提為頓之來，頓為提之由也。敵我交接，我無執著，令敵也無執著，引進敵力，使之落空，旨在使敵力喪失作用點，此法謂之吞。吞之同時，順敵力而逆行之，敵力已喪失作用點，而我力已至其作用點，此法謂之吐。吞吐亦為一來回勁，吞吐無間行者是也。

驚彈如拋揚，支點似滾絲，螺旋力纏捲，堅漲於無形。旨在借斷肢以震撼敵力之源，即其形體，此法謂之托。驚彈似粉磚，滾錯疊墜，螺旋力裹撑橫搖於無形，旨在令敵力改變方向，喪失作用點，此法謂之沉。敵力來勢迅猛，我則不躲不閃，不丟不抗，順其力以解其力之重量，引其力以奪其力之作用點，進步占勢，退步避鋒，借急促之勁作來牽動對方之重心，使敵拔根提氣，這是突然的一蓄遒，此法謂之閉。接著乘對方重心不穩，而突然發力，全身炸力直射，隨高打高，隨低打低，手無空至，意無定向，团圈逆體，力如炸藥，觸點如彈，這是突然的一發一放，此法謂之分。分閉之法，須借呼吸之彈力，始能發力透達也。

八法乃斷手時用力之原理法則，非局部片面之方法。故此法運用之通當，須借對方之力，敵我兩方缺一不可。交接之時，切審敵意，則十分必要也。

八法之運用，非心領神悟實未易有得，然於身外求之，庶手可矣。故在己身之外去求取，體認八法之妙，實為切要，見性明理後反向身外求也。八法之妙，在於操練無念，無念即本能，有念即是法，是法則精神即被束縛矣。故習學大成拳欲臻化境，實非唾手可得也。

形力須歸一，神意不著象。

昔日我師郭雲深先生，一世之中曾以鑽、裹、踐三拳立於不敗之地，暮年他曾總結一條經驗，說道：「力不歸一，形無所居，意無所趨，神不瀟逸。故此，任你千招萬術，我有一定之規」。此真千古絕唱也。鑽、裹、踐三拳，作成一個動作，即三種力之歸一也。我青年時，曾隨郭雲深先生習學形意拳，每日晨，郭先生只站混元椿，將鑽、裹、踐三拳操練數十下。下下如氣錘，觀之大有震地欲鳴之感，功力實臻化境也，有見於此，故大成拳所運用力雖多，接發力之法雖不一，但最後必須綜合而歸於一，定於一，純於一，精於一，人之本能活力方能召之即來，來之能應，應則必驗。平日操之純一，遇敵時則能得心應手，手到人翻矣。

　　鑒定一門拳術是否高明，要在於養生效果與技擊效率而已。從技擊角度看，拳術之高明在於精簡。查中國古代之拳術，皆是形簡而意繁，當初形意拳只有鑽、裹、踐三拳，八卦掌也只有單雙換掌。故習學任何一門拳術，大成拳也不例外，學者本人須根據個人情況對所學之拳術進行一番篩選工作。對每一個動作，每一個姿勢，每一個方法，都要用「奧砍剃刀」削減一番，以求歸一。

　　姿勢確為神意之代表，本能活力之所循。然姿勢若繁多，則神意不易統一，活力不易果速，故對於姿勢應提出下列質疑：一，能不能將這姿式取消？二，能不能將這一姿勢與別的姿勢合併？三，能不能用更簡單更合理之姿式取代這一姿式？

　　昔日我曾用此法對中國古代拳術進行過篩選，結果倡出大成拳，習學大成拳者同樣也可用此法對大成拳進行篩

選工作，以求得形力歸一也，形力能歸一，又須求神意不著象。要使歸一之法出之無念，成為隋性本能之反應。身動起象外，法在無念中，其機其秘全在於有意無意之間耳。有意為之即是法，即是局部；無意為之而為，即是本能，即是混噩。有形在意都是假，技到無心始見卻有惰性之本能反應，此大成拳斷手之化境也。

第五章　身動起象外，法在無念中

數十年間隨我學習大成拳者甚眾，其中亦有佼佼者，然亦有挨打者，此何故也？凡取敗挨打者，皆因其背離我平日歸一之教誨焉。由此我怵然有感，我縱觀中國之拳學史，發現一條規律，即任何一門拳術，皆經由鐵老虎演變為紙老虎之過程，如形意拳當初只有鑽、裹、踐三拳，後人不解其妙，遂造出五行拳、十二形拳、雜式錘等拳套。

又如八卦掌當初只有單雙換掌而已，其後人亦不能解其妙，遂造作六十四掌之拳套。再如太極拳，當初只有單雙纏打與擊地、披身二捶而已，其後人更不能深知其妙，遂演化出百八十式。更有南北之分，楊、吳、陳、武之派，習拳者被光怪陸離之畸形拳套緊緊束縛住，其本能活力窒息得奄奄一息，形意、八卦、太極，當其初創之時亦是虎虎有生氣，然何故愈演愈無生氣？何故習其拳者臨戰卻用不上拳套招術？更有甚者，何故習其拳者反被不習拳之外行以渾擊蠻打所擊敗？

蓋此輩習拳者皆離精華而守糟粕，不識真老虎而只識假老虎也。一代傳一代，真者日淹而偽者日興，鐵老虎遂

變為紙老虎矣。我倡大成拳，目的之一即是復古元始，隨我習拳者，亦有不解我之苦心者，遂走上取敗挨打之道，非我之罪也。我恐大成拳亦遭形意、八卦、太極之災，遂不得已，寫此文字，以警後生焉。

此處所欲敘述者，即訓練本能之方法，亦即打法。大成拳之術語謂之斷手，斷手又名接發力，即斷對方來手之同時發力進擊之謂也。接發力之訓練是大成拳中最實用之一部分工作。此部分工作可兩人實作，亦可單人試作，本文將神形意力四者，扼要述之，供學者練習參考。

學拳貴明理，參理須用邏輯思維；練拳力感實，試作須用形象思維。以形取意，以意賦形，由形揣其意，因意度其形，非運用形象思維難得拳之妙也。

故平日練習時，須富於想像，仿生擬物，想像萬千。無窮假借無窮象，似有如無，如無似有。設身處境，應鑽入所想像之形象中去，以體現其神形意力，大有「吾不知蝴蝶之夢周耶？擬或周之夢蝶也」之慨，果能如是，發力始能靈活透達也。

自倡大成拳以來，我曾根據運動生物力學之法則與人體生理構造之特點，想像出若干打法，我本人和與我從學大成拳諸同好在實踐中曾將其中某些打法應用於實搏，有些奏效甚著，有些則奏效較微。奏效甚著者存之，奏效較微與未實踐者此處皆棄而不述。所述者皆實踐服膺之拳術也。大成拳發力制敵，手起之前不知如何起，既落之後不知如何落，莫知至而至，乃本能之反射也。故每次實搏之後，本人實難總結。然旁觀者清，我此處所述各項打法，皆係實搏觀摩之記錄也。

第六章　斷手之基本模式

只有五式而已，由五式可以派生出若干具體打法，茲分別敘述如次：

一、靈蛇驚變

此式即技擊樁法也。

先談技擊樁之站式，亦即斷手時之潛在預備式。內清虛而外中正，三角弦應，身斜勢低，重心下降，臀部力穩，兩足重量前三後七，腳站六面勁，形在曲蓄，意在直射，身微搖，慣性如如也。冷眼觀之，頗似西洋拳之架式，又似形意拳之虎抱頭。俱非也，此式實如兒童之玩具不倒翁。此僅就其形力而言。再言其神意，筋力空靈均整，神游於無何有之鄉，既有吳漢殺妻之意，又有荊軻借頭之心。然滿面春風，敵縱有惡言詬罵，我亦笑容可鞠也。拳出即是禍，不畏禍。縮手即是福，不求福。既欲動手，禍福置之度外矣。

大成拳有兩個原則，第一，不動手，第二，動則不休，不將對方置於死地不甘休。故在平日練習時，不許任意活動，一舉首，一投足，皆須具技擊應付之能。技擊之際，既須形不倒，更須意不倒焉。

外形笨拙手藏奸，心蓄殺機亦開顏。隨遇不倒意靈巧，後其所發意搶先。

宇宙間靜者恒靜，動者恒動，惰性也。我身由靜而動，須克服自身之恒靜惰性，而使我身產生恒動之惰性。

故欲動手，須先使自身進入恆動之惰性境界。處於此種境界，技擊時始能得力也，察電動之機輪，其起動所耗之電流，高於其正常運轉之電流，其理自明矣。故惰性如此，實即降低勁力之消耗而蓄力待發，此為技擊之重要法則，亦動猶不動之妙也。

再談技擊樁法之展開式，即左右互換也，此為大成拳之基本斷手模式。

意力閃閃捲枯葉，驚赫天涯鳥飛絕。裹纏橫繞雲龍蟠，光芒無限力如鐵。

運行當中，要筋絡鼓蕩。假想全身猶如大汽球，身體猶如懸空，惟風力是應。全身像有無數繩索牽撐，左蕩則右掣，前趨則後拉，上伏則下墜，縱橫皆浪力，起伏帶鋒棱，身動似螺旋，處處皆似滾珠機輪。對方挨我何處，何處即逆體驚炸。兩手運行，無論高低曲伸抱撐，一前一後，一左一右，永須慣性如如，炸力不斷。彌所彌時，處處緊跟對方動作合拍，既不丟又不抗，相機發力，於錯綜矛盾中求統一也。

雙足運行無論進退刀叉分刺，一虛一實。實足不許全然煞死，虛足不許全然飄浮。進退皆走三角螺旋形，擦地拉腿而滑行。足隨手運，手進三分足進七，雙足之虛實比例始終應配合適當，充分利用地面之反作用力，以加強炸力之直射速度之強度。運行當中須假想假借，體認尋求，有象中求無形，虛無中求有處（「處」字讀如設身處境之處），局部中求渾噩，蠕動中求迅速，柔靜中求驚炸，笨拙中求靈巧，矛盾中求統一，三角中求直線。求而有得，則可進而探討整個技擊之學也。

技擊樁之法則，並非局部方法，然卻可以從其中演繹出局部打法，即斷手也。於此即敘述幾項從技擊樁法派生出之打法。

（一）拂鐘無聲

此即劈拳也，此法可作為進擊發力，亦可作為接發力，此法係利用分佈力也。設對方單手起，當其已發未至之際，我起左手，橫截其中節部位，內藏裹攬吞墜之力，出左足。同時我右手自我左手臂之上出擊，奔對方面部往下摟劈，手足要同起同落，作成一個動作，在此動作中，腰脊至關重要，起左手出左足之時，全身由左向右借腰脊擰擺橫搖之勢發出旋力，貫於我之左手臂，至彼周身，迫使對方拔根提氣，同時我之左手臂與我之右手臂相交，別住彼之右手臂，我用炸力往下摟劈，敵必翻出，此項打法為進步接發力，如對方出右手時，向我發起穿襠踏重之勢，我則退左步，其他動作與上同，此為退步接發力。

此項打法與形意拳之劈拳毫不相同也，於現實生活中，我嘗觀潑婦打架，常抓臉撓胸，操之如本能然，頗引我之興趣，世人常謂「打人不打臉」，此其過人之處也，由此我遂悟出劈打之法，聽我言自會有人譏笑大成拳，彼或謂連潑婦打架之術亦納入大成拳，實荒誕之至也。但我認為鑒定拳學高明與否之標準是實踐，不論我所操之物是茶壺，抑或是夜壺，只要打上你，就是寶貝壺也，大成拳之打法，多屬此類。凡世人所謂不地道者，大成拳卻採用之，此即大成拳手奸處也。

平日操練此法時，要左右前後互換，進退皆能發力均整適當，要由開展，逐步練到緊小脫化，有象而無形，無

形而神似，兩手之鋒刃，有如寶刀利劍之拂鐘無聲，斷金如泥也，練習時還要體認力之運用，我之斷敵來之手須含蓄吞吐之意，引進彼力使之落空，喪其作用點，我之進擊之手既要有的放矢，又要莫知至而至，遇高則高處即為作用點，逢低則低處即為作用點，總之，觸實即發力，纏綿不斷續，敵身離我手，收勢勁又蓄。此分佈力之妙也。

（二）蟄龍探首

此項打法，可作直拳，亦可作指拳；可用於發力，亦可用以接發力，為大成拳之纏打法也。設對方出右手擊我頭部，我左右手同去，同時出右足，我之左手以撐纏之旋力自其右臂內側直擊對方面部，或拳或指，與此同時，我之右手以掌型砸其右腕，並以我之左肩為墊，手足同去同至，一個動作。此項打法為進步接發力，如對方向我發出穿襠之勢，我即退步接發力。設對方仍以右手擊我頭部，我出左足，同時我之雙手同去，我之左掌以橫截沉砸之力擊其右小臂，並以我右肩為墊，我之右手沿對方手臂之內側直擊其頭部，或拳或指，手足同去同至，一個動作。此法可用於進步打，亦可用於退步打，退步打，須利用地面之反作用力。

以上打法之特點是將對方所來之手臂纏抱住，纏抱之同時即發力進擊，或以拳擊其面，或以指戳其睛。此法甚凶，對方必負傷，不可輕用；但用則心黑手狠，務使對方終生留念。

平日練習此法時，要雙手左右互換，兩足進退皆可發力，兩手足須交替互演，此項打法之關鍵，在於所進之虛足和所退之虛足。虛足一著地，借助於地面所生之反作用

力即刻發力進擊，力必均整適當。否則，難得其妙，練習時須體認力之運用，運行時我之兩手臂含著沉托捉拿之意，有纏抱橫截緊擊之力，內藏肩打之法，意力伸長，似覺地球有助我之勢，因之假想我真如蟄龍之振電直飛也，切記此法最忌雙重不化之病：

神形拙笨無呆象，意力靈巧有鋒棱。橫撐豎漲曲中直，兩足虛實認端詳。

習時，須操練拳掌，以增強其耐力。以此式之發力方法，用左拳擊右掌心，用右拳擊左掌心，兩手交替互演，雙足進退互換，於三角曲蓄之中求取直射發力之速度與強度。須記進擊之拳，腕部不許外凸，不許內凹，小臂須垂直於拳之鋒面，如是力至敵身始能隔皮透骨。

習時，還須操練整體肌肉之耐力，力求逐步達到緊小脫化、肌肉如一之境界，動作愈習愈微，而神意卻愈習愈足，我意欲向何處，則眼神即到何處，力之作用點亦直射到何處，既注意打擊之要點，又無所為而為之，久之，本能反射自然敏感也。

（三）座地起火

此法即鑽拳也，然與形意拳鑽拳根本不同，蓋二者力之作用點不同，形意拳之鑽拳，其力作用對方心窩之下軟點，大成拳之鑽拳其力作用於對方心窩之軟點，且所發之拳之雞心指拳，並帶旋力，故較形意拳為厲害，實與西洋拳之悶捶頗相似也，此種打法，輕則能使對方休克，重則能使對方致命，學者宜慎用之。設對方起右手欲擊我之胸腹部，當其手已來未至之際，我出左足，同時我雙手並去，我之左手橫截裹墜其右手臂，引進敵身至我身前，迫

使對方失重前俯，我之右手成雞心指拳，自我之左手臂之上，以旋力挺進擊對方心窩，上體上兜，下體下坐，上下對拉拔長，周身均整之力貫於四梢，敵必被擰出，此項打法之關鍵在於進擊右手之旋力與腰脊擰擺之旋力，借助於上兜下坐之拉力，而爆發為炸力，炸力點雖為對方之心窩，而力之延伸方向卻是直指天空，意在上鑽，故此項打法，實即利用「力生有兩，兩則能一」之法則，借上兜下坐這對拉拔長，而求力之均整也。

習時，兩手足須前後左右靈活互換，腰脊須有擰擺橫搖之力，而上體與下肢又有對拉拔長之勢，上兜寓於下坐，整體覺如大螺旋，旋擰不已，假想己身實有鑽天欲飛之勢，起火不點不燃，我之鑽拳不借力不發，蓋因其射程短故也：

上兜下坐意沖天，引到身旁發鑽拳。由己則滯從人活，心狠手黑打法奸。

查閱國內外之諜報工作者與反諜報工作者，皆精於此項打法，由此可見此項打法之實用價值，與其說培蓄均整之力，勿寧說訓練心狠手黑之心理也，學者不可不明。

（四）伴窗觀橫雨

此項打法，即形意拳之裹拳也。設對方起右手，不論其意欲擊我何處，當其已起未落之際，我即已左手橫截抱攬其所來手臂，彼若抗勁有執，我之左手臂即以吞吐之力裹擰對方之右前胸，我無執令彼亦無執，引進其力使之落空，與我左手去之同時，我之左足出，與我擰裹彼之右前胸之同時，我之左足利用地面反作用之彈力，俯而抽身收勢，而已遞至彼身矣，此即裹擰之法也，此法能使對方失

重倒地而無傷，此為技擊手善之法，若欲加強力之直射強度，於左手裹撐之際可以右手加於我左手臂以助力，如是對方即有傷內咯血危也。

習時，兩手須左右互換，兩足須進退互演，此法之關鍵，在粘身縱力，抽身勁發，不論進退，虛足一點地，借助地面反作用之彈力而發力，此法乃是利用蓄發互相為根之來回勁，我出左手，以橫截抱攬之力斷其所來之手，引進其力使之喪失作用點，此即是吞，即是來勁也，待對方有執抗勁，我隨勢以左手臂之前鋒，用均整之力撞對方之右前胸，撞中帶裹，裹中帶撐，此即是吐，即回勁也。

此法即是豎撞之法，卻是橫中寓豎，由發而蓄，因蓄而發，蓄發如海水之翻浪也，己身不具備波浪彈力，則難得此法之妙用，故習時，炸力通過腰軸撐擺橫搖所生之離心力，而推動整體，貫注於四肢，兩手左右互換，抱中有撐，撐中有抱，於撐抱互為之際體認波浪彈力之微妙，三角蓄勁，直線發力，豎撞發力之際，須假借夜深人靜雨橫風狂：

雨氣昏千嶂，江聲撼萬象。雲翻一天墨，浪蹴半空花。

而我欲推窗觀望，窗開而狂風橫雨劈頭蓋臉而來，我本能地抽身避之，此種本能抽身避害之反應，橫擬之，即為此項打法也。

（五）驚蛇迂迴

此項打法即橫拳也。設對方起右手，欲擊我胸腹部位，當其已起未落之際，我出左足，同時我之左手以橫截滾搓之力，引進敵力，使之落空，敵身有拔根前俯之勢，

順勢我將左手臂猛然向上一翻，翻中帶揚，以左手掌內面與左手臂底部為鋒面，用均整之力，向對方右胸部橫擊，彼必翻出，亦可用右手助力，以加強炸力之直射速度。

此項打法，仍是來回勁，利用波浪彈力與上法所不同處在於上法裏撐之力，其方向是自敵身往下裏撐，而本法翻揚之力，其方向是自敵身往上翻揚，兩法皆是先吞後吐，因發而蓄，引進落空，力撥千斤也。

習時，須兩手左右互換，進退皆鬚髮力適當，借腰脊撐擺橫搖之勢，練出波浪鋒棱，須於三角之中求直線，直中寓橫，三角化打，直線橫走，想己身猶如驚蛇之橫走豎撞，迂迴敵之兩側也，其要在於使己之重力位能轉化為重力動能也。

操練此法，須以來回勁所形成之波浪力為主，己身能有此種浪力，則不難得此法之妙。

（六）勒馬聽風

此大成拳之栽捶也。設對方出右手，欲擊我之胸腹，當其來手已實，我兩手同去，左足隨出，我之左手掌心向下，橫截對方右手臂，一接觸，我之左掌即刻向內一滾，以攬墜撐裏之力，將其手臂引進，使之喪失作用點，此際我之整體自左下方向右上方作一落千丈弧形旋轉，同時，我之右臂，握拳屈肘，以腰脊之弧形旋轉為動力亦向右上撐提，在我腰脊旋轉所生之離心力的推動下，我之左手所引進者，不只是對方之右手臂，而是敵之整體，彼不僅拔根提氣，而是向前栽倒，我即刻順勢將整體往回旋轉，在腰脊迴旋之帶動下，我之向右上撐提之手以拳往下落，擊敵之頭胸腹部。

設對方兩手同來，打法與上述亦略同，我之向上撐提之右手，於撐提之前須以叼鉤之力向斜上撐提其左手，叼鉤須用拳腕所生旋提之力，其他動作與上法同。

習時，須體認力之運用，此法之關鍵，在於腰脊來回旋轉時，所產生之離心力與向心力之相爭也，亦是來回勁。即爭力也：

離向本団圓，陡頓離向分。源動在腰脊，蹬地定乾坤。

習時須左右互換，進退發力，發力不適當，須尋求於腰脊，腰脊外旋之來勁將敵身引進，使之落空，腰脊內旋之回勁復將引進之敵身擊出去，外旋變內旋全靠腰脊之突然一頓，而腰脊突然一頓之妙又生於所出於虛足之利用地面反作用力，此種用力之法即為吞吐也，故習時，於腰足陡頓登地之際猶如：

騎馬臨深淵，狂風襲面來。勒馬聽狂風，撒手落懸崖。

發力之際，須有性命攸關之感，力力篤實。

此項打法甚是厲害，不至性命干連之際，不可輕用，故習時既須求力之篤實，更須培植肯忍狠之心理，否則難收實用之效。

（七）猛虎搜山

此法即反身旋打也。設有敵自我背後襲來，我不知對方擊我何處，亦不知所來之手是單是雙，此際即須用顧我不顧敵之法，設敵方襲我時，我之左腳在前，右腳在後，我雙足原地不動，以兩足尖為軸，整體旋轉180°，原前足變後足，原後足變前足。

我之整體自我左前向我右後起旋之際，我之雙手並起，兩臂皆屈肘作三角形，掌心皆向外，右掌不過眉，左

掌之四指背靠近右肘之外側，要緊如焊接，須有九牛拉不開之勢，如是，我之兩臂即如一張豎起之大弓背，借我整體旋轉之勢，此一大弓背即產生一種旋中帶橫之力。對方所來之手豎勁，而我則是直線橫走之力，敵之手臂與我之手臂相遇，其力必被化走。當我手臂一感知觸覺，即刻雙臂化曲為直，向我之前下方發力，觸敵何處擊何處，此即三角蓄勁斷敵手，直線發力奪敵身也。

此法之妙，與其說在眼神之視覺，不如說在兩耳之聽覺與皮膚之觸覺也。察覺有敵襲我背後，靠聽覺，兩臂觸感一實即發力，非操練有素，具備毛髮勢如戟之功，則不能發力均整適當。

此法之關鍵，在於鉚肩焊肘，兩手臂不論遇到何種手法，皆須捶之不開，擊之不散，如是才能將我之頂門至小腹這一範圍護住，故習時不許假想假設，敵來何種方法，我又如何應付，我只練腰脊如軸，肩肘自焊接，旋力靈活而已。聽到身後有敵聲，我即如此動，只顧我不顧彼，雖非混擊蠻打，卻也無招無術，雖曰無招術，卻也訓練有素。習時，須左右互換，虛實分明：

聽力兩耳閑，觸覺要敏感。旋轉身穩健，發力不靠眼。

且習時須思己身如被激怒之猛虎，有出林搜山欲崩之勢。平日如此練習，遇敵時自有不可思議之妙。

（八）陸地行舟

此大成拳崩打豎撞之法也，可用於主動發力，亦可用於接發力，用於主動發力更為適合。設對方向我而立，其右足在一剛，我則出左足至其斜前方，隨即上右足至其兩足間，手並去，右手臂曲蓄斜豎，拳背向敵，左手放在右

手臂之內側以助力，以均整驚炸之力向敵之胸部撞去，敵必翻出。在我出左足進右足之際，我走二二角形，此際借腰脊之擰擺橫搖，整體形成一種旋力，待此種旋力觸及敵體時，即以炸力形式爆發，此法迅猛異常。

此法用於退步接發力，猶為得力。設對方起手擊我胸腹，其所起之手不論單雙，如彼右足在前，窺取我之中央，我則退左足，同時我之雙手臂以三角蓄勁，提弓捉弧之勢，用沉滾推錯之力，此際敵身必失重前俯，我隨勢將雙手臂斜豎起，拳背向敵，以抨彈之勁向敵擊去，可落於其面部，可落於胸前，可落於肩頭，可相體選擇，又無既定目的，何處利於我，我即於何處發力進擊。此法之關鍵在於後退之虛足，須巧妙地利用虛足著地時地面之反作用力，此法若能運用恰當，敵必被抨出數步之遠。

習時需左右互換，進退交替發力，雙足擦拉，兩手提弓捉弧，整體借腰脊擰擺橫搖之勢：

進退手舞須揮浪，縱橫起落帶鋒棱。我無預見聽敵力，好似游水泛空身。

習時須體認力之運用，此法仍以腰脊之旋力為原動力，務使力達於四肢，貫於手足。實足不許全然占煞，須令支撐全體重心之能事，虛足不許全然無力，須充分利用地面之反作用之彈力，兩手臂既要無定型，又要有所處，心目之中既無欲擊何處之成見，又須有尋蹤追跡以發力之意向，惟感己身如不繫之舟，泛於游水，惟風力是應，遇坎則止，順暢則流，意不停，力不斷，神不散，形渾噩。習時若有旁觀者，須給彼以一種形神意力皆是「稀裏糊塗」之感覺，方為妙也。如是習恒久，自會感到奇趣橫

生，遇敵時自得力也。

二、香鯨遊旋

此即渾元樁之展開式也。

此式之奧妙，即其三角螺旋力。整體及兩臂雙足皆須依本三角螺旋力之規律而運行。切記須以整體旋力，帶動兩臂與兩足之旋力，務使局部隨整體而運行，不許局部破壞整體。內勁真力由腰脊擰擺橫搖所生之旋力，推動兩臂伸縮輪旋不已。兩臂前伸，螺旋式前進，為捲，生離心力。兩臂後縮，螺旋式後退，為裹，生向心力。利用陡頓離向分之法則，當兩臂伸捲前進即將結束而其縮裹後退即將開始之際，在腰腿之配合下，兩手臂應一頓，使旋力化炸力，而貫於指端，此際，試力即為發力矣。此種轉化，可隱於內，亦可顯於外。其隱顯之限，應以自己之意感為度，意不內動，力不外發。從技擊效用講兩手臂螺旋式伸捲前進，支點猶如滾絲，肩肘似機輪，引進化走敵力於無形。三角蓄勁，橫擰直取，頓放敵身，而留痕於其眼底胸前；然兩手臂螺旋式裹縮後退，力點不抗勁，肘腕皆如滾珠木棱，橫截推錯，曲中寓直，頓逌己身，吞噬敵力於無形，我臂已刻入敵腕之骨裏矣。此即：

旋力吞吐於無形，離向沉托要留痕。三角螺旋曲中直，滑車槓杆作用長。

此法為大成拳之基本功。昔日從我習大成拳之諸友好，能將此法操到好處者，千無一二。非我授之不詳，實此輩未將陡頓離向分之法則參透也，於此，特意指出，望後學者勉之。

習時，須時刻體認螺旋力向炸力之轉化，借橫走之旋力，發出豎撞之炸力。三角蓄勁，直線發力，進退縱橫揮浪舞，起伏不定虛實晴，整體與手足動作之螺旋形，對方觸及何處，何處即能使對方失去平衡而倒地也，此法操之純熟，自有不可思議之妙。

此法為一項發力模式，從中可派生若干具體打法，茲扼要述之如下：

（一）烈虎出洞

此法為大成拳之道放也，須利用分佈力。設對方以雙掌或雙拳襲我胸部，其右足向我發起穿襠窺中之勢。我出右足，同時雙手同去，自其兩手臂之下，沿其小臂內側猛然向上道提，將其兩腕別於我之兩手肘之內側，與此同時，我上體與下肢運用對拉拔長之爭力，迫使對方拔根提氣，隨即用雙掌以捲挺頓放之力向敵之前胸推去，敵必被放出無疑矣。

此法之關鍵在於道，道中須有引擎之意，撐肩橫肘臂腕捲提以引進敵身使之就我，上兜下坐，頭足對拉拔長，用兜捲抽托之力以擎起彼身，使之拔根就我。若能使敵拔根就我，則我由道變放之際，敵必無隙可乘，而由我擲出矣，故道放之法，道為切要。然須切記放非全然直推之意，放中須有頓挫之力，故雙掌至其身，不許一粘即離，雙手須沿其胸而下走，直至掌心無物感而後止。同時須借腿之力，以使雙放之力均整適當。

故習時須體認此種用力之法，此刻留心肩肘腰腳之配合，務求力之均整，習時切記道時臀部不許越過後足跟，又須有虎生之勢，放時腰脊垂線不許彎曲，須有斜中寓直

之意。粘身縱力，抽身勁發，如烈虎之出洞，欲出而又入，欲入而又出，前伸後坐，爭力均整也。

（二）雷霆擊地

此項打法為大成拳之雙把栽捶也。設對方低身下勢，出右足向我發起穿襠之攻勢，同時對手向我肋腹部打來，其手法似形意之馬拍子或炮捶之雙挫掌，來勢甚猛。設我右足在前，遂將右足後撤半步，同時雙手並去，自上捶入其兩小臂之內，我之掌腕即用橫撐旋提之力刁鉤撐提其兩臂腕，向我懷中引進其身，若敵有執，叫勁後坐，我則破執，乘勢鬆鉤握拳，並將後撤之右足進半步，同時我之雙拳借上體與下肢對拉拔長之爭力向敵之面及前胸擊去，敵必坐地彈起，傷內而挫擰腰脊。

此法之關鍵，在於整個動作皆須巧妙地利用地面之反彈射力。我之右足後撤半步時，須利用地面之反作用力以引進敵身，待敵後坐叫勁，我進步破執以發力進擊，亦須借地面之反作用力，以增強我上下對拉拔長所生爭力之直射強度。我力之方向並非平直，而是沿敵體而斜下，故我力遞至敵身而達於地面，地面之反射彈力又有將敵體彈起之勢，如是敵之腰脊之垂線即彎曲矣，故此法之兇猛，不僅在於擊其胸腹而傷其內臟，更在於挫傷其腰脊骨焉，因此，此法所運用之力，猶如雷霆閃電，白天空達放地面，復自地面反射於天空也，習時，須時刻體認自發力，上下對拉拔長縮短之既矛盾又統一之爭力，此種爭力為集中力也。

昔日我嘗謂大成拳有拔地欲飛之力，更與地心爭力，學者多各解其意，故大成拳之某些斷手之技巧也難於學到

手，於此我再次提出利用地面反射彈力之妙，以克服雙重不化之病，望學者努力為之。

三、神龜出水

此法即大乘樁之展開式也。

此式之妙，即在於上下對拉，提按之演，前後拔長形曲力直。其形象猶如大龜立游於水面欲浮而又沉，欲沉而又浮，時浮時沉而挾浪揚波於水面。操練此法之技擊性目的是欲使我之周身上下按之皆有漂木運動，蓋化打無執也，故習時須體認反者力之用這一法則，上下對拉，提按撐錯，前後拔長，摟劈鑽刺，左右圓撐，骨藏鋒棱，利用各關節拉力所生之分力，尋求其合力點，以達到技擊之效用。然仍是三角化打勁始蓄，直線發力帶鋒棱，手握提按斜撐錯，單臂槓杆克阻力，習時須體認我之兩臂所生若漂木之力，此單臂槓杆力之妙也。

習時須體認地面之反作用力。蓋此式之全部精神在於力生有兩，兩則一，力之生皆成對成雙，有向前之作用力必有向後之反作用力力與反作用力，作用於一條直線之上，大小相等，方向相反，同時出現，同時消滅，性質相同，互不抵消。技擊發力時，我之前進或後退之虛足——對地面施加之作用力愈大，所發之力亦就越均整。

故技擊時，為增強作用力，以獲得大小相等，性質相同，方向相反之反作用力。在周身三角蓄勁之外，還須善於利用所進或所退之虛足蹬地時所生之集中力即為反作用力。又須知我所進或所退之虛足，足尖一點地，即為單臂力槓杆也，此種單臂力槓杆所生之反作用力與我上肢單臂

速度槓杆所生之作用力，既矛盾又統一以合成斷手制敵之均整之力也。

操練此式時，還須注意使我之整體重力作用線常保持在兩足支撐面積之內，以穩定我之樞紐平衡。欲達此目的，又須頂上意空靈一蓋我之頭顱，繫一平衡槓杆也。拳家所謂「虛靈頂勁」，即指此也。故習時，頭不許前低，不許後仰，以與手臂虛足之單臂槓杆相配合也。故於別處，我曾將此樁法，名為槓杆樁，實非無故也。

神龜出水之式，既為一項基礎試力，又係一項斷手模式，從中可派生若干具體打法，茲分別述如次。

（一）金戈鐵馬

設對方出左足起左手，欲擊我之頭部或前胸，我向其左足之左側出右足，同時起右手，以旋提撐捲之力，利用我右前臂速度槓杆之特點，動小而快猛，橫截其左前臂或其肘部，我之右足利用地面反作用力配合我右臂之作用力，將對方擎起，此際敵已拔根提氣，我乘勢將所進之半步撤回，同時提起右拳隨即下落擊對方之腋肘部位，落手是點，往下延續成面，使炸力的分佈力之形式遞至敵身，配合此項動作所撤之右足仍須利用地面之反作用力。

此法之關鍵在於我起手旋提敵臂肘須藏身，落手擊敵旋提，其藏身而起，束手而落，前進後撤之勢，實如執金戈、跨鐵馬，馳騁沙場之古代將軍也。

（二）驚蛇入穴

此法即鑽刺也。設對方平起右手欲襲我之胸腹部，我則出左足，兩手並去，左前右後，左前臂自下以驚彈之力橫截其右前臂，左手以指拳擊其右肋部位，同時我右手自

上拍打其右手背，我之左右兩臂以對拉拔長之勢將敵之右臂撐住，迫使對方拔根提氣，彼必被擲出。如我所出之左手為拳，擊對方之肋部，並左右互換，連續使用，此即大成拳之連環馬，厲害無比。此法亦可用於對付對方之高路手法，我即以指拳刺對方之面部。

此法之關鍵，仍在上下對拉，前後拔長之爭力，尤在前後之拔，用退步發力之法最為適當。故習時須體認前後拔長之勢，前手進擊之作用力與後退虛足蹬地之反作用力成一直線，猶如長蛇之受驚。

（三）頓開金鎖

此法為大成拳之撕也，係利用逆向之平行力。設對方出右足雙手向我胸腹部襲來，或對方抓我之兩肩或兩大臂，如攬跤者然，我亦出右足，兩手起於彼兩臂之外側，左手向我之左前方推對方之外肩頭或其大臂之外側，右手向我之右後方鉤拉對方之右腕內側或其右小臂內側，我之一推一拉之力須大小相等，方向相反並須平行，同時生成，同時消失，尤須借助腰脊之擰擺橫搖與所出虛足之蹬地力，腰脊四肢配合無間，力必均整。如是力至敵身，彼必整體轉動，而拔根翻出矣。

此法之關鍵，在於兩臂之逆向平行對拉拔長，如以拇指食指擰鑰啟鎖之力也。習時須左右互換，進退發力，體認此種用力之法，習時還須體認推拉二力作用線之間的垂直距離，不可太小，小則無力，然亦不可太大，大則力散，須大小適當，方為妙也。

（四）老僧稽首

此項打法為大成拳扣掛之法，內有撐抱，仍係利用單

臂槓杆力也。設對方用右手擊我面部，來勢兇猛異常。我如用橫截之法，甚難斷其來手，我則退右是，雙手並起，左手掌心掛其右小臂內側，兩手掌一合，須有鉗夾之力，隨其右手之衝力，我合十之雙掌夾住其右小臂內側向我左後方擲去，敵必拔根前栽，不打而自蹶矣。此法之形象，頗似僧侶之合十稽首，實利用速度槓杆力也。設對方以右手擊我之臍腹部，來勢亦兇猛異常。我如用橫截之法甚難斷其來手，我仍退右足，雙手合十並去，以左手臂之外側扣其右手臂之內側，同時我之右手與左手合十併攏，以雙臂之力引進其單臂之力，敵必前栽倒狀。

此法之關鍵，在於兩臂運動速度要快，速度愈大，則其動量也愈大，兩臂須在最短之時間內由其工作距離，縮短其力作用時間，故習時須體認此種猝猛均整之發力方法。

（五）狸貓追鼠

此法即雙撞雙推之法也，仍須利用前後對拉上下拔長之作用力與反作用力。設對方叼住我之雙手，並向其懷中用力，叼我之整體，欲將我引進而制之，設我之右腳在前，我無執令彼亦無執，我順執就其引我之力將雙拳向其胸腹撞去，此際對方必後仰，以避我之雙拳，如是，彼招我之雙手之勁必鬆，但其勁雖鬆而形未鬆，我隨將雙臂之均整之力往下一抖，上下拔長，彼必鬆開前手而前俯就我。我再起雙手擊其胸部，前後對拉，以均整之力將對方擊出。

此法之關鍵在於破其引我之力，一般情況下彼必向其兩側，即或左或右之方向引我，而在我雖不許有執，但必須將其引我之力變成逆其體之力，此法即是隨中有牽之

法，此法用好，其他動作則隨之適當得力。故習時，須始終保持力之直射，須體認我上下拔長是為了更適於前後之對拉也。習時，其形象猶如俯身前趨，徹底地覓物之狀，雙手下落有聲，而步履卻似貓輕，故曰狸貓追鼠也。

四、鷹戲封姨

此法即鷹椿之展開式也。

昔日我曾提出「與大氣相呼應」、「利用宇宙之力波與地心爭力」、「體認空氣阻力何似」等說法，學者多莫解其義，因之於試力與斷手之道亦多似是而非。人體之所以能有機械運動，實外力為其原因，如無地面給人體一種反作用力，則人體根本不會機動，技擊尤其如此，不借助地面之反作用力，根本不能達到技擊目的，此即「與地心爭力」之義也。如我由技擊椿之站式過渡到技擊椿之展開式，乃由於我之整體通過我之一足向後下方給地面一個作用力，同時地面應由此足給我之整體以一個反作用力。在此反作用力之推動下，我之整體始獲得向前之加速度。空氣阻力亦是一種反作用力，以分佈力之形式作用於人體，有時作用於人之某一個局部，如左手或右手等。

技擊時須借助於此種反作用力尤其是利用呼吸之彈力，此即「大氣呼應」。體認空氣阻力之義也。又如人體走擦拉步時，有向心力生成，此表明有向心力作用於人體。當人體之擦拉步停止時，向心力消失，此表明向心力亦不多作用於人體矣。凡此種種之合外力，即所謂之宇宙力波也，欲達技擊之目的，不利用宇宙力波，則無米而做炊也，誠然，大成拳注重內勁真力，亦即本能活力，然惟

有內勁而無由發之亦徒然也。

人體筋肉逎放之內勁須與宇宙力波相配合，二者相反相成，所謂高超之技擊家，實乃利用二者間統一矛盾之能手也。

此式之技擊效用，在於依本此式所設計之姿式而運行，以體認宇宙力波之妙。習之恒久，成本能反射，遇敵自能得心應手，應付有餘。此勢之運行，仍依本三角蓄勁，直線發力之法則。我之整體各關節皆成鈍三角形，各關節之相對位置即潛蓄一種彈力勢能，在意念領導，神經支配與筋肉支撐逎放之條件下，借助宇宙之力波，此種彈力勢能即轉化為彈力動能，此即技擊之所需，所謂「遍體彈簧似也」。故習時雙臂向意向之方向伸縮逎放，借助於宇宙之力波，將勢能轉化為動能。其勢如蒼鷹之翔行，俊鶻之橫飛，似有我不知我乘風力耶，或風乘我力耶之慨。

習時，我縱橫往返，高低起伏，進退發力。我之整體重心不斷變化，其與地面之相對位置即潛蓄一種重力勢能。在意念領導，神經支配與腰脊擰擺橫搖，虛足蹬地之條件下，借助於宇宙之力波，此種重力勢能即轉化為重力動能，此即技擊之所需，所謂「渾噩逆體」者也，其勢如神鷹之順風提兔也，有如游龍之逆流出水，此即直線發力之要也。

我於別處曾提出「勁潛百體內，力奪形骸外」之說，學者費解，故於此處扼要述之，望學者體認操存久之，自覺奇趣盎然。

總之，此法之妙，是一彈一撞，彈中寓撞，撞中寓彈，然仍係依本形曲力直之法則。此法既是一項基礎試

力，又係一項斷手模式，從中可以派生若干具體打法，茲分述如次。

（一）烈馬奔放

此即鑽、裏、踐，仍係利用地面支撐之反作用力。設對方起右手欲擊我胸部或胸部以上之部位，對方同時出右足欲取我之中央。我亦出右是，但只半步，放於其右足之內側，有套鉤之勢。我同時起右手，手掌向外，以小臂前部之外側截擊彼大臂前部之外側，一接觸我即以均整之力撞其大臂，隨即我猛轉我之小臂，以裏吞之力略引其身，於猛轉小臂之際，我之右手已握拳，以鑽挺爆炸之力向彼之面部或右側之動脈部位擊去。

此法之關鍵，在於開始之一撞，此一撞從我之角度亦是豎勁，從對方角度看是橫勁，借此一撞，務使對方之整體來一個四十五度之轉動，方為妙。此際彼必拔根提氣，順勢我裏吞以發力進擊則迴旋有餘矣。

撞之所以成功，取決於我所出虛足之蹬地與我腰脊之擰擺橫搖，兩個動作統一協調，使我之整體動力勢能變為整體重力動能，借我小臂外側之鋒面傳遞到對方之整體，彼若功力較淺，彼不僅整體轉動拔根，而實有翻出之可能，為增大力之直射速度，我可用左手撐助我之右小臂，同時，亦可避免我右臂關節之病。

設對方功力較深，當我以右臂撞彼時，彼卻抗勁有執，我則順勢翻手裏挬其臂，吞噬其力而引進其身，在發此動作之同時，我前虛足一點地，以助上肢吞引之勢。當我後撤之右足是一蹬地，我裏挬之右手即變拳進擊對方之面部。

此法之關鍵，在於我右手裏抒吞引之形，力是向後而我前足卻前蹬，此是前後對拉。當我右手由裏抒吞引變為向前進擊之際，而我前足變為後足，卻向後蹬地，此仍是前後對拉。在此前後對拉拔長之過程中，我之整體重力動能借我右拳之鋒面傳遞至對方之整體，彼必負傷翻出。欲使我力均整適當，必須利用地面之支撐反作用力，尤須切記我進擊之拳必須指向對方之面部。蓋我後足蹬地時，所發生反作用力之方向是斜上方，亦即我之後足及其蹬地時反作用力之合力皆與地面成一銳角。欲充分利用此反作用力之效應，須使此項力與我右拳所發之力作用在一條直線上，如是則著敵之力必均整。

習時，須左右互換，進退發力，體認各項力之運用，運動速度之快若雷霆閃電，其行形似烈馬之奔放，而其神意則又如秋霜之肅草木也。

習時還須切記，若不利用呼吸之彈力，亦難得此法之妙。蓋我之內勁整體真力中，除筋肉遒放之拉力外，發力之際某些器官如利用適當，則為動力，如利用不適當則為阻力。橫隔膜即為此類器官，於發力之際，我之呼吸與大氣相應合，氣沉隔膜下，所謂「氣沉丹田」，則發力適當，如隔膜發緊，氣浮於胸，則發力必不能均整，發力時若呼吸能與大氣應合，無論以呼氣之法或醒氣之法，利用聲由內轉之功夫，則力必均整。此仍係利用宇宙之力波也，故習時須以聲輔也，用時亦應如此。

（二）俊鶻舒翅

此法與上述第二法略同。設我裏吞對方之力並引進其身之際，由於彼身向前俯栽，身勢過低，若用直拳擊其

面,則我發力即有不及之慮,故必順勢橫擊,我之右臂手心向下,以我右小臂內側為鋒面,橫擊對方之面部或胸部,對方亦必負傷翻出,此法只適於退步發力,若用於進步發力,則先出左足而右手進擊或出右足而左手進擊,習時須體認此種發力之道。

習時須左右互換,進退皆須發力適當,仍須利用宇宙之力波,要有大鳥乘氣流直飛橫遊之勢,故喻之曰俊鶻舒翅也。

（三）浪力三頓

此大成拳之頭擊肩打之法也,仍須依本人體重力動能之法則,亦橫走豎撞之打法。設對方將我之雙腕皆叼住,其形勁皆甚紮實,且將我之兩臂向左右兩側張開,其右足在前,彼隨時即有起左足欲撩我腹禈之勢。此際設我右足在前,我即用右足猛然蹬地,借地面支撐反作用力。我之雙臂猛然向後撑去,將對方引進就我,我隨勢以頭之前額為鋒面,借我腰脊擰擺橫搖之浪力撞其面部,彼必負傷翻出。設我右足蹬地之際,左臂後撑,而右臂即向我斜下方撑去,亦是意欲將彼引進就我。我乘勢用左肩頭撞彼之左肩頭,對方亦必翻。設我左足在前,則左足蹬地之際,我之右臂向後撑出,引進彼身,我乘勢以我之右肩頭撞彼之右肩頭。

此法之關鍵,在於我腰脊擰擺橫搖之浪力,以此種浪力將我之重力勢能化重力動能,而遞至彼身,以頭或兩肩為擊敵之鋒面。故習時須有浪力,在浪力之帶動下,使重力於我之整體之某一局部鋒面而傳至對方之身體某一局部,以奪其重心,此即撞打之妙也。故習時須:

身動揮浪舞，意力水面行。兩臂具己頭，妙在蹬虛足。

練時也須左右互換，進退發力，同時仍要體認宇宙力波之微妙。

（四）寒雞立雪

此法亦是橫走豎撞之法也，仍依本上述法則。設對方出左足並起左手擊我胸腹部位，我出右足起右手以推挫裹抱之力，橫截其左手，吞噬其力而引進其形，待其形略前俯，我之右手猛然自其右小臂之上向其胸肘部位翻揚橫推，同時我起右足向其左小腿之臁部橫踩，上下之動作須做成一個動作，對方必被撞出。設對方來勢甚為兇猛，我在橫截其左手時，不出右足，而卻退左足，在右足蹬地之際右手變翻揚，同時左足借蹬地之力立即起而橫踩對方之左小腿，對方亦必翻出。

此法之關鍵係利用來回勁所生之浪力將我之整體搖推起來，以發揮重力動能，將對方撞出。

習時須左右互換，進退發力，其迂迴曲伸，重心移行提頓之勢，猶如游龍之戲鶴，寒雞之鬥驚蛇也，此法為雞樁之展開式也。

習時還須切記，所起之橫足不是踢亦非蹬，而實是以踩之形式將我整體之重力動能傳給對方，與上肢之橫推配合，實為推撞之法，所起之橫足不宜過高，以不過對方之膝部最為適當。

五、騰蛟挾浪旋

此養生樁之展開式。

此式為斷手技擊斷手模式之一，係利用向心力及其反作用力離心力，仍利用離向本圖圖，陡頓離向之法則。以腰脊為豎軸，兩臂前伸，左手在前出左足，右手在前出右是，左右互換，整體轉動不已，進退發力，力生於足，勁貫指端，其勢若騰蛟之破浪前進，力波起伏，旋渦滾滾，實有橫掃鯨穴之意也。

習時須體認離向二力之功，向心力作用於我之腰軸，而離心力作用於我之兩手掌，特別是前手。當我雙手觸敵，借所進或所退之虛足蹬地力突然停止旋動，向心力停止做功，離心力同時消失，我之雙掌循慣性力沿切線方向做直線運動，此種直射力始為技擊斷手之所需也。離心向心同時生成，同時消失，生成之際，你蓄勁之時，消失之時，為發力之際，我之整體旋動之時，須上下拔長，前後對拉，左右圓撐，身若旋球也，整體具鋒棱，蓋圓中有直也，故此法所試之力，實為慣性力。此法之關鍵，在於突然中斷離心力，此即所謂陡頓，技擊斷手所需要者正是此類陡頓之力也。

由此式可以派生若干具體打法，茲分述如次。

（一）榔頭拷打

此法係依本慣性力，頓打之法也。設對方出左手併左足，以直拳之形式擊我之胸部，我出右足，雙手自下起，提掛捲對方之左小臂，以右拳橫擊其左肩部或其左大臂，以腰脊為豎軸，整體作一百八十度之旋轉，所出虛足一蹬地，向心力即中斷，借陡頓之力，將對方擊出，其勢如掄榔頭以擊物也。設對方來勢甚猛，且有穿襠之勢，我可用退步斷手之法。此法之關鍵，在於我雙臂旋轉時須曲蓄，

陡頓之際卻須直伸，蓋因離向之力同時消失之時，我所出之右拳有循慣性力沿切線作直線運動之勢，在此我之右拳在接觸敵之左肩或左大臂之際有一種摩擦力也。此法之妙即為吞吐，而吞吐無間行也，引進其力即為打，故習時須體認此種用力之法，不可草率從事。

習時須左右互換，進退發力，以腰脊擰擺橫搖之勢，帶動兩臂之旋轉，以兩臂之旋轉吞噬敵力而引進其身，使用時甚為得力省事。毫無拖泥帶水之病也。

此法仍是利用我整體重力勢能向重力動能之轉化，蓋我整體之重力係一種分佈力，故我用此法發力實即爆炸力之運用也。

（二）腦後發炮

此法仍為利用慣力，觸敵時爆發為炸力。設對方出右足，起右手欲擊我之面部，我出左足，雙手並去，右手以刀裹之力吞噬其力，而引進其身，左手旋出握拳擊對方頭顱之丘腦部位。我雙手之動作，應不用局部之力，須借腰部擰擺橫搖之力，與所出左足蹬地時之支撐反作用力，同時吞噬其力並引進其身，務使敵就我而擊之，如是方為妙也。此法若能操之適當，能使對方斃命，故學者宜慎用之。

同時仍須體認「離象本囫圇、陡頓離象分」之法則。須使我整體重力勢能向重力動能之轉化，以炸力形式遞至其身，亦即我之整體於發力時必須上下拔長，前後對拉，左右圓撐也，不如是則力必不均整。故運用此法以擊敵，力如炸藥拳如彈，手至敵身力分佈，此即曲中寓直之炮捶也，同時仍須左右互換，進退發力。

結　論

　　大成拳之斷手，共分五式二十一法，皆以力之運用為主。整體發力，鋒面觸敵，借宇宙之力波，發揮本能活力，非局部片面之法也。

　　習之恒久，自不難升堂入室，而得莫知至而至之妙。應掌握之法不宜過多，多則臨戰時必被束縛，蓋不果決故也。

　　此文係我暮年發病時所作，寫作時常有筆不從心之感，然此文之要義卻了然明暢，一曰勁力均整，二曰三角弦應，三曰單重發力，四曰無法即法，法在無念，五曰提頓吞吐，沉托分閉，六曰形力須歸一，神意不著象。學者能於此六義中有所體認，則於大成拳之道蓋亦思過半矣。我常感到天地間之學問實無窮盡，而筆墨又實難表達我胸中之所蘊也，學者若能從我之所說者推出我之未說者，實我至望焉。

第 五 篇

《拳學新編》

齊執度先生　著

第一章　總論——拳學述要

我國拳學興自戰國時代，以後達摩洗髓易筋兩法參之於華佗之五禽戲，始匯成斯技。雖今門派繁多，其淵源一也。不論如何分派，總不出以拳為名。夫拳者乃拳拳服膺之謂拳。動靜處中，能守能用，此盡吾人氣質本能之道，非純式套數專論招法之所謂拳也。

拳學一道，不可認為奇難事也，須知非常功夫多得自平易，勿論行站坐臥以隨時隨地均能用功，首要端正其身體，使意念空洞，凝神靜氣，掃盡情緣，寂靜調息。以溫養內外，滌除邪穢，筋骨氣血不練自練，不養而自養，人之本能逐漸發達矣。

初作時不論姿式之優劣或繁簡，只看全體大小關節能否上下前後左右相互為用，以及神經支配之大意和氣血之流行與調息所發之彈力如何。意以達到得力舒暢為止。察其神情，身如凌雲寶樹，須假眾木之撐持，又如在氣浪中作游泳之動盪，毛髮悠揚相依，大有長伸之意，氣血如巨海汪洋之水，有波浪橫流迴旋不已之勢，精神如大冶洪

爐，無物不可陶溶，而身心好似渡海之浮囊，不容一針罅漏，此身心氣血修煉之要旨也。若是者，非滌盡妄念，動靜不失於自然，未易有得。

然無論如何去作，最忌身心用力，用力則氣滯，氣滯則意停，意停則神斷，全身皆非矣。他如試力之均整，肩架之配備，發力之自乘，三角力之螺旋，種種之構造不一之力，又如渾元假借之一切法則，均不可忽，尤應注意全身樞紐之鬆緊，面積之曲折和遇敵時相接時間之利用，此皆非言語筆墨所能形容，願學者以恒心毅力，研究探討，自不難入法海而博道要矣。

第二章　釋　拳

近世拳術分宗別派，作法各異，命名無不以拳，而對拳之意義，實少研究，論者多就拳之字義而為之解釋，或指握手為拳，或指練習勇力能徒手敵人者為拳，皆屬泛論，未得拳之真義者是也。

薌齋先生解釋拳義曰：「拳者乃拳拳服膺謂之拳，動靜處中，能守能用，此即盡吾人氣質本能之道，非純工套數招法之所謂拳也。」「動靜處中，能守能用」，言即時得拳理，靜守動用。「拳拳服膺」，永保不失也，盡吾人氣質本能之道也，即言拳理之所在。非純工套數招法則辨歧途納學者於正軌也。

薌齋先生復申明拳意曰：「拳之為拳，實不在於身體運動之形式如何，而在於筋骨氣力鬆緊之作用，精神之指揮以及心意之領導如何耳。」

習拳專重形式，是本末錯認，攻其末而記其本，終無是處，非得其本者，不能言其踐形致用之實學，故應機而發，因勢而變，動無有誤，其神妙莫測者，當非所謂專習套數招法者所能得也。

第三章　意　拳

第一節　意拳宣導之意義

人身內外一體，意動一致，拳功拳理，只有是非，而不能分以內外，所以薌齋先生反對內家外家之拳名，並反對講求不合實用之拳理招法套數。復為闡明拳理髮揚拳學計，於1962年宣導意拳，拳以意名乃示拳理之所在，其練習方法重在站樁，以求實用，不講求形式演變之套數，無論動靜，皆以意領導，使意、氣、力合一，以盡拳功爭力之妙用。由此可知先生正拳名曰意拳。意在泯宗派內外之紛爭，以存拳學之真義也。

第二節　意拳樁法

薌齋先生論意拳樁法曰：「拳學樁法，陰陽動靜，虛實開合，胸腹呼吸與鼓蕩皆不得分開而論，都是互為根用，不在外感之交雜，而在一意之應付，此謂之意拳也。」

第三節　意動之解釋

意存乎吾人之自身，為心之動，其作用厥為自我，確

實存在，不得疑之，習拳應先明此意，然後動靜始能合於理，而有益於身。西諺云：「身體之發達，可促內心之發達。身體之損害，多為內心這損害。」如何使身體與內心得以發達而無損害？當求之於身心動用之合一。身心合一之動用，為健全之動用，應有之動用也。如何使身心合一？須知心之動用為合意，身體動用，即身心合一之動用，自是發達身體而有益無損之動用，此乃順自然之需要，應機合理之動用也。意為心之動，而欲達此意，司命全身者為腦，腦為身心之關鍵，故知腦之於身，如軍中之主帥，所以習拳先講頭直，意發動屬之於自由於萬全，不附帶強迫之感情者也。

吾人之動作順乎自然，合乎需要，方為合意動用，為自由之決定，乃本能之作用。此種決定和作用，從屬於個人，能感得而身受之者，亦惟其個人，不待言也。

人身動用可分兩種，合意之動用為有益之運動，不合意之動用為無益之運動。不合意之運動，心理學者謂之衝動運動，乃發於欲望之運動，非正規之運動；係因受到衝動後，由此衝動一變而為執意，由執意而引起之實際運動也。故謂衝動運動，反乎自然之運動，非出於自主之運動，是為亡動。此種運動，動必吃力，吃力則血注，血注則血流失其自然，而神經為之傷害，故運動結果，心由此發生一種反射之衝動。

神經梢端受到衝動，發生抵抗，同時生出反射運動，此種反射力量，最為強烈，神經中樞感到刺激，而受損傷。此種運動，不但無益反而有害，所以習拳切忌妄動和吃力，即不許有衝動運動也。

第四節　合意運動

合意之運動，心理學家謂之本能運動，是由意來考察全身之需要，順意之支配，而為運動，係出於自主，而順於自然。所以本能運動是身心一致，合於需要之運動，有益無損之運動也。本能運動分有意與自動運動，有意運動，是基於心意支配之運動，作到妙處，則成為自動運動，不感覺受意這支配，而其運動，無有不合意者。習拳原為發達本能運動之工作，非臻於自動運動之境，不能得力得氣得神，而入化境。

第四章　習拳六要

第一節　要知拳益

薌齋先生曰：「不學拳是不要性命的傻子。」言拳功對人身關係之極切要，能健身體養性命，人人應知此理，應習此拳，普勸吾人練習之理由，一語道盡。若使吾人知習拳之樂，習拳之益，致力於練習功夫，定有欲罷不能之概。誤入歧途吃力努氣傷及身體，是學習錯誤，非拳不可習也。

拳功如作到妙境，真得竅要時，在他人看來反認為不精熟、不好看者有之。故要知習拳為己，非為他人也，此防身養身貼骨之事也，更須平時一心存之於拳，蓄養氣血，無論何時何地何事俱無不拳拳皆在練，有時限之功夫，不如無時限期之功夫，純正確切。所以有固定時間，

而非廣場不能練習者未必盡是也。

第二節　要明拳理

拳有拳之理，拳之法，拳之意，得其法、理、意，方得謂之能拳。故有拳法，而無拳理者非也，有拳理而無拳意者亦非也。拳之動其法不一，而有原理；動靜變化，機神無方，出之自然，臻於神妙，蓋由於一意之支配，得理盡法而成其用。所以習拳，理字最為緊要，理字須從規矩得來，能於規矩中將理字參透，方能有成。妙悟在己，學須自成也。習拳者得其理，然後方可與言氣力；有氣有力，而不合於理，非有用之氣力；知其理而不能用於氣，用於力，亦非真理。

理與氣合，氣與力謀，動靜合於理，則氣為之用，而氣力之神妙自見；然神其用者，還權之於意，故習拳之初，對其法、理、意，均須徹底認識，方有所遵循也。

第三節　要重樁法粗跡

世人多以拳為技，不什一習，豈根本之論哉？拳為吾人動之始基，其理簡而明，其跡粗而顯，其妙用在幾微。故論拳理，言之深者，根於幾微，言之淺者，本其粗跡。須知粗跡亡，其幾微之理無以存，幾微之理亡，其粗跡則非。夫粗跡者，極簡極易之動作方法也。得此粗跡，即能變化無以存，幾微之理亡，其粗跡則非。夫粗跡者，極簡極易之動作方法也。得此粗跡，即能變化無窮。但非今之拳套招法也。

拳之粗跡為何？乃樁法是也，豈可因其平易而忽之

耶？觀乎拳之功用至神者，無不由此一站生出也。習拳須先求下手及著實功夫之門，習拳下手處，站樁是也，久站乃為著實功夫之門也。捨此恐無真實下手處。故學者應以此教，必以此習認定在此，志向亦在此，終日乾乾奧蘊自得，教習之道不過如此，微乎！微乎！

第四節　要作體認功夫

習拳須知，「心傳意領」四字，是得力關頭，此四字係於體認二字中求之，體認是一種實行功夫，運用意之支配，發揮自身之智慧體能之作用，將腦所接受者，使身體實行出來，以身驗知，並以求其所不知者是也。要知心傳口授，非真學真知；須得自己實行，方是實學實知。故習拳重體認功夫，乃易空想為實用之實功夫也。且精神氣力之運化，非由體認不足自知自發自成也。

體認功夫有內省、外觀、實驗三要點，缺一不可，內省者直察自己之意象如何也；外觀者內省自己，外觀他人，以他人之表現，參證其內容，作內省之助；實驗係合內省外觀之所得，行之己身，而得有實效之事也。

習拳有得於師者，有得於己者；得於師者為規矩，得於己者乃循規矩，經體認，實得於身之妙用也。學拳不得於身，則規矩無益於己。

論及體認，原有力、氣、神三步功夫。力、氣、神皆體認功夫，分言之，則為拳功深淺之界限，合言之，心一氣齊萬力並足。力、氣、神原有不可分離之性，三者實統基於一氣，氣調則神經之訓練、血氣之調理、筋骨之鍛鍊，均得體認之實功，故曰「三步功夫」也。樁法所示要

點，皆為養此氣而培人生之基也。

第五節　要去三病

習拳有三病：一曰努氣，二曰吃力，三曰挺胸提腹是也。染得三病，則動靜不合於理，拳功定難得力得氣而神之於用，慎乎！慎乎！習拳吃力，是一大病。近之授拳者專以快、用力，教導初學者，誤矣；教以快、用力，是欲其手足用力也。要知四肢用力，心身真勁力必淤結，久之為害甚大。於今學拳者應明此害，避之遠之，庶幾近之，而免入歧途也。

薌齋先生曰：「今之習拳者，多急急於拳套，用暴力以求迅速和美觀，全身氣孔為之閉塞，而於自身氣血之流通，實大有阻礙。所有拳家凡用暴力是，無不努目皺眉，頓足有聲。」是先閉其氣而後用其力，至練畢則長籲短歎，急喘不止，傷及元氣。所以往往有數十年功夫終為門外漢者，豈非用此拙力之所致哉？

第六節　要作實功

習拳忌好高求速，恐不達也。余某歲請示發力，薌齋先生告曰：「汝已能得環中味道，當能自信，對發力要領，恐尚未能領略，因發力種類甚多，無應用經驗，敢斷言不易知也，望加意用功，屆時必將詳告，現在即告亦不能懂，即懂亦不能行，慮有務高反低之病也。」又曰：「功夫宜恒久，朝夕練，無時或已，得有新成績，方是進步真消息。」語云：「非有百折不回之真心，不能有萬變無窮之妙用。」薌齋先生曰：「用功覺得全身氣血川流，

養神斂性，通體無滯，是初步功夫；若聽得全身嘶嘶有聲，無論行坐一觸即跌人丈外，是中乘功夫；身外生氣，光芒四射，如用目視人，其人如失知覺，然後漸入神化之境矣。」

第五章　習拳階段

第一節　基礎功夫

人之力生於氣血，自然發動，由內達外，故通暢氣血，以鍛鍊筋骨為習拳基礎，其法為站樁。站時須間架安排妥當，再從靜止狀態去整飭神經，調息呼吸，溫養氣血，鍛鍊筋骨之各項體認功夫，而使內外合一，以達拙者化靈，弱者轉強之目的。

第二節　試力

前項基礎功夫作到妙處，應繼習氣力之妙用，試力是其初步。試力為得力之由，力由試而得知其所自發，更由知而得其所以用，故試力為習拳之最大關鍵。

第三節　實用功夫

拳功作到全身舒暢得力，運用變化始能隨機發動。至於快慢、虛實、與精神時機之運用，閉合、鬆緊、動靜之互根，以及力量和假借之分析等，尚須實地研究，故習拳功夫，未可稍鬆懈也。

又論習拳各段功夫曰：「練習樁法時，形雖不動，而

渾身之筋肉氣血與神經以及各種細胞，無不同時工作，若輪盤之旋轉，快到極點，正是不動之動，所謂生生不已之動也。此學拳當注意之要點，一念之差，捨此正軌則終身難入門牆矣。」應敵時勢如猿兔如龍蛇，而身心意力，都要含蓄，暗中分析對手究竟，須全神道斂，隨機而動，以待發之機，雖動用極速，亦有高低、左右、縱橫之轉移。而身心氣血之悠揚飄蕩，實動猶不動也。

以上為基礎實作兩部功夫與動靜區別之原則，其中間一段試力方法則太繁矣，茲簡述一二：試力既不許有偏面力更不許有絕對力，首要體認全身之氣力圓滿否？光線鋒棱與毛髮接觸否？氣力能隨時隨地可以發出？自身之神與氣，能否和空氣發生應合作用？抬手動足，全身各處都如有敵欲相比較，外形尚無動作，而精神早已與之周旋。非如是，其力不能試得也，學者於此豈可忽哉！

第六章　樁法前論

第一節　樁法為操練全身之功夫

吾人一身，雖分身、手、頭、足、五官百骸，內外原是整個一體。習拳操練者為人之全身一體，內外表裏，身手頭足、五官百骸，既不得分開講論，更不得分別操練，拳理是非之分在此，而習拳能否入道亦在此。

意拳樁法是統一意志，統一動作，統一力氣神之基礎功夫也，乃統一全身發達增強力氣神之法也。

拳為全身動作，五官百骸、十指四肢以及毛髮各有輕

重緩急之用，少一件即非完人，有一不動不足為萬全之動。全身一致受命者，意之所使，心之所繫，氣之所運，神明之感，自然之應也。所以練習時，自習身、習心、習手、習足，須全身同時一致練習，不可分開，又不可偏重，盡其本能，統於一命。若各不受命，自為動作，是自為肢解，拳無能日矣。

第二節　應知自身之位置

習拳應先知自身之位置，吾人一立，戴天履地，而於上下、左右、前後、中，其所處之境，則天地四表而身居空氣之中，此人人所曉，不待言也。習拳者，須首先求得自身之位置，其法當從本身以外四面八方回向自身看來，乃得中心，立基乃圓，得中、用中、妙用無窮。

第三節　須明動靜曲直

習拳應知人之能生，在於能動。其動原出於靜，靜直動曲，一動一靜，一曲一直（形曲而力直）拳理盡之於是。故習拳靜以理其氣，動以致其用，藉此氣活吾血，強吾力，運動全身，事其所事。而其動靜，互因互生，習拳者乃習此動靜也。習此動靜，須慎之於始，其始則由直而曲，由靜而動。形曲力直，動而還靜之時也。靜中有動，動中有靜，求得之法則站樁矣。

第四節　習拳基礎功夫為樁法

習拳站樁用意體察全身動靜，功夫一到，當知如此一站，大有無妙不臻，無法不備之滋味。欲盡拳功之妙用，

應先致力站樁之法。凡百運動皆基於此，此論實不我欺，故古人躬行實踐，乃尋此滋味之惟一法門，學者宜致力焉。拳以站樁為基，以行動為用，基不固行無根，故習拳不可以站不如行，反是，即為自誤，一身功夫須從根本作來，方屬真實耳。

第七章　渾元樁（一）

渾元樁以為整飭立容，立為拳功之基本間架，立時垂足尖外分，角度約60°，要安安穩穩，氣靜神怡，應載天履地與天地合而為一之意，站時應注意以下各點：

「頭」：居人體最高處，為一身之主宰，不宜傾斜，須用意上頂，收頦挺頸而欲其直，似頂非頂，似被繩繫提，要有領率全身之意。

「足」：兩足放平，大趾外蹬，小趾內扒，腳心涵虛，腳跟微起，兩膝微屈而上縮，使筋絡舒展，不可吃力，足一吃力，立便不穩，要知吃力於足，必頂力於頭，身體不舒，氣力被阻，全身關節即不能靈活，又焉能求其站之穩定？故曰修容足重者，非吃力於足之謂也。

「閭骨」：為脊神經之殼，居人體之中部，為支配上下肢體之中樞。閭骨要正直，平肩下臀，收頦挺頸，心窩微收，使胸寬而腹圓鬆，自無揚頭折腰、努胸擠背之病。

「手」：兩手下垂，指欲插入地內，但須向上微提，使肘稍屈，以舒筋絡，並有外撐內裹之意，平肩正臂腋下筋鬆，虛靈守默如能容球。

「齒」：齒輪上下銜接，不宜用力扣合，咬牙瞪眼乃

最大毛病。

「舌」：舌尖微捲，接觸上顎，似頂非頂，要領悟其有接引之意。

「鼻」：為氣官，呼吸要勻而無聲，氣不可提，尤不可沉，勻靜自然，為其要訣，氣能至肅，調息方恰得其妙，切忌用口呼吸，犯之則氣失其道，鼻失其職，易致疾病，不可不慎。

「目」：兩目視貴平直，能不為物引，心意自然不亂。

「耳」：耳聽八方，要用神凝。

第八章　渾元樁（二）

起以立勢，立勢站穩，使足向左右展開，曲膝蹲身成騎馬式，兩手高提，使骨肉筋絡平行舒展，氣血川流，此樁功用在於通氣增力，以及溫養筋肉，訓練神經，使各細胞無不工作，站時應注意下列各點：

「步」：橫步展開時，兩足尖向前平行站齊，不可前後參差，其距離按個人之足長短計算，以兩足尖相距約一尺七、八為宜，開胯屈膝，靜站片刻使身心安穩再舉兩手。

「膝」：開胯屈膝，騎馬襠欲其低，不欲其高。腰向下坐，胯往回抽，臀前裹而胯外張，兩膝扣合，有外撐之意。膝蓋骨處力之生發，動用最堪體認，由膝骨至腳面，有由腳面至膝上撐之力，又欲直立卻被繩索將腳面與膝相連不得撐開之意。而膝蓋骨以上部分，復有向上總提之力，同時更具有下坐之力，同時膝內屈，大小腿筋絡有相

意拳正軌

第五篇　《拳學新編》

聚之力，同時又具有相反之支撐力，此等力量生之自然，相等相乘，名曰爭力，習拳功夫一到，力動情形自然領悟而知。甚難於講述也。

「腰」：為人身上下四肢運動之樞紐，全身中線之所在，乃重心之所繫，最忌腰背彎曲。頭直肩鬆胯坐，則腰直而上下靈通一氣。

「手」：兩手高舉，意在使筋肉伸展，而順左右肩之方向，向左右伸張，兩手要向前微抱，肘屈腕按五指離開向上伸張，此手勢乃站樁基本姿式，兩手姿式不論如何，筋肉與骨骸均係平行舒展，無擰裹力者，皆屬於此樁所求。

「托式」：兩手高提與心窩處相平，掌心朝天，指尖相對，兩臂環垂。

「按式」：提兩手於臍前，大指朝臍，掌心向地，指尖相對，兩臂環垂。

（以上兩式，托式小指，按式大指，離身四寸，兩手指尖距離三寸，不可靠近。）

「推式」：兩手高舉，向前平伸後再使兩手指尖相對，掌心向外，肘腕平行，形曲如弓。「抱式」：兩手平伸，使掌心向內，指尖相對，腕肘平行，形如抱鼓。

「提式」：兩手下垂，使肘微曲，並微捲各指如提物狀。

「舉式」：兩手高舉過頭，使肘微曲，指尖相對，掌心朝天。手出五指不可緊靠，應行離開，求其活而得力也。各指捲曲，如抓如鉤，虎口撐圓，而指尖抽斂，掌心內吸，有持物欲墜之意。掌心吐力，手指向外擴張，又如柔絲束縛，有不得伸展之意。而此種神情同時並具，出之

自然，方得其妙。

第九章　渾元樁（三）

學習以上兩樁後，繼習此樁，仍起以立勢，站穩再行開步，左右兩足，前後展開，屈膝蹲身，兩手環抱，橫撐摟裏向前伸開，使筋肉束裏，骨骼無節不曲，是為鈍形三角，全身無有平面部分，更無絕對力。曲折玲瓏，渾元一體，兼有以上二樁之功用。遇機施巧，應變無窮，便於實搏，精於打顧。站時應注意渾元樁一、二，腰膝兩節所示要點及下列各點：

「步」：步大不靈，為步法要訣。開步時，前足進，後足隨，兩足最大距離約一尺二、三寸。言及動作，迴旋不過七、八寸耳。若兩足站於一直線上，不易穩固，須左右稍為展開，其寬度應以兩肩寬度為準。

「手」：出手時，兩手向左右伸張，均不過鼻，以保中線，高不過眉，下不過臍，前伸不過足尖，回撤不許靠腹，此乃最重要而不可違犯之規律也。又不許有平面處，無處不曲，曲處無不相乘。體認「八面出鋒」一語，便得其奧妙。變掌為拳，五指相次如擰麻花，各指力一如嬰兒之持物，要有緊捻密持之意，切忌死握，能不吃力於手，兩臂圓活而氣力暢達，手足相應矣。兩肘屈如抱鼓，無論如何，變換手式，兩肘要永久保持橫撐力，勿使兩肘忽而接近，忽而遠離，失去其活動之空間，與人以進擊之機會。

「肩」：步法改變，而兩臂否得力，全繫於兩肩。其

要訣為鬆肩，肩鬆則下垂，左右腋肋支撐其空間，如能容球，兩臂得此空間，活動方能自如。再使心窩微收，胸虛背圓，肩得其平，渾身氣力直貫於掌矣。

「筋骨」：力生於骨，而達於筋，筋長力大，骨重筋靈，筋伸則骨節縮，骨靈則力實，伸筋腕挺，則渾身之筋絡開展。兩肱橫撐要平，有挽抱、開合、伸縮之力，兩腿有提、夾、扒、縮、趟、崩、擰、裹之力，肩撐胯墜，尾閭中正，均不可忽。骨重如弓背，筋伸似弓弦，運勁如弓滿，發手似放箭，用力如抽絲，兩手如撕棉。站此樁時，全身上下前後左右八方，並頭與足，頭與手，手與肩，手與胯，肩與膝，肘與胯等處處相應，如有交互反向之繩索牽曳，或有人互為推移，不為所動之意。實際並無繩索或人之牽曳推移，不過存意如是。若真作出好似有被牽曳及推移之狀，則又誤矣。是被欲望之支配，其動作不覺而已吃力，失於自然。站時從此體認，全身易於完整。久之當能作到八面之意，氣力乃得中之也。人身動用既有其運動之空間，而其運動頭、足、身、手各處所占之面積，因頭、足、身、手各處作用之不同，而亦各不相同。至其爭力作用與各處因應之關係，復因之而各異，欲明乎此，於渾元樁三樁中求之，自能得其奧妙，凡百運動皆由此基生出，豈可忽哉？

第十章　樁法後論

習拳站樁，時間越久越妙，站時身體所生現象，依功夫深淺而有所不同。初學站樁，初站不過數分鐘，汗即潸

涔而下，再站過數分鐘，則覺腹中蠕動，甚至牽及全身。及習練已久，自覺漸身漸漸作響，氣血之動盪，有如源泉之滾滾。初站氣血尚未通暢，兩腿感有酸楚，疲倦時可以稍憩再站，以免因勞強行而致吃力。

拳功本在日積月累，以行之不間為要，站樁畢，氣舒神清，周身鬆快，妙不可言。李恕穀有云：「滌蕩邪穢，動盪血脈，流通精神，養其中和之法，而救其氣質之偏。」夫站樁之功用，盡於是矣。

初站樁時，氣血流行未能通暢，遇有阻礙時，發生震動現象，要知此種震動，並非錯誤，亦非病態。用功日久，若仍有此現象，氣血流行不能平靜，恐無良好成效。若遇震動時，可以神經起變化分解之，經此分解，如仍抖動，可再一起變化、神經姿式同時起變化，亦無不可，務必使其平靜，至要至要。

習拳動靜殊操，喧寂異趣之現象，最難免去，此皆站樁功夫未到，心神混淆所使然，平時練功應將心情放下，不使浮動，氣肅則膽壯，心靜則神清，守之不失，自然動無不合，倘習拳不以此作法，為之旁求，是枉費心力，定難尋得處一化齊之妙。

初習站樁，必覺渾身酸軟，反如無力之人，及氣血漸漸通暢，真力生發，則不分動靜，氣力周身一貫，而力之強大則當不可思議，功到自知，學者應求諸已者也。

薌齋先生曰：「習拳平時用功，常使神氣聚而不離，如站樁之時，自神不外馳，意不外想，精不妄動，氣不輕浮，神不亂遊，無站樁之形，而收其實效，則有不可思議之妙。」

或曰：「細思站樁之益，學者何以不覺，則其心意注於手，而不注於腰，不注於周身之故。」斯言頗堪玩味領會。又曰：「習拳時心動身不動則枉然，身動心不動亦枉然，身心一致加功，除站樁外，無第二法門。」心動係心意之動用，身動係筋骨關節之動用，氣血應合所生澈諸身之動用也。故習拳應從站樁下功夫，不然是以有用之精神付無用之地也。

站樁功夫是使吾人生機內動，純任自然，毫無戕害生理之虞，故真善拳者，其人必氣力充，精神足，皮膚潤柔，筋骨強健，絕非皮糙肉厚結如鐵石者。

練習樁法，乃習拳攻本之學，有一勢可變千百勢，有千百勢歸於一勢之基也。須著實勤學、踐跡是要，豈獨拳學哉？

第十一章　養　氣

習拳者多言氣功，言論分歧，莫衷一是，薌齋先生授拳時嘗以意、氣、力三字同用，或氣力並稱，極重氣字。而所授養氣之理在於不為害，其法至簡至易，本乎自然。以鼻呼吸，要細勻而無聲，而以勻靜自然為要訣。今言氣者，須知此氣乃指呼吸碳氧二氣而言，並須先講明，人知動作與呼吸運用之原理，習拳養氣。調息呼吸，乃運用呼吸所生之彈力，以盡拳之妙用，非如世人練成大肚子，即是氣功名手之謂也。

氣充力強，為習拳之結果，氣之順逆虛實，關係人之壯老勇怯，而身體四肢筋骨之運使變化，因之賴之。所以

無氣無以養其用，氣之於人為無量供應，此人生原動力之所由生也，欲力之強大，須從養氣入手，自不待言也。

養氣功夫，亦可謂之理氣功夫，氣係呼吸碳二氣而言，前已言之。用呼吸方法，使身體內外之氣川流不息，此種功能，能使全身血脈之催動。由此可知，氣在體內，或在體外養之有用之變化；神乎至於無形，微乎至無聲，引自體外，充於體內。操拳：動也靈妙，莫可推測，靜也嚴肅，莫可撼移，無不基於此氣，非養之有素，何能臻此？養氣之道，豈可忽哉？

講養氣者多矣：或胸內努力，以鼓蕩兩肺，或沉氣腹內，以求充實；而氣結不通者，皆不明養氣之理也。養氣這理在於呼吸自然，既不許用力鼓蕩，亦不許故用我意之支配，不急不迫，徐徐為之，順其自然。能於不覺呼吸而為呼吸，全身血脈動盪，方能與呼吸相合，方得氣肅之真實功夫，而後得古人所說浩然之氣，而明至大至剛之奧蘊矣。

薌齋先生曰：「世大夫常以坐功為禪學之秘。自認已得且極是矣，其實不過口云自然，豈不知盤腿一坐便不自然矣。即練之無害，亦必無所得。只知一時之精神清呼吸靜而已，不能明此非整體功夫也。氣貫全身為養氣要訣，氣非通暢關節不能敏活也。蓋因呼吸使血液為之鼓蕩，而渾身各種細胞均同時鼓動，而生吸引之動作。此種呼吸動作乃拳之基本動點，從此基點發生之操作，乃合理自如之動，動能自如，然後方得天然生生不已之氣，而知其真滋味矣。」

全身毛髮同司呼吸，與鼻息互為應合。毛孔呼吸，對

於人身之功能，大於鼻息，而人不自覺。故言氣功者，多論鼻息，而鮮及於毛孔。要知調息，以勻靜自然為要訣。使呼吸免去急迫短促，使肺活量增加，與毛孔呼吸互為應合。故曰鼻息調而毛孔呼吸細勻，若但知鼻息，而不知毛孔呼吸者，對於氣力運用恐難入妙境，以其不明了身內外氣之運養而失之也。肺活量增大，在於垂肩虛胸，努胸擠背者誤也，一試自知。拳要虛中取氣，氣為虛中之實。薌齋先生曰：「動時要於身外留有餘不盡之力與氣。而渾身毛髮，直豎如戟，不見力處正是有力處，不覺呼吸時正在呼吸。應於此處去下功夫。」或有問曰：薌齋先生曾云：「用神用意勿用力，能養氣調息，川流不止，使神意與氣合，便得此道之真主宰和其奧妙機運矣。」而前言養氣不許故用我意之支配，而用神用意勿用力一語，又重在用意，豈非矛盾耶？答曰：「實則未也。」

不許故用我意支配者，乃不許故意使氣如何動用，以防滯其氣而失於自然也。所謂用意，是以意念體察，使氣歸自然，全身周到而保其勻靜也。語雖不同，而其用意則一。前者用則助，助則暴而亂其氣，後者用則勿忘，得於自然而氣肅，不可不知也。

養氣專在調息，反不如求之身外，使氣不去調而自調。其法以目注視遠方，假定一標點，使自身處處與所定目標點，神合、意合、光線合。我動時使標點隨之俱動。標點放大，其光如輪，縮小則光不可破，起始作時，須令標點離身在十丈左右，與目光相平成一直線，練習日久，可使此標點，由遠縮近或由近推遠，或上或下，由此去作，氣不練而自紀，不養而自養矣。

氣沉丹田，氣貫小腹，為近代拳家所樂道。要知提氣固非，沉氣亦屬非是，求沉其氣則氣不能自然，實不如聽其自然，不加注意為妙。所以拳家講運使以練其氣者，不足尚也。先哲有云：「氣不養則餒，何以充體，充體者氣遍全身也。」非如拳家只言丹田也。既得養氣之道，功夫一到自然充實全身，無不貫到。惟腹部因發力運用上之不同，而有鬆圓、實圓之別。

鬆圓：氣極靜之時也，其氣至平，貫然全身，渾噩一致，此乃常態也。

實圓：氣由靜而動之時也，胸寬腹實為發力時瞬間之動用現象也。頭頂，足蹬，手張，腰坐，氣注於腹，用以足力，此乃變態也。

第十二章　論　意

薌齋先生解釋拳義，由說明精神氣質之運使，至為詳盡。運用肢體，使筋骨伸縮，氣血川流，以強健身體，則屬之於氣質方面，至筋骨因何運動，則屬這於精神方面。身體之動用，原由於一意之支配，意為之所計慮，乃精神現象之總稱，意之所向，神即前往，全身因之運動而行發力，順乎自然，出露體外，由此可知吾人之運動原之於意，而意之於身有全體統一之性。知慮之、覺察之、應付之，虛實動靜互為根用，均一意之所為。

欲達此妙用，須要領會薌齋先生「爭力之生發和一意之支配」二語。意氣力運用於自身之外，尚須有其運用之空間，意氣力之守中處一，捨此空間不能成其妙用。所以

習拳有以身外空間為運使，方能盡其運化之妙。薌齋先生嘗言：「練拳如在空氣中游泳，意在身外，守中身內，自然勻整。」又言：「習拳存意，使離開已身，不合道理，執著已身更有不妥」，即此之謂也。

習拳須具精神合氣質，養練合一之要，方成其為拳。欲達此境，須求之於存意；欲言存意，須先知學者習拳之通病，在欲求速效；求速效，乃是貪念；此念一生，身心定然吃力，能阻氣血之運行，使真力不能外發，過於助長，欲速不達，故制止身心用力是第一要事。制止之法，厥為存意；存意檢身，稍覺吃力，便要挽回，一動便覺，一覺便轉，久之歸於自然，全身舒適如無力之人。其氣力方能暢達周身，應運外發，無往不利。此即用力不可反為力所害之謂也。學者宜熟思之。

「意存動之先」為習拳要訣，覺古人千言萬語，盡於此矣。要知力隨動生，基於爭力，而以取勢為主，係由靜而動，由動而靜，動靜所生之勢也。運力得勢則隨意動作；無不得力，此則存意勿吃力之實功，所謂：「得意應手，意到便成者是也。」勢欲左行者，意先顧於右；勢欲右行者，意先顧於左，或上者勢欲下垂，或下者勢欲上聳，俱不可從本位經情一往。古拳譜云：「用力如春蠶吐絲」，又曰：「起勢如挑擔，進步如槐蟲。」虛中取實，以勢為之，變化得宜。先以順拖，繼以逆送，即詳示勢字之運用也。順拖逆送，互為根互用，同時並具。

薌齋先生曰：「習拳須知來勢去勢」，來字去字，頗堪玩味，存意在此，來去二字則得之矣。若先如何用力，而後如何用力，此樣講求則非矣。

薌齋先生曰：「操拳能作到不用心處方好」，又曰：「寫意兩語最為微妙，意非外面來至身內，而是由身內達於外面」。薌齋先生復嘗言：「身外須有意，此意不定期存於身」。學者宜善領悟也。

習拳須知拳理、拳意、拳形。將意存於周身之外，使意在身外領取身上法度，神理自然得之。專習拳之外形，而不知拳理拳意者，勞心亂意，不但終無獲益，恐身心反為之傷。

薌齋先生：「意足不求形骸似，意足者神足，動則合意而得力，不求合而自合也。」習拳要時時刻刻常想著薌齋先生所謂：「為什麼有此一動，此一動作的目的是什麼？」二語去體認，去努力，無有不成者矣。

習拳講求存意，須知得意者為其前一步功夫，不能得，何以言存？何謂之得意？須先知何謂之意，意字之解前已言之，勿庸再敷。知字功夫要在動靜變化中求之。無論如何，一動便要先問為什麼有此一動，又要問此一動是否合乎需要，大小關節，曲折面積及點力，有何作用？更要問此動恰應時機否？尤要檢查動後全身各處是否完整舒適一如不動之時呢？習拳如此用功，無不得意者矣。存意作到無有不至，身之動靜完整舒適，非知意之存在者弗能。以意檢身，以身知意，意自能存，意存不出於慮求，則拳功臻於幾微。故曰腦中想存意者，不能存意者也。因此一想，便將此一點意用錯，所以習拳者，能自知意，作到得意，由得意作到存意，再臻於不知存意而意存，方能達到知意、存意之境界。「有形有意都是假，意到無心始見奇」即此之謂也。

先哲論拳，常言「守神專一」，此說明得到存意真境界後之情形和作用也。功夫不到如此境界，何能言及自然，身動與意相忘，方得勿忘，而免助長之害矣。

講到存意，學者最易誤解，認定存意乃是一種慾望作用。須知助長之病，多生於慾望，薌齋先生嘗教以求放心，講求勿忘，以免助長。並嘗以《爾雅》云：「勿念，勿忘也」用來解釋勿之真義。如此看來，慾望必須根除，拳功方臻神化，此理當不謬也。薌齋先生論養氣，嘗言：「氣調則妄念平，能無念而神自清，神清方能心意定。」心意定，動則神歸氣足，而如不動之時。如斯方謂之能動，故心不外馳，意不外想，神不外遊，精不妄動。乃從存意養氣中入手得來之功夫也。

第十三章　試　力

站樁基礎，作到妙處，應習氣力之運用，其初步為試力。試力為得力之由，力由試而得知其所自發，更由知而得其所以用，故試力為習拳最大之關鍵。

初試須使渾身氣力勻整，關節靈活，骨骼支撐，筋骨收斂而舒放，然後所有力氣自然應運外發；動時，慢優於快，緩勝於急，更須意不使斷，靈不使散，動一處牽全身，所謂動無不動，動猶不動也；習拳若能達此地步，全身力一，自然動靜守中，試力功夫方得其奧妙矣。

前言氣力勻整，關節靈活，骨骼支撐，筋肉收斂而舒放，冠以「渾身」二字係說明四種作用，同時並具於一身互為關係，是整個作用不得分開，作拳時從此體認自能得

到。動靜基於一意之支配，須使全身任其自然，不可稍有滯處。最妙連試力二字，亦勿存於意中，徐徐運動肢體，動一處即作全體想，以意領導，神經支配全身，動時大動不如小動，快動不如慢動，動越微而神越全，如能做到不動之動，方得生生不已之真動。心意照顧周到，氣力一致，歸於圓整，上下左右不忘不失，如此則全身力一，力一則力止於圓，動靜處中，自無妄動矣。

力止於中者，永是而不變為靜之至也，力一者乃形變之始、形變之終，始終為一動一守靜，定心在中，所以無妄動，動則適宜也。此靜為本體，動為作用之真理也。薌齋先生曰：「不覺力之力，莫大於變化，順生於自然，不覺其力也，故謂之渾圓。」

試力要從「徐徐」二字節中作體認功夫，不如是，不能試得本身氣力之如何，以及運使之所以用。

習時，如出於急迫，勢必先行吃力，吃力則不自然，必偏重於一方，失之於滑於暴。全身原有之渾元力不能暢達於體外矣。力之為用，莫大於變化。陰陽虛實，開合順逆，互為根用，順生自然，滔滔不絕，用之不竭，變化雖有不同，其力則處一不變。而力之外發，手、肩、肘、胯、全身關節，骨縮筋伸，氣血鼓蕩，面面有力出鋒棱，生生不已，共爭一中也；力出共爭一中者，乃言相乘之力也。其力名曰爭力，又曰渾元力，全身處處均有交互，具有上下左右前後四隅之相乘力。

初步試習，應求二爭力，如手伸出，同時有前伸後撤，上托下壓，外撐裹裹相乘之力，從一中心異向發出，相等相乘。悟得二爭力，再求全身各部分，均同時面面生

力，無不相乘，互為應合，渾元一致，共爭一心，氣力貫通，全身無空隙，習拳得此爭力，方能使神氣意力真實之合一，然後可謂之得中，可謂之得力矣。

力不從一心生出，失此意，則無八面玲瓏之巧，而失分合虛實互用之基。「一動全轉」，此「身」字正宜領會，於有意無意間，悟得自然神機之妙，方是試力功夫之妙境。

薌齋先生曰：「初學試力，使手自腕及指尖可稍加力，腕以後則不可有力。」如此作法，容易入門。又曰：「不論怎樣作法，總要勿忘勿助長，以動靜互為樞紐，全身無不渾元一爭，始得象外之妙，身外之意，拳外之拳。能否得之在於一試，經此一試得之者，可與言拳道矣。」薌齋先生教拳申明爭力作用，以求氣力自然發動。乃拳學不傳之秘，今揭以示人，其言頗詳，其法易，能得與否則繫於學者，視學者志向與體認功夫如何耳。

第十四章　運　力

習拳得力後，才能進言運用，運力之妙，固在於周身力一，運之於內，靈之於外，而神之於用。力靜為動之基，動為靜之效，習拳致力於靜，正是求動。氣充力足，然後方能靜不滯其機，動不見其跡。能靜者方能動。靜者乃萬有變化無窮之源，樁法各章已有論矣。身、手、足之運動，須要用意，使之靈通一氣，其用則腰為之主。語云：「身化」，此之謂也。

手為全身力氣神之前鋒，其發出撤回，非玩耍兩手往

來之謂，實根於腰之運轉，及兩臂之伸縮而成。發出收回之動作，實際上兩手不使之局部運轉也。所以習拳忌兩手空發、空回，用時變換或拳或掌或指，翻轉變化運用靈活，但舉忌過高，按忌過低，總以高不過眉，低不過臍，左右不出肩窩為常度。

至於步法：應知步大不靈，所以進前足，須跟後足。兩足虛實互相為用，前足尚虛，後足尚實，虛為靈活，實則山安。前後雖分虛實，其力並無二致。而肩臍之間，為身手幻變之地，又神經中樞之所在，上達於手，下貫於足，成一神經線，名曰中線，全身貫注在此，可免有失矣。手之變換或拳或掌或指，切忌死握緊靠，能不吃力於兩手，兩臂方活，氣力早達而手足相應矣。

拳學要訣：「步輕似貓行」一語，頗堪玩味。若吃力於足，或使力頓足，進退變轉不得靈活，甚到戕害神經，易致腦病。神經末梢受到刺激，因反應作用，致使神經中樞為這而受傷也。

習拳對於聲勢二字，應加以領會，聲字今姑不論，先言勢字。運力得其勢，則得其力，而妙其用。勢生於氣，為意所使，因形體靜動變化，表露於外，勢之雖有不同，而其氣則一也。

拳家言「合」，有內外之分。心與意合，意與氣合，氣與力合，為內三合；手與足合，肘與膝合，肩與胯合，為外三合。復有筋與骨，皮與肉，肝與腎為內三合；頭與手，手與身，身與足為外三合，皆未得習拳之至要也。須以力氣神及光線聲勢，統一於一意，方得謂之合也，但求形象對，豈得謂之合哉？

或曰：「意拳在十字當中求生活也。」妙哉斯言也。拳學真諦，一語道破。所謂十字者，乃明爭力之作用，環中之奧理也。拳家皆言：「得其環中，以應無窮。」然所謂中者何在呢？所環者何為呢？環即俗稱之圓圈也。其結心即中之所在。有環則有中，環中之力，同一心結，而有若干相等相乘之十字也。人身上肢掌、腕、肘、臂，下肢趾、踵、膝、胯。全身各部，無不有其環中，然須統為一體。所以操拳非各處皆應，不能得其環中。中屬之於靜，環屬之於動。能靜者方能動，待時赴機，靜動運用之妙也。習拳如何能得其環中呢？總之須由中以求其環，並由環以求其中，兩者化一乃得其環中，練習之法，應求之於站樁，別無旁求。

敵我兩力相接，即分強弱，運力妙見矣。兩力相接之時，應知有所謂「點力」者，乃存乎其間。點力者何？即全身氣力出露體外與對方相接部分之梢端正力量也。其力根源於周身之氣力，彼此克化，各求其中，妙在一轉。彼力經我一轉，即化為烏有，手、腕、腰、臂、頭等外之轉皆然。漸身所覺鬆緊矛盾迴旋者是也。有時現於形，有時藏於膚中，一點轉動，全身一致，各處動則俱應。各處俱應，對於點力之作用，為足力之作用。其實非各處俱應，乃同時俱動也。更有時無轉動之形變，而其默化之妙用，須細心體會。俗謂某式為拳打，某式為肘打者，實未明運力之妙也，不許部分推進或轉動，豈得謂之是耶？

薌齋先生曰：「力不可由內向外張，須由外向內引，其力方能外發。」所以，又曰：「應敵也手前進時不許向敵發，方能應機應時。」故運力須存意勿努力，並且要意

中不可有敵人；意若有敵，則己之力、己之氣，不免受氣力之阻。我之行動要正正堂堂，如入無人之境，氣力不為敵奪，方能得莫可當鋒之效，然後始得運力之妙也。

薌齋先生曰：「運力外發，因其用之不同，運力可分為三種，曰虛中、實中、化中。」又曰：「應敵周旋，順應來勢，形變不測，全體齊動，敏捷異常。而力之為用，其變化不外剛柔方圓，斜面螺旋以及蓄力、彈力、驚力等等。」變化雖有不同，總要不外乎得其環中以應無窮耳。茲分述之於後：

剛力直豎，如撞針然，渾身毛髮直豎如戟，其力尖銳，出露體外，利於攻守。

柔力短縮而力長，靈活如彈簧然，毛髮動盪，銳力內「含」。

斜面力以偏擊正，機靈異常，易於進攻。

螺旋力，出於擰轉，不論剛柔應接運用，乘隙而入，最易得力，有引導拋擲與纏繞擰撥之用。蓄力即全身氣力，波湧於內，未蕩發於外者。外剛而內柔，靜以待動，轉變利用，能生挺力及黏著、攝引之力，其妙在於虛靈守中，易於變化，故曰「虛中」。

彈力又名挺力，如彈簧所發之力，此力生於振動，外柔而內剛，如棉裹鐵，為被動反擊之用，故曰「實中」。

驚力運用，在於身體之稍端，其變化主動於腰，如蛇如龍，剛柔相濟，而陰陽虛實互為根用，但查敵之千差萬異，縱敵近我，旋繞而纏裹之，極其神速，故曰「化中」。

拳學通於易理，操拳用力，不出乾坤，乾者力之一，

坤者力之二，而仍一者也。圓出於乾，方出於坤，而坤渾於乾，則方繞於圓。知其方而圓，遇敵變化不一，動分靜合，陰陽交錯，運轉乾坤，其道得矣。

薌齋先生曰：「世之論拳者，有某拳生某拳，或某拳克某拳之說，似亦有理，但仍基於招法之講求。若繩以拳理，當兩手相接對擊時，豈能有暇及此？若以目之所見，心再思之，然後出手制之，實不敢信其能也，況敵之來勢，逐迭更變，安有以某拳生某拳、某拳克某拳之說，而能致勝者歟？此欺人、誤人，謬誤之甚者也。倘能習得爭力，守中不失，不期然而然，莫知至而至，尚未敢說定能制人。如察來勢再思應付，出手論招，操拳論套法者，真可謂之門外談拳者也。」

運力之妙，百出盡致，隨機應變，方擬去而忽來，乍欲行而又止，陰陽剛柔，形體無方，意則一定而不易，故操拳不可好奇，但取適意，意則無過，久用而不疲，初學應知吃力，則力失中，不吃力，則力自足，此乃用功所進之火候也。

薌齋先生曰：「全身力要渾元」，渾元力乃是爭力，動靜因而不同，不動時其力一貫，屬之於靜。動時大小關節無處不有上下、左右、前後，百般之二爭力，屬之於動。動靜之力，又因其用之不同，而分為金、木、水、火、土五力，實則仍一爭力耳，茲分述五力於後：

（1）金力：渾身之筋骨堅硬，心如鐵石，運用時其力由虛中化為實中，有攻堅之能，其性屬金，故曰：「金力」。所謂皮肉如棉，筋骨如鋼意也。

（2）木力：四體百骸處處皆有，若樹木之曲直形，其

力實中有動，其性屬木，故曰：「木力。」

（3）水力：身體之行動，如神龍行空，矯蛇游水，行無定蹤，靈活隨轉，猶如水之流動，其力虛中，其性屬水，故曰：「水力。」

（4）火力：發手如炸彈之爆烈，忽動如火之燒身，猛烈異常，其力由虛中化為實中，而反歸於虛中。動也甚速，其性屬火，故曰：「火力。」

（5）土力：完滿敦厚沉實，意若山嶽之重，無處不生鋒芒，其力化中，具有虛實之妙用，其性屬土，故曰：「土力。」

薌齋先生曰：「古譜有云：動如水流，靜似水止，身若虯龍，氣若長虹，能得樞紐環中竅，自然動靜互為根，而周身之氣力，其中乎，其化乎，堪與天地一爭，全身動用與天地應合，此力學之運用，加以精神之支配，對於拳理與實相，非得其三昧者，未易知也。」

力之運用，陰陽虛實，開合剛柔，橫豎等變化無窮。陰中藏陽，陽中含陰，陰陽有剝復變。動為靜地，靜為動機。動靜有感通之妙。虛為實用，實為虛體，虛實有真幻之巧。不開怎合，不合怎開，開合有噬嗑之理。剛須寓柔，柔能克剛，剛柔有妒夫之化。橫不離豎，豎不離橫，橫豎有相輔之功。

更有長出短擊，高低抑揚。左柔右剛，或梢節剛而中節柔；亦有時剛時柔，半剛半柔；復有柔退剛進，剛左而柔右；遇虛則柔，而剛隨其後；適實則剛，而柔在其先；過剛易折，過柔不進；剛柔互用，隨機應變，百出盡致，擬去忽來，欲行若止，雖形變而無方，意則一定而不易，

運用之妙，不外歸總於「重心不失，中線不斷」為準。

天生萬物，各盡其性，各有其能，習拳取象，參其變化，以合形體之妙用。而操練之時，應注意其動作神情，得其神則得其動靜之勢，得其勢，則得其力，妙其用。若專摹其動作形式，已失其真，則形非其形，便失取象之一意。語云：假道煉形，真道煉神，學者各自取法，運化之妙，不難得也。

人身與空氣互運，身體力運左旋，空氣則反而右旋。身體有爭力，所向殊方，人氣則隨之亦生變化；空氣動則生力，無形無象，與體力應合為一，此之謂體生力。體外有力，迴旋空際，盤繞如遊絲，虛動如飛龍，實則騰空，去來無跡。

習拳能體外生力，則勢全意一，其力乃大。然能無中取勢，空際用意，此不傳之秘也。薌齋先生嘗言：「操拳要和空氣作爭奪戰，而使為一體。」其運力施意之妙，與游泳相似，善游者忘水，忘水者則神全，所以能泳也。

第十五章　對手功夫

習拳練習對打，以求實搏功夫，是拳功中一部分也。練習時應辨虛套與真藝之不同。諺云：「到撕打時，忘了拳法。」此語說盡虛套花法之病，足證美觀不實用，實用不美觀。而拳法應用，須隨意應敵，臨致勝。對敵發力，要不早不遲，恰合時機，勢勢相乘而變化無窮，微妙莫測，方可謂之得了因字、應字功夫。可知花法轉身跳打，你來我往，不獨無益，抑且學熟害人誤人，以其死套不堪

實用。蓋以其非由此應字因字而生之變化，不合時宜之動作也。推究花法來源，想係因練習實用，而行對打所成之把戲也。對打一名為對手功夫，原係練習實搏。因先存有損傷之戒心，若心先失去實搏精神氣力，即成了好看的花法勾當。觀今之對手套數，可資證，由此看來，周旋華彩儼然戲局。拳術病在花法勝而正法昧，定無謬也。所以花法勝，而拳學對手功夫，教習之道迷，於今論拳尚虛套，而使真藝之難成，當以此為因也。

練習對手功夫，以備應用，須知其要點為比較二字；比較者，比較其真實功夫也。習時最好要如與真實相對搏撕打者為之，以免你強我弱，徒丟虛架，演成花法，以圖人前美觀之現象。至於應敵本事絲毫無得，反增若干害處，實無益也。

薌齋先生嘗言：「作拳時意中如身之前後左右，均有敵人來與搏打。」又曰：「坐行進退，要與空氣爭地位；習之既久若真對敵，則動不可當矣。」又曰：「閒居坐睡嬉戲，亦在練習。若習以定時或場所，豈得謂之真練習哉？」

薌齋先生論拳極重「中」字，嘗言要守中，用中，保中線，守中神，不失中氣，不失中力，不失中神，注意當中一點，敵我相搏，彼此應留意，此力對於自身，則要守著當中一點，以防敵力侵入。對於敵方，則要向著當中一點以收摧敗之功。

初習對手功夫，最好用當中一點來說明敵人，或體認中字奧妙之所在。能得當中一點之妙用，然後出手對敵；不可假眼目之端詳，一動即有奪其心志之神氣，如此焉有

失和之理。語云：「不招不架，只是一下。」乃此理之申明。要知一下，亦即萬一之謂也。

人身鼻居中央，其兩側形長只有七、八寸，交手時，撥轉敵力，出此七、八寸，即不及我身。此乃動之果，言其動，則俗語所云：「妙在一寸間」之言耳。此語說盡操拳無須兩手高舞。先哲有言曰：「不必遠求尚美觀，只在眼前寸間變。」又曰：「不論姿式好壞，只看進退虛實之大意。」意思是說動作不拘繁簡，任意所之，得力為止，圖好看者，未必有實用也。習拳能學會打圈足矣，此說極精，習拳打圈，要知打大圈，不如打小圈。打小圈不如打不顯形之小圈。打不顯形之小圈，還不如全身齊動，全其神，全其氣，全其力，此習拳求中用中之道也。

揉手為習稱找中線之功夫，亦試習與人對敵之功夫也。切忌虛為招架，應著實推究。各求其空隙，遇有所乘，即行進擊，不使失掉時機，作實功，不可以勝負為醜為樂，當思何以勝之，何以敗之，勉而久試藝自精、膽自大，自無怯敵之慮。若虛為招架，徒具你來我往之形勢。乃於已無利之事，何須習焉？語云：「對手功夫，不相等人，打不得。」此語正防人有畏怯之念，或自欺欺人之病。而不能有所獲益也。明乎此，然後手之轉圈，足之進退，腰之運轉，方有所因有所為而得其效。身、手、步，運用方法，可以畢得，何旁求乎哉？

薌齋先生嘗言：「挽轉游身，如行空游水」是說明「活」字之功夫。使動靜一體，因勢生發，八面靈動，力勻交插相乘。向左不離右，向右而起於左，右無不宜，左無不有，上下四隅皆然，照顧周到，無顧此失彼之慮，此

爭力之運用也。爭力者，乃得其環中以應無窮之實質也。

動無直出直入，是說明運力由曲處求其勁挺之狀。更由直處，以取拳曲之意。曲直相因，其變化不露形跡，而力尤須內含。形曲力直，亦是說明此理，應善自體認，爭力不難求得也。

練習對手功夫，要注重實搏，前已言之。交手時彼此進退，互相攻擊，當知人之頭部或兩肋、前胸、小腹、心窩等處，一受拳擊，重者能截斷營衛，斃性命於頃刻，輕者或致傷其內部。要知攻擊要害為應敵決戰之動作，練習時慎勿行此致傷於人，至為切要者也。

第十六章 應 敵

應敵要訣，千言萬語，不外乎「制人而不制於人」。對敵要審，如何為審，是一注意要點。今人多言審敵，乃是審的，即目中有敵在前，應去講求如何應付也，殊不知審的不過審中之一事。「審」字功夫，求於「審己」二字，可以盡之，使吾人身、神、氣、力、動靜守中，手之舉，足之動，腰之運轉，無不守中，安固如不動之時，力之發出無不中，無往不利矣。審己功夫，作到妙處，出於意求自然能審矣。

薌齋先生曰：「拳能得八面意，自然靈妙。」此審字功夫之奧妙也，勿庸去講「審的」。審的乃審己，乃守中之一部功夫，只專「審的」則謬矣。拳家所言，目中有敵，始可出拳，意中有敵，方許動足者，此審的功夫也；然動有所因，自無妄為，仍審己也。

應敵要明「彼此」，順人之勢，借人之力；借力者乃撥轉敵力，而利用之之謂也，所謂一指撥千斤者是也。要敏速適應時機，又要似進實退，不可急進，以求應敵；先退後進，蓄勢審敵，分斷敵力得其力得其隙，進以備退，不敗之道也。對敵「運力應機」須在勢、氣、力，相因相生之際求之。後人發、先人至，不可早，尤忌遲，更不管來的是拳是掌，認定他全身，臨「機」一下，何須費力，以靜等動，以逸等勞，微乎！微乎！然應「機」者知「機」，「機」者神之用，以意得之，以意應之，神之所為，任運而成，游於規矩準繩之中，而不為所窘，方謂之能變化運用，知機者，當神乎其技矣。

薌齋先生曰：「畏心存則侮。」敵前先自怯，怯敵者必敗。所以習拳者平日練得精熟，臨時手軟身顫，舉藝不起，此必缺勇氣而無實功也。有實功而得其藝者，當臨陣無畏也。

發手應敵，開聲吐氣，亂敵心意，以張我之氣勢，須合時機，不用力不變勢，只此一聲，而使敵心敗膽寒。古人「聲擊」之說，即此之謂也。但未與敵接，故意來張我威，而開聲叱氣者，實出於畏怯，而先示人以弱，應知禁忌。豈可輕於開聲自餒其氣，以致敗於人耶？

薌齋先生曰：「應敵時要審要固，更須具有以下之神情和氣勢；頭要撞人，手要打人，身要摧人，步要過人，足要踏人，神要逼人，氣要襲人，得機發力，勝券定由我操，事所必然，豈可疑乎？所謂：較技者不可思悟，思悟者寸步難行；進退動轉有意莫帶形，帶形定不贏；氣如龍虎而動無定勢，應機發動，勁斷意不斷，意斷神猶連，神

全則身自安，如斯臨敵，安有不勝之理哉？」復曰：「應敵知機，方能發動制人，不必度來勢之機會，自能揣敵人之短長，均在有意無意之間也。靜以待動，動中處靜，以退為進，以進為退，直出而側入，斜進而豎擊，柔去而驚抖，剛來而纏繞，力之外發，縮骨而出，縮即發也。發力時意欲透其骨，而入其髓，意存數尺外，敵身為我意所束，豈能逃哉？」應思斯語也。

或問兩人較拳，甲於未學之時固勝於乙既學之後，反為所敗，何也？薌齋先生曰：「此由於較拳時，不能應機運用也。」較拳時，不忍不可，不肯不可，不狠不可。李廣射虎，視虎則中，知其為石則羽不能入者其神異也。勝負之際，頃刻而決，其間錯綜變化之由，不一而足。學理富而功力不敵不可；學理功力俱為富強，經驗不足又不可；經驗亦既富矣，其權變不能應機，而神氣不全亦不可也。故藝之優劣，有時不能盡以勝負判斷，所謂是非不能以成敗論也。學者但求其是而已，未可以一時之勝負餒其志也。誠哉斯言也。

應敵最要之訣，則「守中用中」四字而已。總之要身心一致，手肘肩腕並一身關節，處處都應如起鋒棱，頭足閭骨，垂成直線，均有前後左右上下諸般之爭力，三角之螺旋，自不離六道含靈共一光。敬能如斯，不但己「中」不失，即對方之「中」，不期然而然，為我所乘，一擊即敗。此周身筋骨氣力精神均歸一貫，得其環中樞紐，自能變化無窮，常生常化，無時不生，無時不化，千化萬化，不使留隙與人，渾元不可破，所謂己正不管他人斜也。

應敵出手，守著面前尺許之路線，左右互相扶助，動

用合一，意動而擊敵方起於一線，指欲透其骨入其髓，筋骨微為轉動，則打法成，說來何須崩攀句。足履地上，無論地勢高低平踏自然；氣貫小腹，隨跳蹬點。擎氣負著腳趾尖。要知手足轉動，滿腔熱情於腰之運轉，腰轉如輪，首尾顧到，重心保持皆在腰，自頭至足要一氣相貫。至於筋骨，用則筋如彈簧，骨如針，筋肉一縮，骨節生棱。針簧一動，氣力外發，萬棱伸出，所遇莫可當鋒。

薌齋先生曰：「兩手結合，迎面伸出，前伸後撤，左右封固，務須守著中線。兩足鑽進抽撤，保住重心，並無定位，踢達如捲地風，縱橫高低揚落進閃，隨意變化。直奔敵人重心，莫為旁求。揣度情勢，當進則進操其身，當退則退領其氣，前後左右反轉照顧，渾元一爭。語云：手到步不到，打人不為妙；手到步亦到，打人如玩笑；手足齊到，乃全身合為應付也。

遇敵時須要毫氣放縱，心小膽在，靜似木雉，動若曳浪，舉動藏神，處處有法，身動似龍蛇，手動速如風。平日練習，面前如臨大敵。但交手時，有人若無人，有怒虎驚嘯之勢、捕食之勇，橫衝直撞，頭頂趾抓，周身鼓蕩，出手似銼，回手如鉤，不得分開使用，運使渾然，納於一圈，力不空發，意不空回。

起手分舉、抗、擰、抖、順；落手分劈、摟、搬、扒、撐；沉托分擰，神在手前，力透敵背。力動縮亦即發；發亦即縮。動靜合一，出之自然，起頓抑揚，猶如生龍活虎，吟嘯聲喊，谷應山搖，壯而無敵矣。

臨敵發力，縮骨而出，如弓之反弦，魚之發刺；其制勝要點，在於動靜虛實，已發未發間，捉摸其火候，此隨

機施巧之時也。此中動靜，全在筋骨，氣血之運用，其奧妙必資神遇，其機巧必須心悟，不可以目取，或以力求，學者三致意焉。

薌齋先生曰：「應敵要訣，為身手齊到，所以進頭、進手、須進身；內則提起精神，外則動作疾速；拳未動而力已蓄，打要遠，力要絕。取勝尚須隨意與運氣，倘然不勝，必是心有懷疑矣。」

第十七章　瑣　論

提倡拳學，反對練習拳套，申明拳理法。

拳功妙用，原為整儀容，養氣血一心志。

劍法拳功，異曲同工，不過練習時，須得渾元力，方可再分節段，不外乎面積與構造之配備或應合。大概言之，只要梢節直刺，中節待轉，根節及全身之力前摧而已。至其各種運用，則難於口述，有待於身示矣。

今之學者、同道，去宗派門戶之見，共研拳學之真理，拳學振，拳理明，實為國學之存續。吾人之任務，在於以誠接，勿傾軋，及未尚較技以爭勝負。

第 六 篇

《大成拳的命名》《大成拳的解說》

張璧先生 著

一、《大成拳的命名》

拳術武工的由來久矣，人類最初階段，防衛外界侵害，維持生存，即恃武工為其保障。由簡單自然的生活，而入於族處群居的時代，因環境關係日趨於複雜，生存的競爭，是在所不免。人與人鬥，群與群爭，或與猛獸異類相教逐，防衛襲擊，盡人類思想，求其有效適應的方法，以達到生存的目的遂演進到了現在的文化階段。

在科學方面，對於人類史上過去的痕跡，現已分門別類進行考察研究，這裏面包含著許多的專科學識。對於現在及向來的方面，也正努力的追求探索。說到世界全部的文化史，是離不開人類生存競爭的表演。若談到拳術武工的來源，當然是從有人類就有武事。武事的裏面就包含著拳術武工，這是人人可以知道的。

拳術武工，既有久遠的歷史，又與人類文化演進有密切的關係，所以世界民族，對於武工一道，必各有其相當的價值。我國民族複雜，地廣物豐，文化史又比較的久遠，我相信武工一道，必有特殊的發明及精神。專就社會方面而言，民眾環境的壓迫，又無完善的法律保障，加以

種族性的沈毅聰明，及尚俠尚義的精神，必能發達一種最高妙的自衛能力。這種自衛的能力，就是所謂拳術武工。換而言之，就是依據我國文化史的過程，極容易造就出武工的人才，更極易發明出精妙武工的方術。試翻一翻二十四史，查我國以往的社會狀況，就可以不言而喻了。

我國在過去拳術武工的發達，當然是因為時代的需要所造成的。現在所存留的拳術武工，雖是門派繁多，或亦各有微長，也多因環境的關係，遂致湮沒。或竟失傳。加以近百年來，火器的進步，拳術武工的本能，失去了相當的效力。因之演成了退化的現象。並失去了拳術武工所固有的真精神。

按現在的時代，科學軍器的發達，在戰爭及自衛方面，拳術武工的效果，當然較從前為微弱。但是拳術武工，與人類健康關係，應當與日俱增。並更增加其重要性。我們處現在的複雜社會，日夜費心思，絞腦汁，作環境的掙扎，是應當用拳術武工來補救身體分外的消耗。並且更應當用拳術武工，精神發揮的動力，來補救個人及人群，因科學的發達而產生的種種不景氣的現象。所以現在的教育，將體育與德育智育相提而並重，也算是教育家一番苦心的安排。

但是可惜的很：我以為現在我過教育界一切的教育，只注重了形式外表，而失去了體育教育的真精神。我國固有的拳術武工，實在應占體育教育的重要部分。但是，現在各種歐式化的運動，佔據了教育界體育的主幹。這究竟為什麼原因？教育家為什麼採取這種運動為主幹？是不是國民環境的需要？是不是時代的必須？是合乎衛生？是合

乎戰爭？國家負教育責任的人，始終也沒有宣佈過宗。或者許是追隨時尚？也許是為外國運動器械找銷路？這種病態，在我國過去政教情況及社會中，實在是很多。到也無足深怪。

但是我本人的思想，三十年來就根本反對這種不和實際大的舉動。我自十七歲走入社會，當清季的末葉，也就是革命黨萌芽時代。與同盟會的朋友，在保定創立學校，培養革命思想及人才。就提倡學生應該練習我國的拳術。在辛亥革命以前的國民革命，我是無役不從，走兩廣，雲貴，川滇以及東北西北各省，尋訪同志。到處注意拳術武工超絕的人物。及與王薌齋相識，感到他的拳術，意味深長，平易近人，習練稍久，就感覺身體的體認與其他的武功迥然不同，並且是具體功夫，非枝節片面的工力，正合乎我生平心理所想的條件。

王薌齋先生的拳術武工，師法形意專家郭雲深，郭雲深的工力技擊，在清季末葉，算是黃河流域的第一流人物，這是多數拳術家所稱道的。王君從師雖幼，因質才兼優，故能得到真傳，壯年又奔走四方，更虛心於良師益友，兼旁採董海川門下武工真髓，及河南「心意把」、「六合步」的工夫，由經驗及悟會，溶於一爐，更以形意之「意」而引伸之為神經訓練，合乎衛生條件，合乎技擊原理，四存學會體育班，曾由醫學家何紹文先生發表專論，留意體育消息的，想都已看過了。

我就我的體認及何君的證明，王薌齋的拳術武工可謂得武工的精神，合於衛生，合於技擊，更合於科學及現代，以精神統一，訓練神經系統，使身體各部官能作平衡

的發展，神經健全，各器官的官能增加，不但可使身體健康，人格亦可隨之而完善，作事能力，亦必增強，西諺有云：「有健全的身體方有健全的事業」，故吾不揣冒昧，以「大成拳」三字名之。

余未多讀書，自幼四方奔走，誤了求學的機會。唯天性軍俠尚義，更顯盡人類的天職，發揮「慈」字意義，以作社會的骨幹，吾以為道乃天天乃慈，慈即德，用慈為救世原則，或可消滅人類相互磨擦的殘忍行為。大成拳，淡遠深長，平易近人，老幼習之，均易於收功。弱者可以強，病者可以癒，即含有慈的意義。為子女者習之，可免父母之憂。為父母者習之，可慰子女之心。學問家及有用人物習之，對於學業進步，及事業整理，均有莫大裨益。己欲利而利人，己欲達而達人，吾人抱儒家泛愛終而親人之意義，及顏李學實踐精神，以推廣大成拳於社會而普及於人群，則是人類健康保障，及和平氣象，必能洋溢於世界。莊子所謂「緣督以為經」。養生有若庖丁之解牛。大成拳，精神均含而有之。原與同好，共為研究，能於體育界放一異彩，豈又四存學會的光榮？

二、《大成拳的解說》

大成拳之名為余所首創，前在四存學會講述，各報多有發表，對於大成拳之解釋，社會上有所誤會，故為解說如次：

大成拳的解釋就是，「合乎運動」，不妨害人體生理，合乎衛生條件者均可列入大成拳。王薌齋先生的拳術，余曾命名稱為大成，非以其拳術即大成拳，乃其拳術

合乎大成拳之條件，可列入大成拳之內也，大成拳之意義甚廣，包括東方體育固有精神，比如儒家之道，並非一經一傳，而一經一傳均不離乎其道，大成拳之包容尚廣，王薌齋先生拳術，不過大成拳之一經，亦可達於大成拳境地也。概自余大成拳命名發表後，社會人士，多所誤解。朋友輩亦疑為開創拳派，余向來對於我國拳術之分門立派已根本反對，又何能獨樹一幟乎？

此不得不鄭重聲明者，人生壽命不過百年，更有衰老疾病之苦，古今中外各派學說，多以解決人生為目的。大成拳實為解決人生之實行主義者，余不敢自誇，高於各學派之空談，然自信當無任何流弊之發生。或可由此而尋到人生正確之蹊徑，個中情即自非三數語所能解釋明瞭，或當即發專刊與社會認識相互討論也。

再者大成拳工力，達到最高峰工夫，或能使吾人身體與宇宙力貫通融會，而成不可思議之偉大工力。地心吸力，星球自轉力，公轉力，氣壓，電力等，雖目不能睹，其為宇宙無窮之力也無疑。

飛機汽車發動機，設無空氣當絕無力之可言。吾人身體與宇宙力乃須臾不能離者，宇宙力之與人體，雙方當有天然之限度。若工力發到極峰，或能打破此限。使人身體與宇宙力雙方關係加強，或進而貫通運用之。則或能生出不可思議的智力與體力，而成一種偉大無倫的工力。當非絕不可能之事。總而言之，大成拳工裏深造，在理想上當有不可思議之奧，即行之有素，神經系統統率力增強，於人生事業有莫大補益，王陽明先生所言：「知行合一」，知須力，行亦須力。知乃智力，行為體力，神經系統統

一，統率個身之力增強。則知知亦易，行之亦易。知行合一必易於作到矣。

至於教育主張之三育，體育位置，於教育上之重要性，當非僅其外表形式，其所重者為體育精神。有體育精神方能發揚民族精神。大成拳亦不講求規矩方式，所重者為武德，如軍操之立正，非重立正之姿式，實重立正之精神。以身體形態之端正，精神之灌注，而喚起作者正心誠意，及偉大之責任。大成拳亦然。

大成拳之名乃顧名思義之作，使習此者一舉一動，即能引起尊孔重儒之心理並能激發其東方文化固有精神，由此觀之則所謂大成拳合理運動者，於國家民族之關係實重大而密切也。大成拳之名確立，大成拳之成功尚遠，同好諸公，尚須共同努力更待科學界共起而研究。

（以上引全文，故未加改動與訂正）

第 七 篇

《大成拳祖師薌齋先生談拳學要義》
《大成拳祖師薌齋先生訪問記》

羨漁先生 著

一、《大成拳祖師薌齋先生談拳學要義》

（1940年6月27日開始連載）

大成拳宗師王薌齋名重南北，素為全國武術家所推許，最近卜居京門，為觀摩拳術起見，特訂每星期日下午一時至六時，在大羊宜賓胡同一號招待各界，藉以與拳學名家交換意見，使我國尚武精神日益發揚光大，意至善也。昨日記者走訪王氏，與作下列之問答。

問：王先生拳術高超，素所欽仰，敢問先生對於拳學之抱負如何？

答：承一般友好以大成拳之代表者相推許，真使我羞愧交集。鄙人自清光緒卅三年離師後，奔走四方，藉廣交遊，足跡遍大江南北，所遇名家老手甚多，飽嘗風霜，卅餘年所得代價，就是良師益友，相互切磋，故於拳學自信老馬尚能識途。日前張玉衡先生於報章先後評述，惟恐各界人士不明內容，致生誤會，故極願將本人真意掬誠奉告。余年漸衰，生活尚未可自了，名利之念更無所縈心，

所急急於此者，願趁此軀尚不十分頹唐之際，與海內賢達，負起艱巨，將人生固有之提倡而光大之，並革除誤己誤人之旁門異道，絕非博人虛譽，以圖欺世盜名者比也。

問：拳學以何作基本？

答：拳學之基本原則究為何物，雖人言人殊，但習拳套，講招法，練拍打，皆屬於表面者，套路流行既久，實屬誤人太甚。

問：「形意」「太極」「八卦」「通臂」俗稱為拳術之內家，未知其派別如何？

答：社會常云「形意」、「太極」、「通臂」為內家，余不知內外之名由何而起，似不值一論。姑就前輩名家論之，以見一斑。

「形意」嫡派與河南「心意把」、「六合步」為一家，查河南李岱東（鄉稱老岱）為李致和先生之曾孫，致和先生乃戴龍邦太夫子之業師也。濟源阮氏，命名雖異而實宗於李。戴先生雖以「心意」變「形意」，然也不背原意，故以拳拳服膺之意名之曰拳。要知「形意」嫡傳並無十二形練法，然周身十二形之意當盡有之。亦無五行生剋之論，不過指五行為五種力之代名詞，非手法與拳套也。曾記先師饋語：五行相某某，謂金者如筋骨含力，意如鐵石之堅，有斬金截鐵之意；木者，謂曲折面積而言，若樹木支撐形勢；水者，勢如汪洋游動，活潑若龍蛇，用之無孔不入；火者，力如火藥，手如彈發，有一觸即燒身之力；土者，用力敦厚，闊大沉實，混元氣壯，有與天地相接合為一體之勢；此之為五行合一。非若今人動輒某拳剋某拳也。若以目之所見，一再思之，然後出手以迎敵，鮮

有不敗者。

「八卦」原名叫「川掌」。余幼年時曾與程廷華先生晤，回憶其神情，真若神龍遊空，百折千回，令人難追其功勁。遙想董師海川先生，更不知入法海，博道要，深邃何似。劉鳳春先生與余交善，功極深，而造詣稍遜，然亦非習八八六十四掌及七十二腿者所能望其項背。希望習「八卦」者，專研雙單「川掌」，在一舉一動上加意體會，深造力求，而於理論上亦當切實研討，行之有素，庶乎近之。

「太極拳」嫡傳宗匠，當推少侯、澄甫楊氏昆仲。此亦余之老友。故知該拳確有幾種力學含義，得其要者，百不得一，即或能之，亦非具體，因基礎體認功夫早經銷亡，故身之下部無理力可言。該拳原為三拳，又名「老三刀」，王宗岳先生改為「十三式」，又一變而為百四、五十式之多，此失真之一大原因也。若以養生而論，徒使精神氣質被拘而不舒；若論技擊，專為制裁肢體之用，而使有用之身成為機械呆板之物，亦不過徒使學者神經擾亂、消耗時日而已。至於練法，這一拳，那一掌，左一腿，右一腳，說來可憐亦可笑。對於應敵，如遇高手則勿論，倘對方是不緊滯呆板者，縱令該拳名手亦無所施其技矣，流弊所及大有成為棋譜勢之「太極拳」之勢。近二十年來，習此拳者多是非莫辨，即或能辨亦不能行。至於一般學者，大都以耳代目。故將該拳葬送而破產，是為可惜耳。願該門有力分子，迅速嚴格整理，以圖進益於將來。他日有成，以作拳好知音之良友。余對「太極拳」敢云知之深，不覺論之切，知我罪我，唯高明者有以諒之。同時想

「太極拳」學之有得者，觀吾所論。恐將頷首默認，啞然失笑矣。

「通臂拳」通行華北，都門尤盛，余所遇者大都不成形，然亦有持理論而近是者。考其功能，相去甚遠。想前輩當不如是，抑後人之失傳也。雖偶有局部深邃之絕大功力者，然終不易走上拳學軌道。

「梅花拳」又名「五式樁」，其嫡派至今仍有輩行流傳，河南、四川最盛，與福州、興化、泉州、汕頭等處操「五技散手」者有異曲同工之妙。對於應敵亦多有深造獨專之長，惜片面多具體少。

「八翻」、「綿掌」、「劈掛」、「八極」、「大功力」、「三皇炮」、「粘腿」、「連拳」，互有長短，大都偏於剛多柔少，缺乏精神內斂功夫。至於「大小紅拳」、「彈腿」、「戳腳」，具知各拳長短及其他各家，余不欲論之矣。

問：先生對保存國術有何高見？

答：我國拳術雖雜亂無章，有令人無所適從之歎，一言以蔽之，遺棄精髓，僅守糟粕而已。東洋之武士道，西歐之拳鬥雖非具體，然均有獨到之處，若與我國一般拳家相較，相去真不可以道里計矣，令人羞愧欲死。然則整理舊學發揚而光大之，捨吾人其誰與歸，區區不揣淺陋故振臂高呼倡之，其惟一宗旨，則在於斯。

問：先生此次訂期招待各界，足證虛懷若谷，熱心武道，未知對此有何意見？

答：學問之道藉比較而增進，拳術亦然，比較有勝負而於人格無損，且人格道德賴此而增高。倘觀摩日久。既

可免門戶之爭,更可塞雌黃之口,願我同道勿河漢斯言,海內賢達都會高隱,如肯屈駕賜教,無任歡迎。若不欲輕移玉趾,即請一紙見示,定竭誠造訪,藉聆一切。總之,但求拳術之精進,其他非所計也。

問:先生為大成拳宗師,對於本門拳術,必有卓識,請賜其詳。

答:拳學一道,萬頭千緒,繁難已極,擇其大要亦極簡單。然吾人學拳,應先研究為何拳學?始易於認識,而有所得。大都學拳,一為衛生,二為自衛。身體健康為人類一切事業之基礎,故養生保身之道,實不可忽。夫鍛鍊之法學之得當受益非淺,學之不當乃能致死。凡劇烈運動者,絕少享壽高年。至拳術家因鍛鍊之不當而損命殘身者,更不知凡幾。誠可憐亦可笑之拳術也。

既知學拳之利弊,應在用功是否符合衛生自衛之條件,動為甚麼?靜為甚麼?結果是甚麼?中間過程的現象是甚麼?如此體認操存,庶乎近矣!至於精微道要,方可繼續研求,否則未易有得。茲簡述大成拳之要義,並質諸同道,而為拳學上之探討。前言學拳階段。以上所談衛生、自衛二者有互為之不可分離性,失一則流弊生而入於歧途。應首先使氣質本能加以精神的訓練、培養,而後始談到發揮神經肢體的本能工巧匠力。學拳第一步就是鍛鍊神經為基礎練法,體認四肢百骸蠕動的工作。第二步為試力、試聲的練習。第三步為自衛。分述於後:

1. 基礎訓練:

吾人在日常生活中,欲使行、站、坐、臥隨時隨地可以得到適宜訓練,須先從樁法作起。將全身間架安排得

當、使身體端正，意念空洞、從靜的狀態中去整飭神經，調息呼吸，溫養肌肉，使各細胞自然的發動，力由內而達外，通暢全身。如此，筋骨不鍛而自鍛，神經不養而自養，尤須體察其細微動靜。功夫一到，當知如此一站，大有無窮的妙趣。欲盡拳功之妙用，應先致力樁法。

2. 試力與試聲：

學拳已有基礎訓練，其本能當日益增強。對於運用須嚴防人欲的支配，引起幻象之誤用。往往本能力量因人欲支配，而反為不合本能需要之運動。故子輿有勿助勿長之戒。如何運用方能適於需要，須先認識力之動的情態，可以繼習第二階段。

試力為拳功入門最重要事，試力為得力之由，力由試而得知，由知而得其所以用。初試須使渾身氣力均整、筋肉靈活、骨骼支撐，故能筋肉收、放、鬆、斂而互用。力應於內而外發。動作時，慢優於快、緩勝於急、動愈微而神愈全。欲動又止、欲止而又行，更有動乎不得不止、止乎不得不動之意。試力不許有片面力，更不許有絕對力。首先要體認全身之氣力圓滿否，力量能否隨時發出，自身能否和空氣發生應合作用，更須意不使斷、神不使散，輕重操持而待發，動一處牽全身。氣力一致，歸於虛靈沉實而圓整，上下左右前後不忘不失。總之，非達到舒暢有趣而得勁者不足曰拳。

試聲為輔助試力之不足。蓋人之生理構造因先天關係各有不同，故人生亦各有難通之點，所以試聲即用身內呼吸之功夫以輔之。又名內呼吸，亦名腦（腹）背呼吸者是矣。

3. 自衛：

即技擊之謂也。須知大動不如小動，小動不如不動，要知不動之動才是生生不已動。如有形之動，正是不動無力的表現，所謂不動之動，動猶不動，一動一靜互為其根，其運用之妙，多在神經支配，意念領導，及大小關節韌帶伸縮之互根作用，和支點堅強，螺旋的爭力，與樞紐之轉移，重心路線之穩固，及運用呼吸所發之彈力，能用之得機適當，則技擊之基礎備矣。以上所言多係抽象之語，然其中有許多意義非言語所能形容者，若能習行不輟，自不難領悟也。所謂大動小動之別，實在乎個人之基礎功夫，對各種力量身得意領否。如能抬手動足混身處處都含有力學的本領，大動亦可，小動亦可，不大不小均可。若根本無力學的能力任憑怎麼都不可。至於用力與不用力之分亦如是矣。夫常人之動，非注血不得有力，凡注血之力皆板滯失和而不衛生。不注血而有力，即不用力而有力，用時得力，乃為本拳能之力也。他如虛無假借而求實當之種種微妙，則尤非簡易筆端所能寫於萬一。總之大成拳不在外表形式之優劣，實在一意應付。一言以蔽之，有形有質都是幻，技到無心始見奇，意即此也。

二、《大成拳祖師薌齋先生訪問記》

（前篇1940年9月12日開始連載，後篇1940年12月20日開始連載）

此訪問記共有前、後兩次，發表文章也是前、後兩篇，但是，有些大成拳家主觀地編輯為一篇轉發，這和事實嚴重不符。現在我本著歷史事實，轉發原文。

1.《大成拳祖師薌齋先生訪問記》前篇

記者久未與大成拳宗師王薌齋先生晤面，頃聞其移居於隆福寺西口，弓弦胡同六號，昨特走訪，暢談甚久，茲將談話錄後：

問：自前次報紙發表談話後，轟動一時，度必不乏來訪者，其中有無同道？

答：承社會之不棄，相顧者確不乏人，而來訪者多係就學之士，同道中僅豐台盧志傑，邵澤分二君欲作推手，內行所謂「聽聽勁」而已。餘無其他，更無一人肯作實地之研討。蓋推手一法，僅拳道之一局部，非余所歡迎者也。至於北京之名手專家，並無一人肯來見教，實出余意料之外，未悉我同仁何以吝教是也。抑余從來所重者，為武德，故以禮讓為先，然亦有限制，即年老者讓，謙和者讓，技弱者讓，若以余言為欺，請詢曾經來訪者便知。如盧君初來訪時，略作推手以為技僅如斯，故不肯降心服氣，繼而屢次駕臨，始知相差甚遠，今則一變而為忠實信徒矣。

問：武術先輩，先生所服膺者有幾人？

答：查拳術先輩近百年來，捨董海川，車毅齋，郭雲深諸師尊外，餘皆旁技末節而已，但我國地廣人眾，道中人余未結識者尚多，不敢妄加評論。

問：世人常云有楊露蟬者，其學如何？

答：露蟬先生亦為拳學先輩，工太極，今多學之。余據各方面觀察而論，露翁僅得此道之一部分，即明王宗岳先生亦非通家。不過宗岳先生得岳武穆雙推手之局部，以三拳而變十三式，至於命名太極，以為張三豐所傳實無從

考證，抑世人之一種附會耳。如百四、五十式之多則更不知其所以由來。就該拳之作法論，於肢體上僅僅不生流弊，而精神上卻受無限損失，距實作之學相尚遠，不足道也。

問：報端屢次發表拳論，同道中對之有何表示，曾有所聞否？

答：同道中明哲之士無不接受，至其甘抱殘守缺及是非莫辨者，只好聽之而已。即使能知都不易行，況根本是非難明者乎？然一般拳家既以鍛鍊身體為口號，技擊二字絕口不談，就此點看來，亦可知於技擊之道，與之相較，則份量輕微多矣。夫養生之道，是在凝神養性，思與虛靈成一體，所謂身心性命之學也。如這麼一招，那麼一式，前竄後跳，實難夢見養生之門。蓋養生實為簡易，人之本性是愛天然無拘自由之運動，一切本能亦俱因是而發。如每晨於新鮮空氣中，不用一切方法，僅使渾身關節似曲非直，著想天空，任意慢慢運用，一面體察內部氣血之流行，一面體會身外虛靈之爭力，所謂神似游泳者是也。而精神體質舒適自然，非但不受限制，而大自然之呼應也漸有認識，久之本能發而靈光見，技擊之基礎不期自備矣。如總拘泥機械之運動，弄杖舞槍求美觀，以為能武之榮耀，殊不知識者一見，可作十日嘔，誠冤哉極矣，且終身不能領悟也。

問：先生意在研究真理，發揚武術，何以訪者如此之少，其故安在？

答：此事甚難索解，據敝人揣想，吾國武術界中，賢者固多而不肖者尤眾，凡習某一派者，苦練多年，自以為

造詣獨深堪稱某派傳人，挾此足可以與社會往來，且可得以解決生活問題，一量使之盡棄其所學從頭學起，情實難堪，而生活問題恐亦受其影響，關係個人前途利害，既如此之大，亦無怪訪者之稀少也。所最不幸者竟有一般無識之徒，既不敢較長論短，乃妄造蜚語信口雌黃，以自掩其短，社會人士不加細察，受其愚蒙者實在不少，是為可惜耳。此層障礙不去，吾國武術絕難望有長足進步。

問：先生為武術先進，既抱有決心，更望持以毅力，武術自不難有精進之日。

答：此言甚可感，余自當盡個人最大之努力，成敗毀譽，不敢計較，而唯一目的，即在如何可以使拳學得以進步，於此敬告同仁，技擊本係末技，然世人多以技擊之高下，為拳術之定評，故擬有二種研究方法，如願研究一舉一動究竟如何為適當，則余無任歡迎，若願作技擊及推手，亦無不可，以此範圍寬廣，訪者或可增多，不致進退維谷矣，果來者如有微長余定極力為之宣揚解說，倘無可取余決緘口不談，蓋談亦不能使之領悟也，甚希望來友儘量問難，以期互相切磋，謀拳學之進步，凡我同道，皆負有光大拳學之責，萬不可以個人之關係，誤此重大前程，果於大體有益，個人縱受任何犧牲，亦應捨小以成大，敝人抱此決心，倘拳學藉此而精進，豈個人之幸，而天下後世，得其賜多矣。

記者與王君傾談至此，為時已晏，乃互道珍重而別。

2.《大成拳祖師薌齋先生訪問記》後篇

記者昨日訪晤大成拳宗師王薌齋氏，當做問答如左：

問：前次報端發表談話，想近日來訪者必不在少，其

中有無高明奇士？

答：承諸位關心提介，鄙人甚慰，京師方面之同仁仍無一人肯來賜教。惟各地來函表示同情者尚多。並有數處來人商討，願聘任教授，更有一事堪為知己者告，近今京中真研拳學就教者甚多，多係自動請求，經人介紹者亦有之。蓋提倡之惟一宗旨，即在此點，並非與人有所爭，而更不屑以竟，願使國人對於拳學都有相當認識，亦希望拳學之立法根本改善，莫以勝負為榮辱，願拳術同仁勿以盲參胡練為自是，尤盼同仁都為衛生之拳學家，不願盡流為江湖之把式匠，但今之習拳者，百無一是，大有舉目全非之感，至賴此謀生之拳師，只要不以任教後，復從人學為可恥，而精神中能不自苦，應以優於我者當力從之，須時刻存莫誤人子弟之良心，今之拳師既不知拳學精神之所在，只得以此謀生活，但萬不可以神秘及剛暴語人，則庶不致天淵大謬。不過此中人識見薄弱者太多，一時不易悉數感化，惟希望漸漸使其覺悟，自省而已。

問：武道起於何時、門派之多，各言其是而學者終有茫無所從之感，究竟如何為合法？

答：世界一切學術都是藉比較而後可以分優劣，否則各云其是，門外人難能辨也。然拳不能就以勝負之一點即為定是非之準則，要以合理與否，與人之需要適合與否，所謂合理者，非達到舒適得力而有趣者不足曰拳。至拳術的歷史知道與不知道無甚關係，只看學術方面有無研究價值與合乎人生的需要與否。不過說到我國拳學，雖說有很悠久的歷史，而戰國時始露頭角，逐漸推進與演變，直到唐宋時始匯成斯技而有流派，元、明、清初為最盛，習者

甚多，只因工力造詣之不一，學識智愚之不同，故隨之分家別派各言其是，即所謂今之各家者也。

清康雍時代火器尚未盛行，恐此道將於國不利，欲使斯道崩潰永墮而不拔，以倡重文而輕武，一方面提倡飛仙劍客，故示神秘；一方面宣導拳套招法以走歧途，中庸大道無以問得，復利用戲劇和小說為宣傳工具，更以使習此者，為士大夫所不齒，始有而今每況愈下，雖設立專科提倡，而提倡越快破產越速，永不得走上拳學的軌道。

其實學本不難，因世人仍是小說荼毒的頭腦，更有今之拳師，大都以此為生，對於拳學根本茫然，即有覺悟再加羞從人學，亦就無可如何。近半載以來，同仁常有來我處作零星之身手之試，余不顧指明其人，以留謀生之道。現在大家亦多知自己錯誤，然為何不肯作公開討論之舉，而更不肯作身手之較，以求學術之增強而竟良心扭轉，反謫他人之非，只知暗地妄造蜚語，而表面卻裝聾作啞，是何理歟？至無職業的以為能武，欲假此以作神秘之拳閥者，如研戲劇欠通之票友只會妄加指摘以炫其能，誠不齒之至。倘以余言為謬，敢請無職業之研拳者能肯賜教一談乎？更希作友誼的小試身手，於人格飯碗，一切都無問題，如不堪屈駕賜教，請示知地點、時間，我當遵時往謁，倘有微長，定當竭力為之宣傳，如無可取，亦絕口不談，若總閉門稱帝，此真不值一文也。

問：與聞先生之論，道破國術之要道，別開生面另闢一新途徑為同人謀幸福，但亦有云指謫太極拳仍有過當之處。

答：鄙人識道尚淺，非敢云別開生面，不過遵前輩傳

統推廣而已。在太極門中，余之好友極多，而尚有好多不好意思之處，亦因該拳較之其他流弊少，明理者較多之故，尚不吝指謫，否則亦早不屑論矣。談到實在批評的話，吾恐太極門中，從未認識拳學者頗多，至通家更談不到。余總角時曾聞有丹士張三豐先生之名，及長外遊，得識各家同仁亦惟習太極者眾，故對該拳懷疑已久，聞該拳為張三豐先生所傳，故余早有卑視三豐意，後來讀三豐先生全集，始知先生乃為一貫大道之先進，已深入法海，博得要道，可是余更深信該拳絕非先生之傳。

其實是與不是沒有一些關係，就即便是三豐後裔未得其要亦無足論。三豐先生之傳人不知為誰，想當不及三豐有道又何用假借其他，要在個人得傳之真偽與否。況今習該拳者，各人各樣，理論不一，任意偽造者乎！曾記三豐先生云：「離開已身不是道，執著已身事更糟。」

太極拳百四、五十式之多，有沒有一式一法不被執著？用這些姿勢作什麼？而精神方面牢牢綁定不可解。實為妨害神經肢體之自由，遙想三豐先生高明若是，當不致傳有如此欠通之太極拳。就以該拳譜文字方面論，單雙重不偏不倚種種盡善盡美的意義亦僅不過拳學一部分的初步。就以拳譜論，請問太極名手捫心自問，能否有一式一法，合譜之所論者？既是自以為無上拳學，為什麼實際上不生效果？更該拳有機壇扶乩而拳技工者，此更荒夫下之唐矣。縱使該拳一切法則優於其他，技能亦高出一般，然在精神方面而言亦是錯誤，無他疑意，況皆不如是矣。太極拳不過人多勢眾，擅廣宣傳，其實明理人早知不攻自破。余言或有不當、甚願同仁不留絲毫客氣的質問，如有

見教，我更當掃徑歡迎也。

問：先生批評太極拳之錯誤，自當承認，然友中習拳而得健康亦尚多，恐先生之所批評似有失當。

答：拳學之價值，不僅輕鬆而微末。要知拳學乃人之需要，不可須臾離一貫之學也。故莊子說：技也進乎道矣，誠文化藝術之基礎，禪學哲理之命脈，若僅以此微效而可以代表拳術，則拳學當無考究之必要矣。習拳拘泥若此而能生效，更應知道，若能將習拳時間，不用一切方法，任意慢慢的體會操存，而收效之大，吾敢深信更有勝於此者。

問：拳術的門派太繁，理論不一，知友中習者尚多，亦有照書練習者，然皆不生效，未知何書可採？

答：拳學無所謂那一家，拳理亦無中外新舊之別，只查其是與不是，和當與不當可耳。社會普遍各家，大都以拳套手法為習拳途徑，要知此種作法都是後人的偽造，不是原來拳學精神，雖稍有偶知講些枝節的力學，及技術的片面，然而總未離開方法和套子，所以終是無用。至於著作者，亦不出此範圍。此道雖是學習很易，但亦非如此盲從之簡單，往往經名師之口傳心授，尚有數十年而是非莫辨者，豈刻板文章所能濟事。

凡一件學問應先明理由基礎體認功夫漸漸作起，再加以慎思明辨及多方實驗的證明，然後方可進研其技。且鍛鍊時有忌對鏡操作之戒，恐流於形似而神不真，況照書本練習者乎？此真盲人騎瞎馬也。不過看書是博採各項理論之結晶，非注意其姿態如何耳。余據卅年教學的觀察，這件學問是極難亦極易，倘遇天才的學生，不滿百日之工，

則有成通家大器之望，然於百中未有一二，大凡天資聰敏者，多功能欠忠厚，且虛偽而欺詐。故中道多為業師棄之，此亦可惜乎！如社會之一般學者，其困難誠可憐之至矣。多人總是以耳人目，豈知名實二字根本不能並論，且世之拳師多若牛毛，得要者如麟角，凡得其要者，個性多異於常人，不為名誘不為利招，當不願與偽君子為伍矣！甚矣哉，得師之難也。即遇明師何以能辨，則未必肯如所請，如肯應請亦未必有教學的良法，假使得法而學者亦必能領略，種種困難，非過來人不能知也。

不過現在比較以前則易於學習者，因值科學倡明的時代，對理解拳學原理當得幫助不少，然尚不能以此範圍拳學，若以科學這層次及局部剖析之解釋，則當推為求學之階梯不二法門。惟我拳學中尚有許多原理，而不可以解者，但若干年後或可得證明。夫學術本無止境，或永無以名之，亦未可知。總之，在此時而論，應以拳學之精神加以科學的方法，則當不難解決矣。

問：屢聞讀者多對先生之理論都不否認，惟聞學時無拳套感覺不易，初學者尤甚！

答：人身百骸諸般功能，任何聰明者一生練之不盡，那有捨精華而習糟粕之理，且拳套方法愈學愈遠如婦女纏足無異，功夫愈深愈不易使其舒放，故初學者進步反速而勝老手者多矣。此論有多人作比擬之鐵證。後世之所謂某式生某力之說及某法可以剋某拳之功，此真大言欺人，恐云者，對於拳學認識尚遠。

問：先生所言極是，技擊茫然若是，能否示大家一簡便要訣，易使有效乎？

答：前者已略述養生大意，能肯如此，則養生之道思過半矣，如欲學習高深技擊則亦由此經過，但非極愚之士及稱之大智慧者不肯如此。若天才而性近者，則應習一切法則。蓋技擊之法則亦需由站樁試力學起，前已述其大概。夫試力之法太繁，況各項力量身得之後，莫以為技擊之道已畢，乃始有學技擊之可能性，如得「鬆緊緊鬆勿過正，虛實實虛得中平」的支配，則又一問題也。總之，得師之後，而造詣深淺，實在個人天資功力如何，若能出手而得已發未發時機之扼要，則非久經實作之慣手難能得也。

問：聞拳家云：「不用力如何使力之增長？」勿論古今名手總不脫丹田氣之充實方能奏效？

答：用力之說為門外漢之論，而亦有一般似是而非持不用力之方者，而不知其不用力究為何意？要知不用力則可，不用意則不可。蓋用力則器官死，百骸不靈，板滯呆癡易為人所乘。換言之，即抵抗之變象，蓋抵抗之意，乃畏對方之擊動而起，殊不知精神已接受被擊，安得不為人擊中乎？故用力為拳學之大忌。至論丹田氣者，在原理方面，及實地之驗和鄙人體察之感覺，此論似有不妥。腹內乃腸胃肝臟之宿舍，並無盛氣之所，至於動力之功能都是爭力、彈力與宇宙力之接觸和運用呼吸鼓蕩開合的作用，及精神假想天空渾然之大氣也，非世人所謂功之氣也。總以下腹充實大肚子即以為丹田氣者，則錯誤極矣。要知運用時，力家均整，尤尚空靈以達舒暢得力方為合理。今之學者不明斯理，費數十年這純工，反將靈活之身心練成機械，豈不惜哉！

問：先生如此批評是則是矣，但無異永久之擂臺，長期之挑戰，倘有失足，可當如何？

答：知我者明理之士也，罪我者應於夜深人靜獨坐觀心，總之笑罵由他，余亦不辨，倘拳學真髓復見光明，個人之毀譽何敢異哉？

問：君之學問道德，世所敢異哉？

答：所言是矣，殊堪羞愧，惟含蓄二字已為國人之社會性，夫含蓄者誠學術道德修養之基礎，換言之曰：即內實而外虛，或外堅而內靈，正如老氏常無觀其妙，常有觀其竅一理也。然不知又為一般人所利用，已成為混事誤人者之護身符，社會之偽亦為此輩所造成。自外涉交遊幾近四十年，每感社會中僅有戲法之一術不許絲毫將就，戲劇亦不許門外漢任之，但其間之伸縮應有別論餘者不識。至所謂對人含蓄，以為應視對方而施，似不應無理之客氣，如先賢之敬事而信，節用愛人深所樂從，若善交久敬之篇不顧聞也。學問道德則不敢當，研究道德顧附其驥尾矣。所謂道者乃混元，錯綜不二之真理也，亦即合理與否，合理即為道，不合理非道也。非玄奇之事，亦非世之俗酸文人動輒引經據典故事神奇之為道也。尤非性情怪癖，假作瘋狂偽佛老之學以求貌異者，所能夢見大道之門牆也。如對社會認識不足，只好不談其他。

問：前云戲劇中尚有不少有本之處，較一般拳學高一頭地，但不知君有何本出此言，愚以為此點批評未免失當。

答：戲劇原為補助教育之不足，武功都本拳道而來。拳中原有起拔鍛鍊，為試力功夫之一。夫起拔者為求頭頂

兩足重心之樞紐力，使身體均整放大，與宇宙合為一體，故名起拔之鍛鍊，戲劇誤名起霸，然觀其姿態與理論之取意，雖不中亦不遠，所以知其有本，至求美觀博人愛悅之種種姿勢，皆偽造也，今之拳家所有姿勢未見一式而能得其均衡者，且多老馬少駒，反效偽幼，尚有不可能者矣，更何能窺見武道深邃哉？

問：近請道者料不乏人，不知先生感想如何？

答：日來承各界見教者雖不少，然都是好奇之士，所論於拳學多不相干，至同道來訪者而都不是余之所希望者。

問：先生所希望如何？

答：余雖不才，甚願訪者儘量問難，研討拳學究竟如何合理與人生之重要關係及注意武道之真正精神之所在，技擊雖係末技訊事，然結果非由此不足以為證，故亦願作友誼的比較身手。日來瑣事較繁故來賓未能一一親自接見，余有愧，故擬今後在星期三、五兩日下午一時至六時亦為接待時間。

問：先生此學，同仁對之如何？

答：余已抱定不顧笑罵不作神奇的宣導，以究拳學之真正要義，永持利他主義，不患無人不來賜教或就教者。所患者，名家高手不肯前來觀摩研討，恐難博拳學成功之希望矣。總之但願拳學之進展，改善社會武道之目標，一洗積習，則其他非所計也。

第 八 篇

《意拳史上若干重大疑難史事考》

劉正 著

意拳史上若干重大疑難史事考（1）

　　我愛大成拳，我也練大成拳。20世紀70年代，王薌齋的學生、白雲觀道士姜正坤先生開始教我神拳（即意拳，姜老師1938年經張璧介紹找薌齋先生學拳時尚無大成拳之名，他又不喜歡意拳之名，於是他個人將所傳意拳改名為神拳，他說「神是意之主」）。20世紀80年代，姜老師介紹我師從王選杰先生學習大成拳。90年代中期，開始向李見宇先生學習意拳。在海外生活十幾年最近回國後，鑒於目前大成拳和意拳在具體練習方法上的一些差異，我又利用業餘時間向姚承光先生補習意拳（姚氏意拳）。可以說，我學的大成拳既有30年代的王薌齋意拳因素，也有80年代的王選杰大成拳基礎，還有現代的姚宗勳意拳影子。所愧不擅技擊，所慰精於學術。吾愛吾師，但是吾更愛真理。在意拳史上一些重大的歷史問題上，異議頗多，史料難尋。不論是在練習功法上還是拳史事件上，拳家們習慣了口耳相傳。於是，有關意拳的是非黑白，越來越多。有說它是漢奸拳的，有說它是流氓拳的，有說它是大雜燴的……甚至有人公開質問「解鐵夫先生家居何處，其家中現

有什麼人？方恰莊先生是何方人氏？現況如何？有無學生？後代是誰？」在大成拳門內，當年《歷史是公正的》一文就多處指責王選杰先生的著作中所述拳史為非。但是，很多大成拳和意拳的書（包括《歷史是公正的》一文）也同樣在拳史陳述上錯誤比比皆是。有些重大的錯誤甚至出現在第二代、第三代著名傳人的著作中。在大成拳（意拳）門外，童旭東對大成拳史的反駁質疑文章、李紫劍的《大成拳問疑》以及網路上盛傳一時的《內家拳舊聞》中的相關質問等文章，都使我意識到有必要利用我所掌握的資料和學術基礎，對這些重大的疑難歷史問題進行系列考證和研究。

一代拳學大師王薌齋、姚宗勳和王選杰等諸多先生為大成拳（意拳）的創立、普及和發展付出了畢生的心血和努力。作為他們的弟子和後學之一，我們承澤在這一空前絕學所帶來的珍貴文化遺產庇護之下，訂正、補充和完善大成拳的發展軌跡，使以往代代口耳相傳的拳史，成為一部可證、可觀、可考、可查的信史，則是我個人責無旁貸而又義不容辭的歷史使命之一。於是，我決定開始《意拳史上若干重大疑難史事考》系列論文的著述。

一、關於恒林和尚

恒林和尚，又被有些人和文章中稱作行林和尚、衡林和尚。如：姚宗勳先生在《意拳：中國實戰拳學》一書附錄《意拳創始人王薌齋先生》一文中就稱為「衡林和尚」。王選杰先生在《王薌齋與大成拳》一書中就稱為「行林和尚」。

案：恒林和尚，俗姓宋，出家後法名恒林，號雲松，河南省伊川縣人，1865年生，家居伊川縣宋寨，世代為農。1875年，恒林到少林寺出家為僧，其師為晚清少林寺著名武僧延樂和尚。有些論著中說恒林和尚的師傅是本空和尚或本覺和尚（見《王薌齋與大成拳》），顯然有誤，而且也不符合少林寺和尚的排名譜系規則。恒林和尚年長受戒後升任為監院。1908年，恒林出任登封縣僧會司僧會。民國初期，地方混亂，恒林被推為少林保衛團團總。1923年農曆十月初二日，圓寂於少林寺，享年59歲。根據武術史家唐豪先生《行健齋隨筆》一書中的記載：

「民國九年，土匪杆首朱寶成、牛邦、孫天章、段洪濤，聚眾犯鞏縣魯莊。少林僧恒林，時為本區保衛團團總，會偃師十四、十五兩區，鞏縣九區民團，與朱等戰於少林西敖子坪，破之，得槍甚多，藏於寺。十二年秋，恒林物故，其弟子妙興繼為主持。……恒林、妙興皆擅技擊。」

二、關於《實報》作者對王薌齋的兩次採訪

毫無疑問，《實報》對王薌齋的報導為大成拳的出世起到了不可磨滅的作用。它先後兩次連續報導了記者對王薌齋先生的採訪。但是，這兩次報導文章具體刊發日期、究竟分幾次刊發在哪一版上，以及署名「本報記者」的那個《實報》記者是誰等問題，在現今已經出版的國內外中、英、日、法四種文字的大成拳全部論著中，一直沒有得到說明和解答。有的論著中說是分四次刊發的，有的論著中說是次日分四部分刊發的……也有的著作中把這兩次相隔半年的採訪文章合為一篇加以介紹，甚至還有不少地

方人為增補。顯然這是因為沒有機會看到原始報紙而產生的主觀性更改行為。還有一個原因就是這兩篇文章先後被《實報》和《新民報》相互轉發後，產生若干改動之處。

　　實際上，這兩次的採訪報導分別是以五次連載刊發的。具體說明如下：第一次採訪的文章名為《大成拳宗師王薌齋談拳學要義》，全文共分四部分，分五次連載，即：第一次採訪的第一部分刊發在1940年6月27日星期四，農曆是五月二十二日，刊在第四版。第一次採訪的第二部分刊發在1940年6月28日星期五，農曆是五月二十三日，刊在第四版。第一次採訪的第三‧上部分刊發在1940年6月29日星期六，農曆是五月二十四日，刊在第四版。第一次採訪的第三‧下部分刊發在1940年6月30日星期日，農曆是五月二十五日，刊在第六版。第六版為《小實報》（即副刊和專刊性質）第一版。第一次採訪的第四部分刊發在1940年7月1日星期一，農曆是五月二十六日，刊在第四版。第二次採訪的文章名為《大成拳宗師王薌齋採訪記》，全文共分前、後兩篇，其中前篇分五次連載，即：1940年9月12日星期四，1940年9月13日星期五，1940年9月14日星期六，1940年9月15日星期日，1940年9月16日星期一。第二次採訪的後篇分兩次連載，即：第一部分刊發在1940年12月20日星期五，農曆是十一月二十二日，刊在第四版。第二次採訪的第二部分刊發在1940年12月21日星期六，農曆是十一月二十三日，刊在第四版。

　　最後一個問題：署名「本報記者」的那個記者是誰？以我的調查來看，當時負責《實報》的武術類採訪和報導的只有一名年輕的男性記者，他一直喜歡使用的筆名是

「羨漁」。真實的原名不詳。

三、關於張璧及其對大成拳的兩次命名

　　至今造成大成拳和意拳的拳名之爭的始作俑者是張璧。張璧的一生，大起大落，忽左忽右，集革命與反動於一身。推翻滿清王朝時，他和鹿鐘麟一起是迫使末代皇帝溥儀出宮的功臣。他又是和日本浪人一起製造天津事件的急先鋒。在學術上，他是解放前北京著名的四存中學的董事長、四存學會的董事長。在企業上，他是華北公交公司董事長。在政府中，他前是舊北京的員警總監，而後他又是舊北京的公用管理總局局長。而他的妹妹張秀岩和侄女張潔清（前人大委員長彭真的夫人）二人，則是老一代著名的無產階級革命家。現在，他又成了大成拳的命名人。某些人利用張璧的特殊身份，力圖達到攻擊大成拳的目的，這實在是讓人啼笑皆非。

　　我剛才說了張璧「大起大落，忽左忽右」的特點，現在他的這一特點又表現在為大成拳的命名上。即：他一生中先後兩次給大成拳命名！而目前大成拳（意拳）界同仁只知道張璧對大成拳的第一次命名解說。這篇出自張璧第二次命名文章是新發現的大成拳史重要的文獻，對於搞清大成拳與意拳的拳名之爭有極其重大的意義和價值。

　　我們試分別說明如下。

　　張璧對大成拳命名的第一次解說：

　　1940年4月2日星期二。農曆二月二十五日，《實報》發表了張璧的題為《大成拳的命名：四存學會演述》一文，刊在第四版上，文首還有他的照片一張。

原文主張：

「及與王薌齋相識，感到他的拳術，意味深長，平易近人，習練稍久，就感覺身體的體認與其他的武功迥然不同，並且是具體功夫，非枝節片面的工力，正合乎我生平心理所想的條件。王薌齋先生的拳術武工，師法形意專家郭雲深，郭雲深的工力技擊，在清季末葉，算是黃河流域的第一流人物，這是多數拳術家所稱道的。王君從師雖幼，因質才兼優，故能得到真傳，壯年又奔走四方，更虛心於良師益友，兼旁採董海川門下武工真髓，及河南『心意把』、『合步』的工夫，由經驗及悟會，溶於一爐，更以形意之『意』而引伸之為『神經訓練』，合乎衛生條件，合乎技擊原理，四存學會體育班，曾由醫學家何紹文先生發表專論，留意體育消息的，想都已看過了。我就我的體認及何君的證明，王薌齋的拳術武工可謂得武工的精神，合於衛生，合於技擊，更合於科學及現代，以精神統一，訓練神經系統，使身體各部官能作平衡的發展，神經健全，各器官的官能增加，不但可使身體健康，人格亦可隨之而完善，作事能力，亦必增強，西諺有云：『有健全的身體方有健全的事業』，故吾不揣冒昧，以『大成拳』三字名之。」

上述這段文字被不少大成拳論著（包括《歷史是公正的》一文）所引用，然而，上述所有引用文字錯誤特多，現在這裏刊發的是經過我特別和原文校對的文本。

但是，張璧對大成拳命名的第二次命名解說卻和第一次產生了一些差異：

1940年11月21日星期四和22日星期五，《實報》分上

下兩次在第四版上連載了張璧的《大成拳的解說》一文。這第二次的張璧的《大成拳的解說》一文，是我首次發現的，現將他的第二次命名中的主要觀點說明如下：

這次他主張：

「大成拳之名為余所首創，前在四存學會講述，各報多有發表，對於大成拳之解釋，社會上有所誤會，故為解說如次：大成拳的解釋就是，『合乎運動』，不妨害人體生理，合乎衛生條件者均可列入大成拳。王薌齋先生的拳術，余曾命名稱為大成，非以其拳術即大成拳，乃其拳術合乎大成拳之條件，可列入大成拳之內也，大成拳之意義甚廣，包括東方體育固有精神，比如儒家之道，並非一經一傳，而一經一傳均不離乎其道，大成拳之包容尚廣，王薌齋先生拳術，不過大成拳之一經，亦可達於大成拳境地也。」

在文章最後，張璧再次重申：

「大成拳之名乃顧名思義之作，使習此者一舉一動，即能引起尊孔重儒之心理並能激發其東方文化固有精神。」

可以發現，張璧以「泛大成拳化」的解說來為王薌齋和他自己的「顧名思義之作」開脫。也為他自己的那篇《大成拳的命名》一文作開脫。換句話說，張璧已經退回了以「意拳」來稱呼「大成拳」的位置上去了。他基本上已經否定了把王薌齋拳術命名為大成拳的前此主張。到了1944年，王薌齋開始寫有關意拳的拳論時，就不再使用大成拳一名，而是定名為《拳道中樞》。這一點，于永年先生在《大成拳站樁與求物》一書中很明確地指出：

「1944年，……不久王先生親自交給我一本線裝紅格舊式商業帳簿，用毛筆寫得整整齊齊的《拳道中樞》原

稿，……1966年楊德茂、姚宗勳二位師兄把這份原稿改稱《大成拳論》。」

到此為止，我們可以得出一條真實、準確、無誤的結論，那就是：

大成拳是張璧在40年代對王薌齋拳學的尊稱，也即對40年代意拳的尊稱。王薌齋在20年代開始創始的意拳到了40年代才走上成熟和完善，即所謂「拳本服膺，推名大成」，這也是個不爭的事實。

我之所以特別表明「40年代意拳」那是因為要有別於五、六、七、八十年代的由姚宗勳先生所發展和傳授的意拳。這也是個不容忽視的歷史事實。八十年代的姚宗勳先生曾多次謙虛地說：「我年輕時（指40年代）並不懂拳，只是覺得別人（指和他比武的對手）出拳特慢。」（聽姚承光先生多次對我講）姚先生尚且如此，那麼40年代的王薌齋先生也必然要否定20年代的王薌齋。因此，在成熟階段的王薌齋先生對意拳的完善和發展，不能理解為「20年代創的是意拳，40年代創的是大成拳」之說。在40年代，大成拳只是意拳的尊稱。王薌齋先生本人所傳的拳學到了40年代最終成熟和定型，這是每一個尊重客觀事實和歷史文獻的人應該有的態度和觀點。

的確，先師王選杰先生和同門師兄弟之間特別提倡大成拳和意拳的區別，我想那只是針對姚宗勳先生對「40年代意拳」所做的若干改進而言。眾所周知，韓氏意拳及其海外傳人甚至連推手技術都要否定，更不要說在「40年代意拳」中加入拳擊技術了。這些爭論的核心本質是：大成拳（意拳）現在是已經非常完善了還是正在發展著？如是前

者，那麼 40 年代意拳是最能體現王薌齋先生的創造力和拳學思想之所在。如是後者，那麼姚宗勳先生、王選杰先生，包括趙道新先生、尤彭熙先生，甚至還可以包括李紫劍、王安平等人，都在對意拳的發展作出自己的努力和解說。

其他考證，請見下文。

意拳史上若干重大疑難史事考（2）

一、關於武丕卿和武培卿

實際上，在山西各類形意拳傳承譜中幾乎沒有一個叫「武培卿」（或武貴卿、武培清）的著名形意拳家，姓「武」的進入傳承譜的只有一個叫「武承烈」的。而絕大多數意拳傳人（特別是姚宗勳先生的著名弟子林肇倫、崔瑞彬二人的《意拳發展與姚宗勳》一文）卻又在論著中大肆鼓吹姚宗勳戰勝了山西著名形意拳家武培卿之事，極少數論著中說姚宗勳戰勝了山西著名形意拳家武承烈。有不少人就感到奇怪了：武培卿和武承烈是什麼關係呢？姚宗勳先生戰勝的山西著名形意拳家到底是誰呢？

根據我的考證，姚宗勳先生戰勝的山西著名形意拳家原名叫「武丕卿」，不是叫「武培卿」，更不是叫「武貴卿」或「武培清」。根據楊遵利在《形意拳述真》一書中的記載：

「車毅齋傳李復禎。……李復禎傳武承烈。」

而武承烈，生於1892年，卒年不詳。原名武丕卿，字承烈，山西太谷人。按照中國傳統的名和字型大小之間要

構成互訓關係的命名規則，如，孔丘，字仲尼。顏回，字淵。等等，這裏，仲尼通中泥，中泥的意思就是丘。回通洄，洄的意思就是淵。「丕卿」和「承烈」早在距今兩千多年前的西周王朝時代就已經是一組互訓的固定片語，並大量出現在西周青銅器銘文中。相關詳細考證請見我已經出版的《金文廟制研究》（中國社會科學出版社，2004年）一書。正是因為把「武丕卿」當成了「武培卿」破壞了名和字型大小之間的互訓關係，才造成了有些人不知道武培卿和武承烈是什麼關係的怪問題。」

有意思的是：40年代以後至今，各類山西形意拳傳承譜或者記載「武承烈」，或者根本不提本門派曾經有個姓「武」的高手存在過，但是有個共同點那就是：幾乎沒有再提到過曾經有個名「武丕卿」的山西著名形意拳家。畢竟輸給了年輕力壯又初出茅廬的姚宗勳一事，對於山西形意拳來說是件很不光彩的事情。好在意拳傳人四處鼓吹的是姚宗勳戰勝了山西著名形意拳家「武培卿」，而不是「武丕卿」。這一語音上的誤差成了山西形意拳的遮羞布。於是，在各類山西形意拳傳承譜出現了以字代名的「武承烈」，而不再有人提起「武承烈」的原名是「武丕卿」。

到此為止，我要給出「武丕卿」在山西形意拳裏的真正傳承譜系了，如下：

姬際可（1）→曹繼武（2）→戴龍邦（3）→李洛能（4）→車毅齋（5）→李復禎（6）→武丕卿（7）

二、武丕卿和大興縣第一國術社

1928年，著名形意拳家李存義先生的再傳弟子唐鳳

亭、唐鳳台兄弟二人在當時的北平成立了「大興縣第一國術社」，拳社名字中有「大興縣」，有點歸宗回家（「大興縣」）和拳道大興（「大興縣」之大興）的雙重意思在內。因此名字雖叫「大興縣第一國術社」，可武館地點卻在崇文區珠營火神廟，後遷至花市火神廟。著名的弟子有陳慶友、馬鳳鳴、艾玉山、田永福等人。

「大興縣第一國術社」命名中的所謂「歸宗回家」的含義。是因為形意拳大師宋世榮、宋世德兄弟本是當時北京（直隸）大興縣人，1893年，宋世榮，宋世德兄弟為了學習正宗山西形意拳，特地攜家眷由大興縣遷到山西太谷縣，第二年開始正式拜師李洛能學拳，並開了一家鐘錶修理店為生。宋氏兄弟成名後形成了車毅齋、賀運亨、李廣亨、宋世榮、宋世德五位山西形意拳高手「五星聚太谷」的現象。從此，宋氏兄弟在形意拳史上具有特別重要的地位。所以，唐鳳亭、唐鳳台兄弟二人成立武術社出於為了紀念本門派的形意拳大師宋世榮、宋世德兄弟二人之目的（即兄弟二人紀念兄弟二人），特地把武術社命名為「大興縣第一國術社」，而不是「大興第一國術社」或其他什麼拳社名。

三、關於姚、武比武的真正原因

林肇倫、崔瑞彬在《意拳發展與姚宗勳》一文中言之甚詳：

「1940年夏，……山西形意拳名師武培卿也在北平。武氏係形意拳大師車毅齋之高徒李復貞的得意門生。據說郭雲深、車毅齋兄弟之間曾較技，郭負於車氏，而李復貞

藝成後曾在較技中勝其師車毅齋。因此，武培卿自認為是李復貞得意之徒，盡得形意拳真傳。1940年12月12日他在北平《新民報》上自稱是形意拳岳武穆正宗，願與同道切磋拳技。姚宗勳受命於王薌齋，與武培卿會面。」

這段文字出自姚宗勳先生著名弟子之手，我們有理由相信這是他們轉述當事人的原始記錄，顯然應該不會和事實有多大誤差。但是，還是有人對此提出了疑問：

「武培卿先生亦曾登報邀武；其原文是什麼？怎麼會觸怒王先生？王先生派人踢武先生的場子，真的是出於武林正義嗎？」（李紫劍《大成拳問疑（二）》）

張鴻誠在《意拳述真》一文中說：

「40年代初，山西人武某依仗偽政權勢力、製造派系矛盾，在報紙上大言欺人、自我標榜『武穆正宗』。姚先生為道破其非、闡明拳學真諦，決定與武某明證比武、當場予以教訓。雖然當時武某的追隨者在比武中有犯規偷襲的舉動，但姚先生因其非主要對象、不想結怨，也就不予計較。此後，武某就銷聲匿跡了。」

最初，我也深信一定是武丕卿先生學王薌齋先生的比武廣告（沒那本事還要強努，真是找打），才做出了「在北平《新民報》上自稱是形意拳岳武穆正宗，願與同道切磋拳技」的傻事。然而，當我查遍1940年《實報》和《新民報》上每一天報紙的各類廣告和報導文章，並沒有發現所謂的「自稱是形意拳岳武穆正宗，願與同道切磋拳技」這樣的豪言壯語！也沒有發現什麼「依仗偽政權勢力、製造派系矛盾，在報紙上大言欺人」的不良指控。而且，早在1900年，耿繼善先生（劉奇蘭弟子，劉為李洛能弟子）

就在當時的北京西城區地安門西火神廟成立了「北京四民武術研究社」，傳授形意、八卦、太極等拳術。後由鄧雲峰先生及其弟子吳子珍先生先後接辦。著名的弟子有李清泉、李子盛、戴玉斌、松德奎、王世勳等人。

直到1940年之時，「北京四民武術研究社」一直是打著「自稱是形意拳岳武穆正宗，願與同道切磋拳技」的旗號，可是為什麼王薌齋先生不讓姚宗勳先生去找「北京四民武術研究社」去練手呢？！莫非真的是不想宰熟而只想欺生？即，有些意拳傳人（如敖石朋先生）所謂的武丕卿剛剛從山西來到北京之說。

實際上，武丕卿作為山西太谷的一名商人，根本不是剛剛來自山西，當時他在北京已經待了二十幾年了！前門大柵欄就有他的商號。因此，敖石朋先生在《歷史不是小說》一文中說的「《實報》刊載了一篇武培卿訪問記，主要介紹武先生此次來京設點教拳」之說，顯然有誤。

整個1940年，為他惹來挨打之禍的是《實報》1940年12月13日和14日連續兩天的記者採訪：《大興縣第一國術社社長：武丕卿先生訪談志》一文。記者還是採訪王薌齋先生的那位「本報記者」羨漁先生。我只要把這篇採訪的重要內容寫出來，相信讀者立刻就可以明白「姚宗勳受命於王薌齋，與武培卿會面」比武的真正原因了，如下：

「武丕卿先生，即為晉省之太谷縣人，今年四十八歲，於十六歲時，拜入同里車毅齋高足，李復貞門下，習藝孜孜，不捨晝夜者，三十餘年，轉守岳穆正宗，始終發揚其道，又經本門諸大師父師祖之道隨時密授，篤練浸久，遂躋淳精。蓋車李二老，德劭藝高，身名具泰，車即

李洛能高弟，往曾折服不遠千里專誠比藝之直隸蹦拳名手郭雲深，被郭驚佩至五體投地者也。復貞道藝，頡頏車公，晚且手挫車公，徇致赫赫宗師，飽嘗一蹶之苦，良以弟方銳盛，師已經衰頹。」

　　上述這段話我相信大家已經看明白了：郭雲深打不過車毅齋並對車「驚佩至五體投地」，而車毅齋在晚年又被弟子李復貞所「手挫」，李復貞則又是被武丕卿所戰勝造成了「赫赫宗師，飽嘗一蹶之苦」的局面。而且，武丕卿正是「方銳盛」而李復貞則已經「衰頹」——也即，現在武丕卿白打李復貞，而李復貞又白打車毅齋，車毅齋則又白打郭雲深！換算下來就是：以今日武丕卿之功力也可以白打當年郭雲深。哈哈，記者加工挑撥的話也罷，武丕卿得意忘形的原話也罷，反正報紙上一登出來那就要武丕卿一個人來為此買單了。於是，憤怒的「姚宗勳受命於王薌齋，與武培卿會面」比武開始了。這應該就是採訪武丕卿的文章觸怒了王薌齋先生導致姚、武比武的真正原因。根本不是什麼林肇倫、崔瑞彬在《意拳發展與姚宗勳》一文中所說的「在北平《新民報》上自稱是形意拳岳武穆正宗，願與同道切磋拳技」。而敖石朋先生在《歷史不是小說》一文中所闡述的比武起因是「以前聽人傳說武培卿一個蛇形能把人打到房上去……我們兩人想去拜訪一下武先生，看看怎麼把人打上房。」此說完全不足信，他如果真看到了《實報》的採訪不可能連名字也記錯吧。而且，他沒有說明「姚宗勳受命於王薌齋」之事。

　　歷史又在重演，幾十年後，王壯飛在某家報紙上聲稱曾擊敗過大成拳（意拳）祖師王薌齋。於是，憤怒的姚宗

勳先生立刻攜著名弟子崔瑞彬親自找到上海，要與王壯飛比武。可王壯飛要比武丕卿幸運多了，他被正義和憤怒的姚氏師徒嚇得立刻從上海體委後門開溜了，把他弄虛作假的後果交給了他的好友顧留馨先生來處理，也算是所謂的「組織出面」為他擺平了此事。

相隔近40年的兩次親自找上門去的公開比武，為大成拳（意拳）所遭受的無端誣陷而正視聽，一代拳法大師姚宗勳先生的精湛武功和正直人品讓我們無比敬佩！

其實，所謂車毅齋「往曾折服不遠千里專誠比藝之直隸蹦拳名手郭雲深，被郭驚佩至五體投地者也」無非是指1889年農曆九月，郭雲深首次到山西太谷走訪形意同門，與車毅齋師兄切磋技藝長達一年有餘。之後，郭氏語人曰：「山西吾車二師兄，技臻出神入化之境，真高手也。」何談什麼「往曾折服」、什麼「驚佩至五體投地」？

意拳史上若干重大疑難史事考（3）

一、關於王薌齋先生何時開始在四存學會教拳

毫無疑問，大成拳（意拳）的出世和張璧對王薌齋先生的來京邀請行為是密不可分的。但是，張璧是何時邀請的呢？此事距今已經有整整七十年了。當事人的雙方全已經成了故人，而王玉芳先生至今既沒能拿出張璧的邀請信，也不能給出準確的來京時間。目前為止盡人皆知的一個大致時間範圍是1937年。邀請人是張璧（還有齊振林）。如，于永年先生的《大成拳站樁與求物》一書、胥

榮東的《大成拳：拳禪合一的中國武術》一書、李康的
《真正大成拳》一書、林肇倫的《意拳源流述真》一文、
《歷史是公正的》一文等。

有些大成拳著作中就乾脆隻字不提張璧的邀請之事。
如，和振威的《大成拳學》第一部中就如此陳述說：
「1937年，王薌齋先生在北平『四存學會』體育班傳授功
法，弘揚意拳。」其中，姚宗勳先生在《意拳：中國實戰
拳法》一書中首先肯定了王薌齋先生在1937年秋天比武戰
勝洪連順之事，而涉及到在四存學會體育班教拳則提出是
1938年。根本沒有提出張璧等人的邀請之事。薄加驄先
生、張鴻誠先生的論著中也是如此。

張璧在1931年11月8日配合日本關東軍特務機關長土肥
原賢二製造了天津事件後，為了躲避張學良部隊對他的追
捕，他和日本浪人在11月10日深夜一起迅速逃到了瀋陽。
直到西安事變前後，他才偷偷回到北平，等待著重新走入
政界的機會。當時他的主子齊燮元出任偽華北政府治安總
署督辦，並有偽上將軍銜。終於在1938年的2月25日才給了
他一頂新帽子──北京公用管理總局局長。這一消息刊登
在2月26日的《實報》上。從2月中下旬開始，張璧才有能
力成為王薌齋在北京的真正保護傘。而這個時候，四存學
會還沒有設立體育班呢。所以，1937年王薌齋先生來北
平，並沒有馬上在四存學會傳授拳法。到了1939年12月24
日《實報》上發表何紹文的《四存學會的體育班》（此文
名稱被人多誤以為是《四存學會體育班》）一文時，文中
也只是講：「更籌備月講班、週講班、體育班、遊藝班，
暫假金魚胡同一號。」可見，直到這時候四存學會的體育

班還是處於「籌備」狀態。而金魚胡同一號並非只是為了練習意拳的場所，而是四存學會的「月講班、周講班、體育班、遊藝班」的一個綜合的臨時辦公地點。這也就解釋了為何練習意拳場地會頻繁更換，以至於不得不佔用姚宗勳先生的私宅這樣一個問題。

因此，主張1937年或1938年王薌齋先生就開始在四存學會教拳的說法是不妥的。

二、關於張璧對在京日本人武術活動的態度

日本人一向自認為是世界上唯一具有武士道精神的民族。在它的每一個佔領區，都毫不列外地要舉行所謂的比武大會。其中，日本軍隊中的武術高手在和緬甸與泰國拳師的血腥比武中多次失敗，催使日本軍界高層開始在各佔領區插手當地武術界，培養為其所用的武林高手。這大概是某些不懷好意的人把大成拳稱為漢奸拳的起因吧。然而，在整個日偽佔據北平的三、四十年代，日本特務機關並沒有任何人把持著或滲透到大成拳的教學和比武活動。甚至當時聰明過人的王薌齋先生居然沒有在張璧的關照下成立意拳研究會。我僅舉出幾個有力的證據就可以證明王薌齋和張璧並非是什麼漢奸。

第一個證據，日本特務機關在北京最先插手的拳種是通背拳，而不是大成拳。見《實報》1938年2月28日的報導：

「本市拳術名家郝振芳、許禹生、白樂民等為提倡通背拳法，鍛鍊體格起見，特發起組織中國通背拳術專門研究社，並聘日本通背拳名家武田熙顧問，指導一切。」

這個武田熙並非僅僅只是個一般名義上的顧問，居然

是個可以「指導一切」的顧問！他在北京的真正身份是日本興亞院華北地區文化調查官、北平地方維持會第五組（文化組）日本顧問，曾因盜運大尊「河南洛陽龍門石窟佛像」和修改當時北京中小學教材而臭名昭著。在他成為中國通背拳術的全國總教頭之後，當時和他來往最多的是著名太極拳家吳圖南先生。並且，吳圖南先生還親自為武田熙出版的《通背拳術》一書作序。這個時候，無論是王薌齋先生還是張璧，都沒有利用機會成立什麼意拳研究會，相反成立的卻是「中國通背拳術專門研究社」。

那時剛剛當上北平公用管理總局局長的張璧，並沒有迎合其主子齊燮元和武田熙的旨意，拉大成拳和王薌齋先生下水。

第二個證據，日本在北平舉行的武術競賽，張璧作為主辦者並沒有讓大成拳參加。見《實報》1941年2月6日報導：

「日本紀元節在北平舉行第二屆武道大會，地點：北平武道殿。比賽分三種：柔道、劍道、弓道。主辦方為華北交通公司。」

而華北地區交通公司的大股東之一就是張璧，他還兼任北平公交電車公司董事長。作為主辦者之一張璧並沒有命令王薌齋先生領大成拳和四存學會體育班成員參加。也沒有把王薌齋先生作為武術教官推薦給日方。

第三個證據，不論是張璧還是齊燮元，並非是日本人的得意而忠實的奴才。如，日本軍方要人來北京時接見齊燮元時，他居然穿著有滿清五色旗標誌的徽章，他的想恢復大清朝的夢想引起了日方極大地不滿。大漢奸汪精衛更是對他破口大罵，很快，齊燮元就被偽政府撤銷了軍權。

儘管在戰後漢奸大審判中他被蔣介石直接定為漢奸，並被判處死刑，但是這和張璧、和王薌齋是無關的。個人問題要個人負責。齊燮元走向漢奸，和他本人早期與蔣介石爭權活動中結下宿怨有很大的關係。只是蔣介石的宿敵有的投身了革命，有的則走向了滅亡。有的大漢奸因為與蔣介石私交甚深而得以逃脫死罪，如周佛海和靳雲鵬。

真正由日偽把持的「中國通背拳術專門研究社」及其所屬武術家們沒有被我們尊敬的武林同道罵為漢奸拳，而沒有任何日偽背景的、還沒有成立什麼研究會、只是隸屬於四存學會之下的體育班正練習的一種新興拳法，卻被人罵為漢奸拳，甚至還出自曾是大成拳（意拳）弟子的李紫劍之口，這豈非咄咄怪事！

「漢奸」一般是「賣國賊」同義語。一個武林中人，只要他沒有充當日偽打手和幫兇，哪怕他教了幾個日本兵的弟子，和漢奸賣國賊是不搭界的。因為他所能出賣的只是一身武藝而已。教拳只是他在當時的一種謀生手段。我們可以指責和痛罵他沒有民族氣節，難道就不會學學文天祥嗎？可是，整個北平，在三、四十年代的日偽政府統治期間，又有哪家哪派拳法、哪個藝術家、哪個學者敢自豪地說：「我們沒教過一個日本人」？更何況被定成漢奸的是齊燮元和張璧，而不是王薌齋先生。

三、關於王薌齋和日本東亞武道大會

李康在《真正大成拳》一書中曾主張：「1949年，日本東京舉辦東亞武術競賽大會，邀中國參加，並透過偽新民學會顧問邀王薌齋出席。偽政權組織了以馬良為首的代

表團參加。王薌齋說：『這是兒皇帝的代表團。』以病為由堅辭。」石師薌在《名揚中外的意拳宗師王薌齋》一文中說：「1940年，日本在東京舉行大東亞武術競賽大會，請先生出席，他以腿疾，行走不便而婉辭。不久，復有日人指使張某贈銀萬元以遂先生遠征世界之志，實則陰謀收買，先生亦拒不接納。」

首先，李康的書中明確寫著是「1949年」，我可以原諒他這一過錯，可能是排版致誤的原因把「1940年」排成「1949年」吧？然後，我們再來分析李和石二人所主張此說的真假。

首先，所謂「大東亞武術競賽大會」，其實它的準確名稱是「東亞武道大會」。舉辦時間為1940年5月18日至20日三天。汪偽政權組織的中國代表團全體成員如下：

團長：馬良

副團長：宮元利直

總務：米倉俊太郎

事物：治部貞雄

選手監督：郭建章

助理：馬璞

隨從：法純、靳源

武術選手十八名：唐鳳亭、唐鳳台、關雲培、吳斌樓、方枝林、郭憲亞、張思贊、勵勤、馬祖仁、任希昉、李廣遠、龔永福、王保英、王榮標、王俠英、王俠林、寶善林、陳德祿。

全部名單經日本興亞院華北地區文化調查官武田熙的審查和圈定。他自身是通背拳社的大總管，這次一下子就

派出三名還是父女關係的通背選手，可以理解。另外十五名選手中，在1940年的中國武術界的知名度都遠在王薌齋之上，更不用說當時第二代所有弟子們了。換句話說，王薌齋先生那時才剛剛在北平站穩腳跟。看看當時《新民報》上對王榮標的介紹就足以說明問題了：

「王榮標亦為此行選手之一，現年65歲。原籍安次縣，早年以保鏢為業，為冀、魯、晉、陜、豫、甘一帶有名之鏢師，不獨武功精奧，且於各門各派之工夫學說熟知博記，為現在武術界碩果獨存之飽學人物，現在國內知名之武士多出於王氏門下。」

遍查當時所有資料，根本沒有類似於「透過偽新民學會顧問邀王薌齋出席」或「復有日人指使張某贈銀萬元以遂先生遠征世界之志」之類的相關記載——而且，所謂的「張某」是誰？假如是張璧為何不敢明說？當時的「銀萬元」是個什麼概念大概石師薌還很模糊吧？他大概根本不知道張璧當時全部家當也沒有達到「銀萬元」這樣一個數目！所謂的「復有日人指使張某」的日本人是誰？還是不敢明說。張某已經是虛無縹緲的人物了，現在又出來一個更加虛無縹緲的所謂日本人，正如不瞭解恒林和尚的師傅是延樂就編出一個所謂「本空」（本來就是空、就是查無此人）和尚一樣。有些人在文章中很明白說出是「透過偽新民學會顧問」或直接說是武田熙邀請王薌齋出席。此說缺乏有力的證據支持。至少在我所看到的中日雙方有關1940年東亞武道大會的相關歷史資料中，還沒有發現所謂的「邀王薌齋出席」而被先生拒絕之說。顯然，這件事到是真正是屬於「本空」的。

四、有關四存學會和武術

所謂四存是指存人、存性、存學、存治。這一思想的首倡者是清初思想家、教育家顏元。1921年，由嚴修、趙爾巽等46人發起，將四存思想實體化，組建了學會（the Society of the Four Princi Ples）。成立前後得到了當時的徐世昌總統的支持。徐還曾下令將顏元和李塨從祀孔廟。

本來，四存學會只是個準宗教性的思想團體，但是因為四存思想的創始人顏元和李塨本人喜歡武術，並且身體力行堅持武術鍛鍊，這就成為民國時代四存學會開設體育班的直接理由。特別是在當時中國北京開始飽受日本帝國主義侵略之時，在汪偽政權下過著亡國奴生活的一些舊知識人和官宦人員幻想著能在日本帝國主義的鐵蹄下存人、存性、存學、存治，幻想著自身身體上還是健全、健康的——即所謂「曲線救國」路線，為四存學會的體育班提供了生存土壤。

張璧在四存學會的身份是幹事、名譽董事長，實際上的四存學會大總官。他開設體育班沒有找其他的武林高手，而是直接邀請王薌齋。這一理由他在《大成拳的命名》一文中說得明明白白的，即：

「我自十七歲走入社會，……到處注意拳術武工超絕的人物。辛亥以後，從沒離開過政治革命工作，也是無時無地不留心武工人才。雖曾見過不少的派別專家，終覺到非廬山真面，始終也沒遇見一種合於人生、適合現代的拳術。」

但是，正如他所言：

「及與王薌齋相識，感到他的拳術，意味深長，平易

近人，習練稍久，就感覺身體的體認與其他的武功迥然不同，並且是具體功夫，非枝節片面的工力，正合乎我生平心理所想的條件。」

可見張璧對拳術的甄別還是大有本領的。

意拳史上若干重大疑難史事考（4）

所謂高閣王、三十六友和四霸天的故事，首先出自姚宗勳先生的兩個弟子之口。見林肇倫、崔瑞彬在《意拳發展與姚宗勳》一文中說：

「姚先生為人正直，嫉惡如仇，四十年代中為支持正義，保護善良的人們，經常與北平的一些流氓組織發生衝突。其中以他為首嚴懲『高閣王』、威鎮『三十六友』，痛擊『四霸天』、為人所共知之快事。當時，北平城裏的流氓一聽說姚宗勳的名字，無不膽寒。」

辛長明在《意拳奇崛立武林》一文中也說：

姚先生為人正直，嫉惡如仇，四十年代中為支持正義，保護善良的人們，多次與北平的一些流氓組織發生衝突，其中以他為首嚴懲「高閣王」，威鎮「三十六友」，痛擊「四霸天」，為當時京城人所共知之快事。

可以看出，辛長明的文章幾乎是全盤抄自《意拳發展與姚宗勳》一文。其他相關文章也大致如此。可是首先提出高閣王、三十六友和四霸天的故事的姚門弟子卻沒有向大家把相關背景進行詳細的說明。這就難免讓人以為又是一些子虛烏有的故事。

於是，李紫劍在《大成拳問疑（二）》一文中就開始

質疑說：

「自古迄今，地方黑勢力得以存在，莫不是與官方內外勾結。所以觸動土匪惡霸，事實上也就是觸動官府。薌翁弟子多次重創舊北京各路黑幫，並將其頭目致殘，事後官不究，匪不咎，了無後犯，此事不亦費解嗎？」

看起來，所謂仗義行俠的小事假如沒有可靠的事實根據存在，也會很容易被李紫劍之流誤認為是「一股流氓黑社會勢力與另一股流氓黑社會勢力之間的爭鬥」。

一、關於高閻王

在北京市檔案館和中國第一歷史檔案館（北京）、第二歷史檔案館（南京）保存下來的有關舊北京警察局的各類檔案中，經筆者調查，沒有發現對「高閻王」的文字記載。換句話說，所謂高閻王，絕對不是「市級閻王」和「區級閻王」。因為，當時記錄在案的舊北京「市級閻王」和「區級閻王」的閻王級人物是「彭閻王」彭萬全，而沒有記載曾經有過一個所謂的高閻王。而這個「彭閻王」因為在北京天橋地區作惡多端而被舊北京警察局逮捕正法。隨後，舊北京警察局馬上就頒佈了在天橋地區取締流氓地痞的公告。這份公告，刊登在《實報》1939年3月21日上，以示通告全市。

崔瑞彬的弟子龔東（因為是網路回復文章有可能並非代表作者本意）對此提出二說，其一說為：

事因一年姚老夫婦與幾位師弟去頤和園，姚老因事耽擱，走在後面，前面寶前輩騎車帶著姚老夫人，高閻王出言不遜，對姚夫人不恭，寶前輩將其制服，後高閻王洗心

革面，解放後還當了廠裏的工程師，什麼黑道，高閣王曾是過去海澱地區的一霸而已。

其二說為：

竇世明，著名實戰技擊家，意拳創始人王薌齋先生的入室弟子。……40年代，曾在北溝沿正覺寺，嚴懲漢奸富雙英的保鏢高閣王。

看起來這個問題已經得到澄清的是：嚴懲高閣王的是竇世明，而不是姚宗勳。所謂高閣王曾是過去海澱地區的一霸而已。實際上連「區級閣王」也算不上。而且，嚴懲過所謂高閣王的不僅僅是竇世明先生。還有張占魁先生的弟子、趙道新的師弟、形意拳、八卦掌大家錢樹橋先生，他曾在馮國璋部隊任武術教官。他也曾制服過高閣王之流。

不過，在冀東的文中出現了高閣王的後臺，原來高閣王是「漢奸富雙英的保鏢」。而保鏢自然就和武術聯繫在一起。所謂「漢奸富雙英」，實際上是當時曾任奉系陸軍十一軍軍長的富雙英。「八一」南昌起義前，我黨在國民革命軍第二方面軍中可以掌握的兵力就包括當時由奉系軍隊剛剛改編過來的第二十一師師長富雙英。1927年5月，剛剛21歲的林彪在上蔡城攻打奉軍第十二旅，俘虜了當時任旅長的富雙英。在汪偽政權時代，他出任偽軍事參議院副院長。這是他成為漢奸的鐵證了。富雙英死後曾在北平地安門外帽兒胡同的梓潼廟停靈，舉辦治喪活動。

這個所謂的高閣王是何時成了富雙英的保鏢，目前尚沒有充分的史料能加以說明。但是，從冀東的文章「高閣王洗心革面，解放後還當了廠裏的工程師」一說來看，所

謂高閻王的「閻王」一稱，實屬高抬了他。他充其量不過是個為人比較霸道又會點武功的、可能在富雙英手下幹過事的年輕馬仔而已。

二、關於四霸天與三十六友

所謂四霸天，舊北京歷史上果有其人其事及其稱號。他們是：東霸天張德泉，西霸天富德成，南霸天孫振山，北霸天劉翔亭。四人中只有霸佔天橋東側地段的張德泉精通武功，練的是三皇炮錘，他是當時著名武術家人稱「大槍侯」的侯金魁先生的弟子。侯金魁先生是會友鏢局的著名武師，曾經抗擊外國侵略軍，保衛了大柵欄、珠寶市等數百家商號免遭劫難。西、南和北霸天三人是有名的戲霸，分別把持著天橋西側地段、天橋丹桂戲院、天橋吉祥戲院，勒索財物與姦淫女藝人是他們的專長。這四霸天就以天橋地區為核心把當時的北京城劃分為四部分，形成他們各自的所謂地盤。四霸天中的老大是張德泉。姚宗勳嚴懲四霸天的故事雖然不見於任何汪偽政權時代所遺留下來的舊檔案和舊報刊的記載，但是，如果發生過他嚴懲四霸天之事，相信也就是嚴懲了東霸天張德泉一人。1951年2月，中央人民政府頒佈了《中華人民共和國懲治反革命條例》，這四霸天等人被依法逮捕、公審並處以死刑。

所謂三十六友，不見於任何汪偽政權時代所遺留下來的舊檔案和舊報刊的記載。具體記載比較詳細的是《中國武術》2000年第5期上刊發的《姚宗勳》一文，如下：

「一次，『北霸天』在戲院門前調戲婦女，被姚宗勳師兄弟六人撞上了。姚宗勳仗義出手，嚴懲了惡霸『北霸

天』。『北霸天』吃了虧，怎能咽下這口氣。於是，他就糾集其餘的『三霸天』，再加上其他的流氓團夥，像甚麼『三十六友』、『九鳥一鳳』、『一百單八將』等等，總計二百餘人，把姚宗勳等六人包圍在西單的一家酒樓裏。這群流氓手持刀槍棍棒，殺氣騰騰，氣焰囂張，彷彿要把他們六人吃了似的。姚宗勳等人臨危不懼，他們迅速佔據有利地形，邊打邊退，退到樓梯上。由於樓梯狹窄，流氓們雖然人多勢眾，卻施展不開，形成不了合圍之勢。只見姚宗勳守在樓梯處，神勇異常，大有一夫當關，萬夫莫開之勢。流氓們嗥叫著，揮舞著刀棍，衝上一個，就被姚宗勳三招兩下扔下樓去，轉眼之間，就有二十名多個流氓被打得像球一樣滾下樓去，摔得頭破血流，整個酒樓中充滿了哭爹喊娘的慘叫聲……這群流氓本來就是欺善怕惡之徒，如今在姚宗勳的凜然正氣震懾下，一個個呆若木雞，誰也不敢上前來送死。最後，這群烏合之眾抱頭鼠竄，四散逃命而去。」

不過，筆者感到存疑的是：當時的舊北京警察局和報刊對天橋地區的一舉一動極其關注，為何沒有留下一點蛛絲螞跡的記載呢？比如說，普普通通的練武之人張永春，論功夫根本排不上名次，完全是出於見義勇為行為，在天橋地區伸出援助之手，當場教訓了天橋地痞彭閻王對初來天橋走場子賣藝外地女藝人的流氓騷擾行為。此事不但被舊北京警察局寫入當天的「內情通報」，而且還被《實報》記者當場發現，並在1938年10月21日報上加以表彰。試問：北霸天調戲婦女並被姚宗勳嚴懲之事，為何沒有被汪偽政權警察局和新聞界所記載呢？而且，當時有點歷史

常識的人全知道：日本佔領下的舊北京，日軍和偽員警根本不會看著「手持刀槍棍棒，殺氣騰騰」的「二百餘人」在西單鬧事，對日偽政權來說，這是對他們統治能力和所謂大東亞新秩序的一種蔑視和挑戰。類似的打鬥行為和搶劫行為別說二百餘人，就是二十幾人、十幾人、七八個人也會立刻被日軍或偽軍當場彈壓下去了。看看《實報》每天的警匪關係文字記載，就會明白當時對打鬥行為和搶劫行為的鎮壓是多麼地殘酷！這比查看汪偽政權警察局的檔案更有說服力。而且，這裏又出現了什麼「三十六友」、「九鳥一鳳」、「一百單八將」等武俠小說中的描寫場面，純屬子虛烏有，根本是無從查證的。

　　我想：姚宗勳先生的偉大決不是他的見義勇為行為，而是他對中國現代實戰拳學技術和理論的傑出貢獻。如果一味地宣傳他的那些存在或不存在的見義勇為行為，把作為拳學大師的姚宗勳先生等同為一個見義勇為好青年，那麼，姚宗勳先生在現代中國武術史上還有地位可言嗎？更有甚者就會提出什麼「自古迄今，地方黑勢力得以存在，莫不是與官方內外勾結。所以觸動土匪惡霸，事實上也就是觸動官府。薌翁弟子多次重創舊北京各路黑幫，並將其頭目致殘，事後官不究、匪不咎，了無後犯，此事不亦費解嗎」的質疑。我想，編這些見義勇為故事的人也許根本沒有想到：他們的這些有關姚宗勳先生的見義勇為行為的故事不但缺少事實依據，而且反而成了別有用心的人攻擊姚宗勳先生的口實。

　　1939年3月21日，舊北京警察局開始了大規模的清除天橋地區地痞流氓的行動。

三、關於姚宗勳與日偽勢力

一直有人對這一問題很感興趣。甚至有的人就別有用心地寫成了文章。請大家看看發表在博武論壇上（http：//www.21bowu.com/BBS）署名為「問天」的文章《武林中的抗日英豪》一文是如何說的：

「一日，姚宗勳帶著幾個日本憲兵，幾隻大狼狗來到大興國術社，指名點姓要和武培卿較量。無奈之下，武培卿與之放對。憲兵在後，狼狗在側，怎可出手？姚宗勳借機舉手將武培卿打傷。揚長而去。」

該文網址如下：

http：//www.21bowu.com/BBS/ShowAnnounce.asp？

boardD=1&RootID=20062&ID=20062

李紫劍在《大成拳問疑（三）》一文中也趁機聲稱：

「侵華日寇，實乃當年頭號人民公敵。國人稍有良知者，莫不摒棄私怨，共赴國仇。獨藪翁一夥於日寇的鐵蹄之下，全力以赴挑戰中國武林，不但到處踐踏中國人開的武場，而且借日偽的喉舌全面否決中國傳統武術的學術和精神。我想問的是：這一夥人究竟是中華武術的新曙光，還是日寇豢養的別動隊？」

讚美姚宗勳的人主觀編造出了姚宗勳先生在西單與二百多個手持兇器的地痞流氓打鬥的故事，而反對姚宗勳的人（連主人公的名字都不知道的下等作者）也很可愛地奉獻出一段姚宗勳先生帶著日本憲兵和狼狗找「武培卿」比武的相聲段子——目的是要為武丕卿（依照他們的觀點，那人叫武培卿）的大敗而開脫。日本人在舊北京雖然製造

了很多可恨可惡的罪行，但是對舊北京的各類正式和非正式的比武活動一向是格外看重的。基本上是不介入中國人之間的比武活動，他們認為那是發現中國武士道精神的絕佳場合。

坦率地說，在當時的北京，不要說姚宗勳先生本人了，就連他的老師王薌齋先生和他們的後臺老闆張璧也沒有權力和能力調動「幾個日本憲兵，幾隻大狼狗」來為自己的比武壯膽撐腰。在這問題上胡說什麼「憲兵在後，狼狗在側，怎可出手」之話來為武某的失敗遮羞，顯然這個化名「問天」的作者和山西形意拳或有某種師承聯繫？但是，李紫劍的問疑就有點以小人之心來度君子之腹了。他故意製造了一個非此即彼的選擇：「這一夥人究竟是中華武術的新曙光，還是日寇豢養的別動隊？」這話聽起來頗為壯觀，可是他忘記了在舊北京城日軍佔領下還生活著大批的普普通通的只想活下去的練武的中國人！他們就包括王薌齋先生及其大成拳（意拳）的第二代傳人和弟子。他們既不是中華武術的新曙光，也不是日寇豢養的別動隊。

問題也許該就此打住了，可是我還想再說一點，那就是解放初期，兩個師出同門的姚宗勳先生的師兄弟（恕我不想公開他們的名字），居然聯名給政府有關單位寫信，舉報姚宗勳先生為中統特務，由此引出了姚宗勳先生在清河監獄接受審查和勞動教養的幾年獄中生活。好在事實真相還是得到了伸張。走出獄中生活的姚宗勳先生，馬上就投入到了教拳和練拳的生活中。

在那個時代，父子、夫妻、師生、兄弟之間的為了自保的相互揭發和誣告行為太常見了。

四、姚宗勳和當時北京武術界的現狀

林肇倫、崔瑞彬在《意拳發展與姚宗勳》一文中又說：

「1940～1948年期間，姚宗勳代師比武，先後戰勝渡邊等80餘名中外技擊高手，名重京師，被譽為青年武術家。」

此說頗讓我不解。在整個三四十年代的舊北京武術界，有著「青年武術家」稱號並「名重京師」的是今天不為人所熟悉而當時則是如日中天的著名青年武術家孫虓先生，而不是姚宗勳先生。《實報》以前後三年長達40餘期的專欄篇幅，連續報導了孫虓先生學武和仗義行俠的事蹟，甚至多次免費刊登了孫虓先生的武館地點和教拳招生——相反，《實報》有關王薌齋先生的全部報導加在一起也不到十次！

這裏我特別想提醒兩位：你們愛姚先生，我們也同樣如此。希望你們的文章不是出來添亂的。根據我的調查，姚宗勳先生代師比武，先後戰勝過的中外技擊高手有名可查的大約是十幾名。那麼，你們聲稱是「姚宗勳代師比武，先後戰勝渡邊等80餘名中外技擊高手」是否有點言過其實？或者請你們二位提供這「80餘名中外技擊高手」的名單，就像上面你們所說的「嚴懲『高閻王』、威鎮『三十六友』，痛擊『四霸天』」那樣，我會以文獻學家和歷史學家的知識與素養，加以考證，為大成拳（意拳）留下一部信史。

其實，戰勝了山西著名形意拳高手武丕卿，姚宗勳先生的武功就已經遠非當時的著名青年武術家孫虓先生所能比！不過，歷史事實的有無是一回事，而實際功力高低則是另一回事。我理解的姚宗勳先生可以沒有什麼見義勇為

的壯舉，可以沒有什麼代師比武的戰績，正是他把王薌齋先生的大成拳（意拳）從誕生過渡到成熟，豐富、完善特別是驗證了意拳的威力，他是中國武術史上第二個楊露禪一樣的實戰拳學大師！楊露禪把陳氏太極拳帶給日漸衰亡的晚清帝國，他把大成拳（意拳）帶給新興的現代中國。

至於李紫劍在《大成拳問疑（四）》一文中所發問的：

「日偽勢力把持的報紙上，大成拳獨領風騷，其他武術萬馬齊喑。為什麼大成拳在日偽勢力下得天獨厚，其他武術和武術家就無法發展甚至無法生存了呢？」

這實在讓人感到啼笑皆非。首先我查看了三四十年代全部《實報》的每天各版內容，並不存在「日偽勢力把持的報紙上，大成拳獨領風騷」的局面。而且，當時的舊北京並沒有出現他所謂的「其他武術萬馬齊喑」和「其他武術和武術家就無法發展甚至無法生存」的現象！在當時的舊北京，教形意拳的著名武館有北平四民武術社、大興縣第一國術社，教太極拳的著名武館有吳圖南太極拳社、趙中道太極拳社，教少林拳的有孫虩武術社，教三皇炮錘的有候金魁武術社，教通背拳的有中國通背拳社……數十家大大小小的武術社存在，以1942年4月26日《實報》上的統計為證據，當時成立武術社的專職武術家就有300多人！還專門成立了當時的北平國術協會來協調各個武術社和各個拳種之間的聯繫與相關事宜。何談什麼「其他武術萬馬齊喑」和「其他武術和武術家就無法發展甚至無法生存」？

到了1947年，以《華北日報》2月15日的統計為證據，舊北京已經存在著以拳種劃分的武術團體和武術社60餘家，專職武術家1000多人的局面！可是我們那些第二代大

成拳（意拳）傳人才多少人呢？大家看看那張《站樁》上所手書的人名就全明白了吧。連沈家禎、姜正坤、劉龍、杜行等曾短暫學過幾天和幾週的人加在一起算起來，也不過五六十人而已。

意拳史上若干重大疑難史事考（5）

馬驥良的問題，也是大成拳（意拳）史上很讓人頭疼的問題。有人說他是抗日英雄，也有人說他是漢奸妹夫。他到底是人是鬼呢？席曉勤在《偽國民政府紀事》一書中記載說：

「周佛海苦苦思索一夜，叫來了妻弟馬驥良，讓他帶自己的親筆信去北平找齊純芝。馬驥良在上海拜過華北拳家王向齋學習武功，深得王的賞識，王向齋北歸後馬驥良多次去北平探望，知道王向齋同齊純芝關係很深。1938年4月中旬，馬驥良趕到北平，並透過王向齋很快見到了齊純芝。齊純芝、字謂清，是吳佩孚的心腹，喜歡書法和篆刻，因功力很淺一直無人問津。1933年，日軍大舉進攻熱河，威脅平津，日本關東軍參謀長阪垣四朗用金錢收買北洋政府的殘餘勢力，作為日軍進攻北平時的內應。經過密謀後先收買了齊純芝的門生楊秀真和胡傑青，又由楊秀真和胡傑青帶著川島芳子以買齊純芝的書畫作品為由同齊純芝結識。三個月後，川島芳子把一筆鉅款交給齊純芝，並稱她把齊純芝的作品帶回了家鄉名古屋，日本的藝術家們對齊純芝的作品大加讚賞，出高價搶著購買珍藏，還有人以巨價訂購。齊純芝對川島芳子深表感激。不久，齊純芝

便投敵叛國。在日本參謀部的指使下，開始收買北洋政府的殘餘軍閥、遺老。王向齋也與他狼狽為奸，以教拳為名網羅社會上的地痞流氓張敬堯和孫傳芳等人都是由齊純芝先後同川島芳子勾結成為漢奸的。盧溝橋事變前後，齊純芝把川島芳子的住宅跨車胡同15號作為漢奸們勾結和破壞抗戰活動的黑窩。1937年平津失陷後，齊純芝任偽華北政府委第一任主任，楊秀真任綏靖總督辦，胡傑青任工務總督辦，王向齋也曾任華北治安總署督辦。在日本特務的操縱指使下，又同偽滿州國溥儀互為勾結，並預謀同汪精衛的偽南京國民政府接觸。馬驥良的到來，齊純芝正中下懷，很快就安排川島芳子會見了馬驥良……」（江蘇古籍出版社1994年7月版，奇怪的是：我根本沒有查到與此書有關的正常出版檔和資料，那它是以什麼形式出版的呢？這裏引文來自李紫劍先生的文章。特別說明。）

席曉勤的此言一出，不亞於對王薌齋和馬驥良從政治上判了死刑，也成了大成拳（意拳）是所謂漢奸拳的鐵證之一。最近十年以來，一直有人對此予以反駁和辯解。但是，由於缺乏強有力的史料證據批駁此說，事實真相究竟如何，可以說還在雲霧之中。

一、關於馬驥良

在整個二、三、四十年代的舊中國，叫「馬驥良」的名人，根據我所掌握的資料來看，共有六個：

第一個叫馬驥良的是王薌齋的弟子、河北省束鹿縣人、著名大成拳（意拳）家。

第二個叫馬驥良的是「四人幫」之首江青的第一任丈

夫、後來改名的大名鼎鼎的唐納。

第三個叫馬驥良的是當時任上海特別市木材同業公會理事長的木材大亨。

第四個叫馬驥良的是曾見過孫中山、當時在中華武術會掌管財政大權的會計主任。

第五個叫馬驥良的是汪偽政權中央儲備銀行總務處處長、一直照顧周佛海私人生活的心腹大總管。

第六個叫馬驥良的是當時的著名武術家馬良（馬子貞），他曾任汪偽政府的山東省長。他是經常被人誤稱為或等同為馬驥良。

有六個叫馬驥良的名人同時出現！這也難怪那個「大膽假設有餘而小心求證不足」的業餘文史愛好者李紫劍鬧不明白了。他所能知道的只是在《大成拳問疑（四）》一文中提出疑問「大成拳資料上說大成名家馬驥良是個抗日英雄，曾親臨前線血戰日寇，並光榮負傷。請問此說有何歷史檔支持？汪精衛漢奸集團的信貨部長，大漢奸周佛海的妹夫，也叫馬驥良，這兩個馬驥良莫非是全然不同的兩個人嗎？」進而又在《武當》上刊發否定自己部分觀點的文章《莫非兩個馬驥良》一文。

不過，李紫劍的文章雖然有信口開河之嫌，但是他主觀出發點是好的，他在《大成拳問疑（一）》一文中能公開表示「我真想知道大成拳的真相，我真盼望弄清大成拳的真義，可是我不知道該問誰。我盼望有人指教，急得喉嚨裏都要伸出手來了！各位大德，請你們發發慈悲，只要你能撥開我心中的迷霧，在我的心目中，您就是大慈大悲的觀世音了」，能這麼說話的人如果不是真心求道者，那

肯定是性情中人了！這是我特別欣賞他的地方。

下面我們分別予以詳細考證，還歷史的本來面目。

（一）關於被誤稱為馬驥良的馬良

這個馬良，字子貞，河北省保定人，回族，著名武術家。精通少林派拳術。日偽期間成為漢奸，又常被人稱作馬驥良。熱心提倡武術、創編推行「新武術」而名聞天下，寫有著名的論文《中華北方武術體育五十餘年紀略》一文，曾任北洋軍閥皖系陸軍第四十七旅旅長兼濟南衛戍司令官。他創編了一套包括了摔角、拳腳、棍術和劍術四科的技擊術，將其用於軍隊訓練中。1940年，正是他（而不是王薌齋先生的弟子馬驥良）帶領汪偽政府下組建的中國武術代表團去日本參加所謂的東亞武道大會。

（二）關於第五個馬驥良

這個馬驥良的公開身份是汪偽政權中央儲備銀行總務處處長。沈醉對他也不甚知曉。見《我所知道的漢奸周佛海》一書中沈醉的原話：

「另有一個叫馬驥良的我過去沒有聽說過，後來毛人鳳告訴我，這人是偽中央儲備銀行負責總務工作的，一向照料周佛海的生活，所以也把他一道帶到重慶。」

在《我所知道的漢奸周佛海》一書中第240頁對馬驥良的注解為「馬驥良，江蘇常州人。汪偽中央儲備銀行總務處處長。」這個馬驥良的夫人並非是周佛海的妹妹，在《周佛海日記》中一向尊稱之為「驥良夫人」。周佛海只有一個妹妹，他的妹夫叫余軼群，並非馬驥良。見《周佛海日記》1947年3月10日：「佛妹與妹丈余軼群由沅來京……惟佛妹為僅存之骨肉。」

周佛海的生父是周奕九，生母是湖南湘潭人馬翠珍。周佛海的原配是湖南沅陵縣信平鄉白合村鄭妹，鄭妹婚後生有周少海和周淑海。繼室是楊淑慧，婚姻介紹人是黨的一大代表、後來的武漢大學校長李達先生的夫人王會悟。楊和周曾一同留學日本，生有周幼海和周慧海。周佛海的寵妓夫人是上海名妓小玲紅——與大成拳（意拳）門人和弟子之間所秘密傳聞中的王？趙所爭之妓小玉春在同館謀生，並且是小玉春的晚輩。王？趙爭寵小玉春之事，筆者不想考證其有無——她為周生有一女。周佛海的日本夫人是白石夫人，為他生有一女。周佛海的侍寢夫人（丫環）是月娟，沒有為他生兒育女。以上記載可以查見《沅陵縣誌》、《中共一大代表叢書？周佛海》、《我所知道的漢奸周佛海》等著作。

上述五個女人是周佛海一生中最重要的五個女性。沒有一個人的家族背景和著名大成拳（意拳）家馬驥良先生有任何親屬關係和連襟關係。

沒有任何資料和證據能證明馬驥良是周佛海的妻弟。在這一問題上的一些人和一些著作中的說法是完全靠不住的。《我所知道的漢奸周佛海》一書中曾經引用周佛海之子周之友的話說「馬驥良和周佛海在歷史上並沒有關係，他是隨錢大櫆到偽中儲行當漢奸後，才成了周佛海的親信。」《周佛海日記》1947年3月9日中記載了他的內心獨白「病中一切均係驥良照料，其忠義之行，雖古人鮮見。余部屬友人甚多，危難時刻始終不變，盡力招呼者，惟驥良耳。感激之餘，不勝敬佩」。

（三）關於第四個馬驥良

這個馬驥良也喜歡練武術，也嚮往革命，曾在上海見

過孫中山。後來，在孫中山支持下成立了中華武術會，他負責掌管財政大權，出任會計主任。中華武術會最早是由吳志青與唐新雨、戈公振、黃警頑等聯合發起，1919年2月正式成立，名為中華武俠會。8月，中華武俠會改稱為上海武術會。12月10日，再次改名為中華武術會，並專設了滬南武術傳習所。當時教拳的武術家有形意拳師劉金閣、內家拳師劉致祥和於振聲等先生。孫中山先生曾親自為中華武術會會所題「尚武樓」三字牌匾。

詐稱曾打敗過王薌齋的上海著名八卦掌大師王壯飛先生，後來曾在滬南武術傳習所任教務主任。

（四）關於第三個馬驥良

這個馬驥良並沒有練武術的相關記載，他長期出任上海特別市木材同業公會理事長，是舊上海著名的木材大亨。

（五）關於第二個馬驥良

這個馬驥良是「四人幫」之首江青的第一任丈夫、後來改名的大名鼎鼎的唐納。他根本不練武術。為了避免當時叫馬驥良太多的重名現象，他曾把名字改為馬季良、馬繼良、馬耀華，用過筆名羅平。後來就乾脆改名叫唐納。晚年客居巴黎，才恢復馬姓，改名叫馬紹章。

（六）關於第一個馬驥良

這個馬驥良字文波，河北省束鹿縣人，先後師從著名八卦掌大師蘇孟春先生、形意拳大師尚雲祥先生、大成拳（意拳）祖師薌齋先生為師。曾在宋哲元部隊任武術教官。是否參加過楊秀峰領導的抗日隊伍，待考。目前尚沒有足夠的證據證明此說。

到此為止，我很奇怪署名席曉勤的《偽國民政府紀

事》一書、署名金峰編著的《戴笠與軍統三巨頭》一書和署名游國立的《偽廷要員錄》一書中的什麼「馬驌良是周佛海的妻弟」、什麼「馬翠珍是馬驌良的姐姐」、什麼「王向齋（即王薌齋）以教拳為名網羅社會上的地痞流氓通過齊純芝先後同川島芳子勾結成為漢奸」、什麼「王向齋也曾任華北治安總署督辦」、什麼「馬翠珍之弟馬驌良和楊淑慧之弟楊惺華都因武術功夫很深受到周佛海的重用成為汪偽政權的鷹犬」……所謂的「史事」是怎麼編造出來的？特別是我並沒有找到以上幾本書的正規出版檔和相關資料，那麼就首先失去了作為證據採用的可信度。

　　而根本我的考證，汪偽政權中央儲備銀行總務處處長的馬驌良和周佛海的妻弟楊惺華二人並不精通武功，也根本沒有接觸過和練過大成拳（意拳），更不是什麼王薌齋的弟子。在所有汪偽政權的檔案和檔中並沒有任何記錄王薌齋曾任過「華北治安總署督辦」——順便說一下，任這一職務的是有著上將軍銜的大漢奸齊燮元，一個四存學會的體育班的武術教練想當也沒這資格呀！

　　還有那本所謂的《煙臺文史資料彙編》、李紫劍的《大成拳問疑》一文和網路文章《王薌齋之路（摘自孫氏內家拳）》中所謂的「王薌齋借助日偽勢力壓迫武林同胞的記載」、所謂的「明明是走狗漢奸民族敗類，怎麼鹹魚翻身變成了正人君子成了中國人的驕傲？王薌齋不屈大節和馬驌良英勇抗戰的神話（不，應該說是鬼話！）又是怎樣出籠的呢」等指控，我很贊同李紫劍在《大成拳問疑》一文中的一句話，那就是「因為文史資料，所講的都是事實。事實如此，任何人都無法否認，因為任何人都否認不

了。」這話說的多好！可是，作為文史工作者，卻把不真實的傳聞和道聽塗說的小道消息，憑藉自身的所謂資歷和資格，寫成文字，刊發在諸如《煙臺文史資料彙編》這一地區性內部刊物上，就可以達到一手遮天而指鹿為馬的效果嗎？我很想問問《煙臺文史資料彙編》那篇文章的作者，還有《偽國民政府紀事》、《戴笠與軍統三巨頭》和《偽廷要員錄》三書真正的執筆人：您們幾位這麼寫是因為王薌齋先生當年拳打了您們的父兄還是因為曾任過偽青島商會副會長的王薌齋（這是他唯一的一個為了生存而經商的「漢奸商人」證據）在煙臺和青島時對您們父兄的商號有過欺行霸世行為才使您們現在借機報復、大快朵頤？又是青島和煙臺！那個八卦掌大師王壯飛，也是詐稱在青島和煙臺擊敗過王薌齋先生的。我真想問問王祖師：您在那裏到底得罪了哪些人？是怎麼得罪的？

考證到這裏，我還想對《煙臺文史資料彙編》中那篇文章的作者，還有《偽國民政府紀事》、《戴笠與軍統三巨頭》和《偽廷要員錄》三書真正的執筆人和《大成拳問疑》與《王薌齋之路》的作者再忠告一句：做人不能無恥到這個地步。我發自內心的善良願望讓我為您們幾位開脫：您們幾位是把六個叫馬驥良的不同事蹟錯誤地混同在一個人身上了。

意拳史上若干重大疑難史事考（6）

在大成拳（意拳）史上，有一件特別重大而又模糊不清的問題，即王薌齋是否從1913年開始擔任過陸軍部武技

教練所武術教練和教務長一職之事，以及由此而來的有無與鼻子李比武之事。1992年10月號的《武魂》刊發的轟動一時的名文《歷史是公正的——為意拳發展史正本清源》提出：「1913年，袁世凱的陸軍部長靳雲鵬、次長齊振林在北平設立陸軍部武技教練所，薌齋先生受聘擔任教務長。」可是一直沒有看到相關的證據。署名靜雲在《王薌齋名震北京城》一文中也主張「一九一三年，袁世凱的陸軍部長靳雲鵬，在京成立陸軍部武技教練所，特邀王薌齋擔任教務長」。而反對方在《再揭部分意拳傳人的無恥謊言》一文中公開主張：

「經過查閱《中華民國史檔案資料彙編》，發現1913年的陸軍部並沒有所謂「武技教練所」的建制。這可以說明，至少在1913年陸軍部還沒有建「武技教練所」，現在看來，這個謊言真應了一句老話：「皮之不存，毛將焉附」？那麼建立在虛假基礎上的所謂「1913年，在袁世凱的陸軍部任部長的靳雲鵬之宣導下，北平成立了陸軍部武技教練所……靳雲鵬聘請王薌齋擔任該所教務長」之說純屬憑空捏造，那麼後面的「這一年中秋過後的第二天，陸軍部長靳雲鵬在其官邸設宴，特邀請王薌齋、李瑞東兩位新老武林名家相會交流，並邀請了京都軍政要人及武林名流作陪……」則統統是謊言了！

事實真相究竟如何，本文試加以考證和研究如下。

一、關於靳雲鵬

1877年生，1951年死。字翼青，山東今鄒城市嶧山鎮苗莊村人。與張作霖是兒女親家。18歲時，投奔袁世凱，參加「新建陸軍」。後深得段祺瑞的賞識和器重。被列為

段手下「四大金剛」之首。又因為他有一隻眼微斜，被人笑稱為「斜眼將軍」。1909年，任雲南清軍十九鎮總參議。1912年秋，任北洋軍第五師師長，授陸軍中將。1914年，任泰武將軍，升山東都督。1918年，任參戰督辦公署參謀長。1919年初入閣，任陸軍部總長。同年9月24日任國務總理兼陸軍部總長。1921年12月下野。下野後他居住在天津和北京兩地，並正式歸依佛教，但同時也在山東經營礦業。1942年3月，被聘為偽華北政務委員會諮議會議委員會。1949年，他搬到了天津市和平區南海路尚友村1號1951年，病死在南海路寓所，終年74歲。

著名圍棋大師吳清源先生在赴日學棋前，因為家境貧寒幾乎不能成行，是靳雲鵬無私地援助了他500元現大洋，為吳清源先生在日本圍棋界的崛起準備了物質基礎。

靳雲鵬的侄子靳懷剛卻是個革命家。還在他在舊北京讀書時就開始投身革命，參加了著名的「一二·九」運動。抗戰爆發後，他赴延安參加革命正式入伍，並加入了中國共產黨，後任八路軍115師林、聶二帥辦公室的聯絡科長。當時曾被聶帥戲稱其為「靳少爺」。

二、1913年前後陸軍部的人事與編制

根據民國期間所出版的《職員錄》的記載：

陸軍部是民國元年（1912）4月29日正式成立的。

民國元年（1912）陸軍部總長（即陸軍總司令）是段祺瑞，次長（即陸軍部副總長）是蔣作賓。

民國二年（1913）陸軍部總長是段祺瑞，次長是蔣作賓。其中與王薌齋先生有關的人員職務：總務廳署理（即

陸軍部辦公廳廳長）兼軍馬司司長是徐樹錚。陸軍第五師師長是靳雲鵬。此年即眾說紛紜的1913年。

民國三年（1914）陸軍部總長是段祺瑞，次長是蔣作賓。其中與王薌齋先生有關的人員職務：總務廳署理建軍馬司司長是徐樹錚。陸軍第五師師長是靳雲鵬。5月12日，批准設立兩個次長。5月14日，徐樹錚晉升為次長。

民國四年（1915）陸軍部總長是段祺瑞，署理總長是王士珍，次長是蔣作賓、田中玉。其中與王薌齋先生有關的人員職務：總務廳署理建軍馬司司長是徐樹錚。陸軍第五師師長、泰武將軍督理山東軍務是靳雲鵬，陸軍部第六師步隊第十二旅旅長是齊燮元。

到此為止，我們可以說完全明白了王薌齋先生在當時北洋政府陸軍部的關係和後臺人員的具體職務。而查民國前四年的《職員錄》，陸軍部或其他各部門並沒有設立「陸軍部武技教練所」這一專職編制和機構。

靳雲鵬擔任陸軍部總長是民國七年（1918）年的事情。為此，陸軍部還按照慣例，還在1918年3月頒佈了《關於靳雲鵬繼段芝貴任陸軍總長令告》。顯然，《歷史是公正的——為意拳發展史正本清源》一文在這一問題上的表述是不妥的。相信《歷史是公正的》一文的主張，那對歷史來說就是不公正的了。但是，相信《再揭部分意拳傳人的無恥謊言》一文和童旭東先生的觀點，那歷史不但是不公正的，甚至成了任人宰割的偽史了。意拳的歷史問題在此已經陷入了左右兩難的困境。

龔東舉出了江壽祺給《形意拳術抉微》一書作的序中的觀點，作為證據，該序文說：

「民國四年，予任陸軍訓練總監處騎兵監長時，適改定《陸軍教育令》，乃呈請總統於該令中增加拳術一門，並請設立武技術教練所，均蒙批准。於是遂招集各門拳術家細心考察，加意選擇，研究多日，始得形意拳術一門為最合軍用。蓋該拳為岳武穆所發明，用以教練軍隊專能以少勝多，簡單精巧，最切實用，且無論老幼皆可學習，雖千百人亦能齊一操作，而於兵士之三年退伍期間，每日學習一次，即可應用，若他拳雖各具巧妙之處，然非自童年學習，操練十數年不為功，用於軍隊則不相宜矣！該拳不惟強健筋骨，並具有佛道家之禪理，上則精神貫頂以養性，下則氣達丹田以固命，大則可以強國強種，小則可以卻病延年，其利益誠非淺鮮焉！」

「今有形意拳術大家劉殿琛先生得家傳之精奧，不自秘密，著書行世，具有普及全國之願心，形意拳之精華盡發洩於是書，誠為學者之終南捷徑也。劉君曾充武技術教練所教員，學員畢業已有數班，成績極佳。予習斯拳數年，亦承劉君之指教，得以窺門徑，頗有進益，劉君之熱心教授，殊堪令人佩服。書成命予為序，予本軍人，粗鄙不文，焉能為序，僅就予之所知者，略舉大概，以告國人，使國人知所注重可耳，尚乞閱者諒焉。時在庚申冬月陸軍中將江壽祺謹志於都門。」

果真如此的話，龔東使用這一證據還是比較有說服力的。然而，事實遠非如此簡單。

案：江壽祺，安徽潛山人。陸軍中將。保定軍校、陸大第一期畢業。據他自稱曾任「陸軍訓練總監處騎兵監長」一職。根據作序時間為「庚申冬月」，即1920年。但

是，根據我的考證，江壽祺在當時的準確職務是陸軍大學（1912年成立）教育長。而所謂的「陸軍訓練總監處騎兵監長」一職，根據「民國四年」出版的《職員錄》中的記載，在陸軍部只有八個司，即：軍衡司、軍務司、軍械司、軍學司、軍需司、軍醫司、軍法司、軍牧司。騎兵的馬匹來源屬於軍牧司的工作，而訓練屬於軍學司。但是，在軍學司所有編制中獨獨沒有什麼「陸軍訓練總監處」這一職稱和職位！而且，在陸軍部的八個司中，「司」下面的編制是「科」，根本沒有「處」這一級的編制。那麼，所謂的「陸軍訓練總監處」也就是無中生有的了？所謂「呈請總統於該令中增加拳術一門」之說，按照當時八個司的設置規定，應該屬於軍學司的範疇。查當時軍學司執掌的工作條例原文共有十一項，其中可以和武術教學掛上勾的只是第一、三、十一項，即：

第一項，關於軍隊教育及訓練改良事項。

第三項，關於擬定各兵種科操典及教範事項。

第十一項，關於其他軍事教育及訓練等一切事項。

因此，所謂「陸軍訓練總監處騎兵監長」和「乃呈請總統於該令中增加拳術一門，並請設立武技術教練所，均蒙批准」等說，顯然有些蹊蹺。根據當時江壽祺本人出任陸軍大學教育長一職來看，他完全是有能力在陸軍大學中提出這類建議並獲得通過的。因此，我想或許是他記憶出錯，把在陸軍大學的建議張冠李戴了吧？

其實，這麼指責江壽祺顯然有失公正的。因為在《中華民國史檔案資料彙編》中已經列出了「陸軍訓練總監」的設置，但是，從這本資料彙編中公開的檔案來看，有以

下幾點是核心：

第一，陸軍訓練總監設立年代不詳。該書第三輯軍事（一）上明確注明：「？年」，即設立年代不詳。第二，陸軍訓練總監下設立五個監，第二監即騎兵監。而陸軍訓練總監直接面對民國總統。於是，作為監長的江壽祺是有條件直接「乃呈請總統於該令中增加拳術一門」的。是否獲得批准，我們不得而知。因為在民國四年《職員錄》上沒有對這一職位的記載。

可是，在民國四年，山東濟南督察使兼四十七旅旅長馬良就開始在軍隊中設立了「武技傳習所」。著名武術家王子平等人在此執教。這顯然不是孤立的行為。也不是非法的踐越行為，應該是江壽祺「請設立武技術教練所，均蒙批准」後的產物。因此，1913年之說是不當的，陸軍部武技教練所成立在民國四年，即1915年。

三、1912年～1915年之間陸軍部中的武術教官

在民國四年出版的《職員錄》中記載了當時在陸軍部軍學司中正式在編的兩位武術教官孫景雲和楊傑：

武教官兼總隊長孫景雲，奉天本溪縣人。

武教官楊傑，湖北鶴峰縣人。

可見，當時把武術教官稱為「武教官」。而這裏最值得注意的是：「武教官兼總隊長」一詞，因為稱呼兩名正式編制的「武教官」並不需要冠以「總隊長」之稱。顯然，這裏面另有文章，即正式編制的兩名「武教官」和非正式編制的「武教官」（如王子平等人），從而形成一個武術教官總隊。只有這樣才有可能使第一「武教官」的名

稱後面再加上一個「總隊長」的頭銜。比如說，這裏的「劉君曾充武技術教練所教員，學員畢業已有數班，成績極佳」一語，證明了形意拳大師劉奇蘭先生之子劉殿琛先生就是這支武術教官隊伍中的一員。至少這一點是可信的。按照當時的規定，正式在編的由民國政府支付所有工資和開支，而聘請的則由當地軍隊和政府支出全部開支。這大概就是王子平等人的名字沒有正式出現在《職員錄》中的原因。而王薌齋先生也是屬於這類聘請的武術教師之一，因此也不可能出現在《職員錄》中。

在拳史傳承的口耳相傳之學上，我正式遞帖拜師的意拳恩師李見宇老先生和已故神拳老師姜正坤老先生、以及「代友授徒」而我「以師事之」的已故大成拳老師王選杰先生三人，均分別在不同的時間和場合向我講述過這一口述史事。當然也包括了與鼻子李的那段故事，只是有「氣走鼻子李」和「摔出鼻子李」兩種具體說法上的差異。看來這一傳聞顯然是直接來自王薌齋先生。沒有歷史文獻證據，在「吾師」與「真理」之間，有著歷史文獻學博士和博士後學歷的我陷入了左右兩難之地。在某些人看來，假如「陸軍部武技教練所」在1913年並不存在，那麼所謂的武術教官、教務長和「氣走鼻子李」等傳說，正如他們所說：「那麼建立在虛假基礎上的所謂『1913年，在袁世凱的陸軍部任部長的靳雲鵬之宣導下，北京成立了陸軍部武技教練所……靳雲鵬聘請王薌齋擔任該所教務長』之說純屬憑空捏造，那麼後面的『這一年中秋過後的第二天，陸軍部長靳雲鵬在其官邸設宴，特邀請王薌齋、李瑞東兩位新老武林名家相會交流，並邀請了京都軍政要人及武林名

流作陪……」則統統是謊言了！」現在，我們由對民國四年（1915）陸軍部第一武術教官頭銜後面有個「總隊長」一詞的分析，由山東成立武技教習所的事實，可以說為當時王薌齋在這裏從事武術教學活動找到了一個有力的輔助證據！根據我的上述考證和分析，王薌齋先生出任陸軍部武術教官一事並非是謊言。那麼，和鼻子李之間的種種傳聞，顯然也並非全是空穴來風的。

四、與鼻子李比武問題

著名武術家李瑞東先生在他英武的一生中，有兩件故事成了難定取捨的謎案。一件是霍元甲本人及其弟子們傳出的霍元甲與鼻子李比武之事，所謂鼻子李戰敗後把霍元甲關在牢裏、而霍打斷鐵窗窳出牢外逃走之說，明顯是霍氏本人及其弟子的不實之詞。因為當時鼻子李家院中的結構和霍氏傳聞中做描述的完全不同。這一件可以說已成定論，是鼻子李蒙受了不白之冤。另一件就是所謂王薌齋氣走鼻子李或摔出鼻子李之說。看來，只要是武林中人就難免不了會遭受口舌是非吧。

關於這件事，在署名靜雲的《王薌齋名震北京城》一文、署名張寶瑞的《中華武林人物傳》一書等論著中一直熱衷於此說。見《王薌齋名震北京城》一文：

「一九一三年，袁世凱的陸軍部長靳雲鵬，在京成立陸軍部武技教練所，特邀王薌齋擔任教務長……此時李瑞東（人稱鼻子李）在總統府任武術教師。李瑞東曾受八卦掌創始人董海川、大刀王五（王子斌）、太極名家王蘭亭和大俠甘鳳池之孫甘淡然的指點，武藝精純，赫赫有名。

為使王、李兩位武術家相會，靳雲鵬特設宴於官邸……那天薌齋與靳雲鵬在大門外迎接後到的李瑞東。一見到年紀輕輕，且身體瘦弱的王薌齋李瑞東頓生輕視之意。進入大廳時二人互相禮讓先行，彼此兩臂相交之時，李瑞東暗使捋勁；薌齋身體微覺受力，精神為之一振，周身故蕩，順勢而發，說時遲，那時快，李瑞東因年老不支，單腿一軟，跪在大廳門牆之下。王薌齋連忙攙扶，二人仍互讓：『請，請』。一同步入大廳外行不知底細，而在場的武林名流們，已從剛才的一幕裏見出勝負，待人們入席，在首遍酒後，李瑞東口稱『方便』，離席未歸。後來靳雲鵬再設宴欲為兩人調解，但李瑞東已負氣返回天津武清故里。王薌齋為此悔恨不已。他認為，李瑞東已是成名人物，而且年事已高（時年六十二歲），自己不該壯年氣盛致使李瑞東抑鬱成疾……」

　　但也有的學者就採取了比較謹慎的態度。比如說，胥榮東兄的《大成拳——拳禪合一的中國武術》一書初版和再版就做了很大修改，並且表明：「與李瑞東先生試技比武等……今則全部刪除」。李瑞東先生的後人表示：「關於所謂『王李比武』事，並無任何歷史記載及其相關文字史料，除了王薌齋的傳人外，武術界過去連傳說也沒有。憑此兩條，就足以證明完全是有人杜撰出來的」。在《歷史是公正的——為意拳發展史正本清源》一文中對此事採取了一字不提的忽視態度。

　　仔細分析這段傳說，所謂「進入大廳時二人互相禮讓先行，彼此兩臂相交」的行為，只說明兩人有過一點禮節性的身體接觸，而後面的描寫「李瑞東暗使捋勁；薌齋身體微覺受力，精神為之一振，周身故蕩，順勢而發」之

說，就失去了成立的證據。或許真有鼻子李被門檻拌住一下而出現「單腿一軟，跪在大廳門牆之下」，那也是和王薌齋先生是無關的。從鼻子李在此事後很快逝世來看，當時鼻子李應該已經重病在身，只是面子上不想被外界知道。此事的關鍵是鼻子李中途退場，沒有給當時年輕的王薌齋一點面子，才使王薌齋產生了誤解吧。而中途退場也許真的是病體感覺不好所致。在還沒有設立陸軍部武技教練所的1913年，王薌齋先生在北京的活動顯然是和軍旅有關的，成立沒成立他都在那裏教拳。因為那裏有他的好友第十二旅旅長齊燮元、第五師師長靳雲鵬和軍馬司司長徐樹錚。而江壽祺的騎兵監正好在業務許可權上受軍馬司司長徐樹錚的管理，江的提議獲得批准後，由江、徐二人舉薦王薌齋是順理成章的事。

我理解愛祖先者的內心世界。因為支持此說和反對此說都是基於一個相同的平臺，即祖先崇拜論。在我對這件事長達二十幾年的史料苦苦追尋中，可以說真正做到了「上窮碧落下黃泉，兩處茫茫皆不見」的局面。最後，我決定退出歷史文獻的研究，而從佛家的因果循環報應論來理解此事，即：王薌齋因為當時被鼻子李輕視才杜撰出這麼一個故事，所以才有以後王壯飛基於相同的理由而杜撰出一個戰勝王薌齋之事。我的上述分析也許就可以為此做出了一點個人的解釋吧。

意拳史上若干重大疑難史事考（7）

在早期大成拳（意拳）史上有四個人物是屬於神龍見

首不見尾的人物，他們對大成拳（意拳）的產生做出了重要的貢獻，可是卻突然從歷史上消失了，留下了難以解釋的謎案。這四個人是方恰莊、金紹峰、解鐵夫和齊執度。對他們四人真偽和生平事蹟的考證真如四座大山，壓了我好長時間，以至於我差點放棄寫作這篇長文了。本文和下文將集中考證並希望能解決這「四大天王」的問題。

一、關於齊執度

根據薄加驄整理的《姚宗勳先生逸文集萃》一文中的記載：

「《意拳新編》亦執度兄撰寫整理，前後所記並就正於薌師擬正式出書，39年油印80冊，請同門人高明人士提出意見以便修改，曾贈弟一冊，並再三致意。後以時局變遷未果出書。齊執度幼學於薌師即由站樁法入手，偏重於理論與健身於技擊則淺涉而已。齊父為齊振林氏四存學會會長，是顏李學派學者，幼學陸軍，民初曾任陸軍次長。薌師執教於『陸軍部武技教練所』時齊父正任次長職，與薌師過從甚密。」

上述文中所說，基本正確。《歷史是公正的——為意拳發展史正本清源》一文中也說：

「本世紀二十年代，王薌齋先生總結了多年出遊的心得收穫，在形意拳的基礎上，汲取眾家之長，摒棄了延習數百年的套路與固定招式，於1926年在北平宣導意拳。最早的意拳弟子為齊執度叔侄三人。」

因此，意拳的最早的弟子是齊執度叔侄三人和周子炎先生。

但是竇世明先生則主張：「齊執度：河北博野人，1937年在北京四存學會體育班向王薌齋先生學意拳站樁，終日追隨先生左右，精研意拳理論，研習拳技，著有《意拳》一書。」此說顯然不當，齊執度學意拳不是始自1937年。而且，1937年的齊執度另有「公務」在身，只是偶然來跨車胡同指導師兄弟們練拳，而非來學拳。

龔東在網路上回答李紫劍先生的質問時，曾經說：

「齊執度，王薌齋意拳的早期弟子，北洋政府陸軍部次長齊振林公子，中共地下黨員，曾在國民黨北平軍中參謀部供職，解放前夕被國民黨殺害於獄中，算不算革命烈士？」

此說沒有提供相應的史料證據，非常遺憾。根據我所看到的史料：1937年開始，齊執度先在其父齊振林任會長的四存學會附屬四存小學任校長，後來又到了其父的同宗兄弟齊燮元手下的偽臨時政府治安委員會治安部治安科任上校科長。（見王振中《四存中學讀書見聞》）在漢奸大審判中被捕入獄身亡。

就以上這一點來說，齊執度的行為肯定是「棄明投暗」的變節行為。但是，假如真的如龔東所說是「中共地下黨員」打入了偽政權內部的行為的話，那到真是善莫大焉的事情。只是從「偽臨時政府治安委員會治安部治安科任上校科長」一職是如何打入的「國民黨北平軍中參謀部」呢？三四十年代的齊執度，除了上述「公務」和「拳務」之外，他還曾與著名民族資本家和民主人士章乃器先生在報上就經濟和民生等問題進行過大辯論，名噪一時。以他如此公開的身份和顯赫一時的家世，如此高的知名度，在齊燮元因漢奸罪於1947年被槍斃後，作為他的族侄

和親信的齊執度是如何逃脫了漢奸大審批並一越而成為「國民黨北平軍中參謀部供職」的高參的呢？我沒有資格和機會查證舊北京「中共地下黨員」的相關檔案檔，懇請冀東不吝賜教，願聞其詳。

二、關於方恰莊

方恰莊的事蹟難以考證是因為他的本名不叫方恰莊，他原名是方永蒼，福建省福清市鏡洋鎮茶山村人。方永蒼的叔叔是著名縱鶴拳家方世培。方世培原名叫方徽石，字世培，生於1834年，卒於1886年。方世培自幼年開始練習武術，學的是南少林派的鶴拳。

根據《技擊餘聞》的記載：方世培「年甫弱冠，典中武舉，以無意於仕途，遂雲遊各地，尋師訪友，探討各派拳藝，深覺鶴法原本猛殺，復求輕柔震彈則盡善盡美。」後來在天竺寺得遇寺中高人，授以導引行氣之法，結合練拳，使他練出了內家拳法，創新而成縱鶴拳。現今在福清市鏡洋鎮茶山村仍保存著「方世培故居」。請李紫劍和童旭東等人前去查證和旅遊。

我們既然已經考證出方恰莊的籍貫和祖屋，那麼所謂在湖南或浙江遇見方恰莊的王選杰先生等人之說則純屬謊言了。因為不值一駁，故此我也就不舉例說明了。

在縱鶴拳史上一直有著這樣一種傳聞，說方世培的祖先是方七娘，而方七娘是著名武術技擊家、名滿四海的方世玉的女兒。誠如是，則方恰莊也就成了方世玉的直系後裔了。此說之真偽，請縱鶴拳家們去考證和研究，我對縱鶴拳史研究沒有興趣，那也不是我的使命。

方世培的族侄方永蒼，字恰莊。自幼與其堂弟方永華（字恰諧）一起開始向其族叔方世培學拳，頗得真傳。方恰莊弟子中最著名者是福州市蓋山鎮郭宅村人林國仲、張常球和其子方紹翥先生。其中，林國仲先生1947年攜全家赴台定居，並開設武館和診所為生。1968年逝世，享年84歲。其子林國明繼承其拳術。1988年，臺灣縱鶴拳協會曾專門派人到福清市鏡洋鎮茶山村尋訪祖師方世培故居，祭拜祖師。請見臺灣《中國時報》2004年11月15日的相關報導：

「臺灣縱鶴拳門人 福清尋根拜祖師 臺灣縱鶴拳門人19人，由掌門人林英明帶領，九月十九日前往大陸福清尋根，受到大陸門人和福清鄉親熱烈歡迎，中午盛宴款待，下午進行一場武術交流，成為創派一百八十多年來，縱鶴門第一支尋根祭祖的臺灣隊伍。說到縱鶴拳，難免要提到意拳創派大師王薌齋，他生於1885年，從小得有『半步崩拳打天下』之譽的形意拳大師郭雲深傾囊相授，28歲已名震北京，大江以北未遇對手；應當時軍政界名人徐樹錚之請，任國民政府陸軍武技教練所教務長。王薌齋於民國七年南下遊宦，到福建時，與縱鶴拳名家方永蒼（一說方紹鋒）試手，竟四勝六負，對嶺南拳藝大為驚異，兩人成為莫逆之交，意拳也因此受縱鶴拳影響，他生前特別交代門徒，以後遇上縱鶴門人，不可輕敵。不過，縱鶴拳擇徒甚嚴，人稱『暗館』，與一般武術館公開招生授徒不同，向來不輕傳，臺灣的門人不算多，此次到大陸尋根祭祖的，是來台第二、三代門人。大陸的縱鶴拳一脈遭遇坎坷，受到文化大革命迫害，中斷了廿多年，祖師傳下來的拳譜，被紅衛兵搜出，全數燒毀，祖師的全身木雕像也難倖免，

從大陸門人口中得知，套路已有一部分散佚，所幸功法還流傳了下來，這些年恢復傳承，練出不少好手。據大陸門人說，一代宗師林國仲來台前，在大陸的門徒鄭能傳、林孔亮二人，生前打遍福州無對手；只是大陸也與臺灣一樣，練拳不輕易讓人看到，如今兩家的後代子弟，練拳時連基礎的進馬、退馬都不肯示人。謁祖當天，臺灣門人起了一個大早，大陸門人在半途等候，兩岸尋根隊伍擎著兩面大旗開路，四、五十人浩浩蕩蕩行走在山間小徑上，山村的居民紛紛探頭查看，墓地在山腰，門人們準備了牲禮酒品，鮮花素果，隆重祭奠。下山之後，驅車前往祖師方世培生前位於福清的祖厝，祖師第五代孫和其家人出面迎接，老宅前早已聚了人群，燃放起長串鞭炮，高掛歡迎紅布條，大大小小鼓掌歡迎，附近的莊頭並不大，幾乎家家出動，小孩還特地穿上禮服，興奮得又叫又跳。祖厝屋椽高聳，建築雄偉，雖因年代已久，外表斑剝老舊，卻風華未減，祖師的兄長進士出身，是地方上望族，所以文革期間成為被清算的對象，梁上的扁額都被拆去當課桌椅，只留下幾道痕跡。在祖厝的中庭裏，發現祖師當年的練功石，用來練手的一塊石頭，重一百九十斤，用來練腳的一方巨石更重，也不知有多重，門人一一上前嘗試，提得起卻耍不動，紅衛兵大概是莫可奈何，才得以保存下來。午餐前，大夥迫不及待地到祖師當年練功的天竺寺探訪，結果大失所望，因為天竺寺早被紅衛兵拆了，柱子和屋樑拿去蓋學校，只留下幾堵殘壁；一方刻有『天竺寺』三字的石頭，為了迎接臺灣門人，臨時建了面牆嵌上『天竺寺』三字。下午的武術交流，臺灣門人逐一上場演示，完整呈

現了縱鶴拳的原貌，讓大陸門人開了一次眼界，大陸也有兩代傳人登場表演，擅長吞吐引勁；兩岸門人私底下試了手，發現各有領悟，彼此佩服。」

《大成拳問疑》一文中所質問的「書言方恰莊先生極得多翁推重。請問方先生何方人氏？所修何藝？造詣若何？百年生平？」想來看了我的考證之後應該說，這一問題已經徹底解決了。

三、關於金紹峰和方紹峰

首先，我可以斬釘截鐵地告訴大家：在近現代中國武術史上，並沒有一個所謂的鶴拳名家「金紹峰」這個人。和王薌齋先生比武的那個著名的鶴拳名家並不叫「金紹峰」。其次，很多大成拳和意拳的論著在講到方恰莊和金紹峰這段歷史時總是說王薌齋先見的方恰莊，而後見的金紹峰。以上兩類錯誤，如《歷史是公正的——為意拳發展史正本清源》一文中就主張：

「得遇福建少林寺心意門名家方恰莊，比試各有勝負；後經方恰莊介紹，得識鶴拳名家金紹峰先生，彼此互換心得。」

再如林肇倫的《意拳源流述真》一文也聲稱：

「此時期有緣結識湖南心意派巨擘解鐵夫和福建少林寺心意門嫡傳方恰莊及鶴拳名家金紹峰等人，進一步獲取拳學要旨與真髓。」

根據我的考證則正好相反：因為他們都沒有明白方恰莊和金紹峰二人的關係，才如此說。實際上，王薌齋先生是先見的金紹峰，比武大勝後在金紹峰的引見下才見到了

金紹峰的師叔、著名的縱鶴拳家方恰莊。不僅如此，《歷史是公正的——為意拳發展史正本清源》一文等很多論著還把「方紹峰」錯為「金紹峰」。

實際上，所謂的「金紹峰」本名應該叫方紹峰，他是方恰莊的族侄，方紹鸁的堂弟。見臺灣《中國時報》2004年11月15日的相關報導：

「武林人士經常為文談論縱鶴拳，由於兩岸隔絕多年，傳言多有錯誤……方紹鋒被誤為金紹峰……大陸之行後，從墓碑、族譜上查證，糾正了過去的許多錯誤。」

方紹峰的師傅是程學深，程學深和王白水早年曾一起學拳於方世培門下。他們二人是方永蒼和方永華兄弟的師弟。因此，從師承關係上講，方紹峰是方恰莊的師侄。不僅如此，在血緣關係上，方紹峰是方恰莊的族侄，他們是族叔侄關係。方永蒼和方永華是「永」字輩排行，在字型大小上使用「恰」字排行。而方紹峰和方紹鸁是「紹」字輩排行。此事是方紹峰先見到了王薌齋，比武失敗後才引見他和自己的族叔方恰莊比武。結果，這一比王薌齋先生四勝六敗。姜老師是最早向我講述此事的，他當時雖然不知道「金紹峰」是方紹峰之誤，但是他最先告訴我「方恰莊和金紹峰是叔侄或舅甥關係」。現在經過我的考證，方紹峰是方恰莊的族侄，可見姜老師當初之說是有根據的。為姜老師祝冥福。

四、關於解鐵夫

解鐵夫的事蹟最難考證。不少論著把方恰莊和解鐵夫的所在地弄混。如王選杰先生的《王薌齋與大成拳》一書：「在福建遇到名拳家解鐵夫先生。」上面我們已經考

證出了在福建遇見的是方恰莊——按照傳說，在湖南衡陽遇見的應該是解鐵夫了。但是，解鐵夫還是謝鐵夫？分歧頗大。可是，在近現代中國史料上，新聞報紙和出版印刷業的發達，加上二三十年代修族譜和家譜行為的普及，肯定會留下蛛絲馬跡可供考證。然而，至今為止，我查找了湖南全省的《謝氏》或《解氏》家譜和族譜，連同湖南以外的《謝氏》或《解氏》家譜和族譜中的分族記載等相關資訊，一無所獲。查找民國和清末期間的有關湖南的相關檔案，還是一無所獲。據說，薌齋先生本人也說過：「我在國內參學過萬里，拜見拳家逾千人，堪稱通家者僅有兩個半，即湖南解鐵夫、福建方恰莊和上海吳翼輝」。後兩個人已經是事實存在了，那解鐵夫呢？《大成拳問疑》一文中聲稱：「解鐵夫先生乃江南第一妙手，曾誨薌翁。請問解氏何處人氏？故里何名？三代姓名？生卒年月？所習何藝？有何為證？家族近況？……或曰四十年代解公之侄曾北訪多翁。請問其事發生在何年何月何日何處？來時何人接風？去時何人禮送？嗣後有無來往？」看來還真讓那李紫劍說中了。歷史文獻學教授居然回答不了有關解鐵夫的籍貫和生平事蹟等問題，十分慚愧！古人云：「一事不知，儒者之恥。」謂為信然也。

可有趣的是我卻找到這麼一段記載，即所謂的「孫存周輕取解鐵夫」之說：

「孫存周，諱煥文，號二可，1893年出生在河北完縣東任家疃。父親是武學大宗師、素有武聖之譽的孫祿堂先生。據說孫存周6歲時開始揣摩父親練拳，並喜歡玩弄彈弓。由於父親常年在外，孫存周很少能見到父親，所以真

正練拳還是在16歲時，1909年開始正式隨父習武。苦修三年，日以繼夜，得孫氏形意、八卦大要。遂訪京津及燕趙等地名家切磋技藝，名聲鵲起……1921年，在杭州茶商程雲甫家遇湖南心意拳家解鐵夫不洽，遂做切磋，孫存周輕取之。時以八卦穿掌擊撲解氏，因解氏為程先生舊友，孫存周初來杭州時曾蒙程氏關照，故手下留情，未加滲勁。此後不久，解氏即歸故里，不輕言拳術矣。」

因為大成拳（意拳）傳人們四處承認說「王薌齋與解鐵夫較技，十戰十敗」，也有人編造出比拳輸而比器械勝之說，如《王薌齋與大成拳》一書：「比武結果倆人各有勝負。在器械上王先生功底較深於解老，任彼千變萬化，先生視彼若無，雙手持劍，橫掃豎劈，騰挪架閃，出手似很緩慢，但制敵總在於先。」難怪《歷史是公正的——為意拳發展史正本清源》一文指責王選杰先生搞亂了拳史呢……現在，某些人又冒出來了「孫存周輕取解鐵夫」之說，言下之意就是「孫存周也可以輕取王薌齋」了。

這一神話究竟由來何處，相信對大成拳（意拳）史有所瞭解的全清楚，大家都心知肚明，也就不必多講了。幾十年來，我在國內外大小圖書館和檔案館翻遍了上百種檔案檔，上千冊的家譜和族譜，上萬張的舊報紙和舊雜誌居然沒有找到對解鐵夫的半個字的報導，有人卻告訴說「1921年，在杭州茶商程雲甫家遇湖南心意拳家解鐵夫不洽，遂做切磋，孫存周輕取之」，還說「解氏即歸故里，不輕言拳術矣」，請問：他的故里在哪裏？你怎麼知道他「不輕言拳術」了呢？

傳聞解鐵夫的侄子到北京曾找過姚宗勳先生，此事當

事人一方今已不在，另一方則生死不知。此事之有無看來還需要認真查找史料證據。我這裏所能解答的只是一點：根據我所掌握的資料和考證，並不存在所謂的「孫存周輕取解鐵夫」之說，假如孫門弟子們還要力主此說，請您以真正史料教我，拜託了！

意拳史上若干重大疑難史事考（8）

關於在大成拳（意拳）正宗傳人中，尤彭熙的身份、功力和生平頗為神秘而且傳奇，本文集中討論和研究這個人的相關問題。

一、 關於尤彭熙

尤彭熙先生，生於1902年，卒於1983年7月21日。江蘇無錫人。1926年畢業於上海同濟醫學院。因為當時同濟醫學院是和德國Heldelberg University聯合辦學的，所以畢業後他取得了德國的醫學博士學位。（曾有人在文章中說他「同濟大學畢業後，赴德國留學獲得醫學博士學位」，以筆者目前所看到的資料來分析，他是否真正有過留德經歷，不詳待考）

他是著名意拳大師、國際象棋大師和皮膚外科醫生。1930年，尤彭熙先生等人組成國際象棋聯隊，力挫英人棋手，獲得中英萬國象棋比賽優勝稱號。尤彭熙先生有子女三人，分別為尤國鐘、尤國鈞、尤家玲。他們兄妹三人皆為中國國際象棋界一流國手，但是大概都不練意拳。在意拳上，尤先生擅長使用空勁而聞名。他在國內的弟子寥寥

無幾，著名的弟子是董源培、曾鴻硯等人。1981年開始，他接受美國斯坦福大學研究院（Stanford University Research Institute）的邀請，開始移居到美國加利福尼亞從事短期的醫學研究活動。然後，尤彭熙、歐陽敏夫婦為了生存，在總部設在三藩市的「黃德輝國術學院」擔任氣功教師（而非拳術教師），開始了意拳養生樁氣功的教學生涯。在美國的著名弟子是黃德輝、黃耀禎等人。1984年，上海衛生系統公佈了全市衛生和醫務人員的等級評定（相當於職稱評定），高級職稱人員共235人，又分為三級，尤彭熙先生是一等第二級。這一級別的醫生有79人。或許相當於今天所謂的「二級教授」？這時候尤彭熙先生已經逝世一年了。

　　楊紹庚先生等人在《意拳詮釋》論著中說尤彭熙先生病逝於1983年春，顯係誤傳。

二、我和尤先生一段無緣的師生緣

　　1982年秋，正值筆者在北京鐵路某中專上學之時，在美國友人、斯坦福大學教授、著名易學家趙自強老先生安排下，以美國東方文化事業基金會特聘講師的名義，邀請易學世家出身、年僅19歲的我前往美國講易學。趙先生告訴我說：他每天正參加大陸剛來的氣功師尤彭熙先生的教學班，練習養生氣功，並問我來美後可有興趣一學？我當然很感興趣了，並回信給他訂正說：尤彭熙先生是著名意拳大師，擅長技擊，不光是氣功師。當年底，趙老先生來信告訴我說：已經給我報了下一期的尤彭熙氣功班，我的學生證和交費收據全保留著，就等我辦理護照和簽證了。結果是護照沒辦下來，尤彭熙先生在美也病倒了，最後是

退證退費。19歲的「易學專家」來美講易學畢竟太年輕了，當時連留學也是件很新鮮的事。那時的北京市公安局護照科的接待人員建議我選擇留學或移民的方式，拒絕了我的講學的護照申請。三年後，還是在趙老先生的一言九鼎提拔之下，22歲的我憑藉出版了一部易學研究專著《周易通說》（國內著名出版家楚莊先生、吳祖心先生和張繼先先生也為此書出版貢獻良多，特此感謝），成了美國國際《易經》學會在中國的第一批五名正式會員。

這是我和尤彭熙先生的一段無緣的師生緣。但是，透過趙自強老先生的介紹，我對尤彭熙先生在美國的一些情況，略知一二。

三、 尤彭熙和樂奐之

尤彭熙先生以擅長空勁而聞名。尤彭熙先生最早迷戀中國象棋和國際象棋，業餘開始向著名太極高手樂奐之學習空勁。于永年先生在《大成拳——站樁與求物》一書中提出：

「留德皮科名醫師尤彭熙先生此時經上海文人江一平介紹拜王式門牆。尤氏以後將意拳發展為『空勁』一支。」

此說可能不十分準確。因為尤彭熙先生最早是向樂奐之先生學習太極拳術和氣功。（有不少人主張現代意義上的「氣功」一詞是解放後才產生的，實屬誤解。根據史料證據，至少在1915年出版的武術著作中，就已經正式使用現代意義上的「氣功」這一術語了）

在著名國學大師胡樸安先生筆下，樂奐之是個功力超群的拳學大師，見《病廢閉門記》一文中的記載：

「我在病廢以前，每日清晨六時，必練太極拳一遍，

已有十七八年之久……認識樂奐之，奐之河南固始人……其太極拳極精，能手不粘身，即將對方打出……奐之能用空勁，相隔一丈，對方即立腳不穩……我往時與楊澄甫、孫祿堂、吳鑒泉推過手，雖一拈手即被打出，但是於有知覺之中，無法與之抵抗，不如奐之之如行雲流水，若然無所事也……（奐之）出其手，在電燈下，撐開五指，如煙霧之氣，蓬蓬勃勃。如煙霧之氣者，即所謂空勁也。」

這個曾任過民國時代江蘇省民政廳長的胡樸安先生，也是位武林高手，他早年從陳微明先生學陳式太極拳，曾與楊澄甫、孫祿堂、吳鑒泉等大師試過手，現在臺灣的練「熊式太極拳」的門徒，即其再傳弟子。可以說胡樸安先生所言不是外行話。他認為「奐之能用空勁，相隔一丈，對方即立腳不穩……我往時與楊澄甫、孫祿堂、吳鑒泉推過手，雖一粘手即被打出，但是於有知覺之中，無法與之抵抗，不如奐之之如行雲流水，若然無所事也」，看來還是有些根據。樂奐之師從董英傑，董英傑師從楊澄甫。因為信奉空勁功法，樂奐之和尤彭熙二人還參加了上海的藏密團體「諾耶精舍」。三四十年代，尤彭熙先生在上海北河路開設尤彭熙皮科診所，與著名畫家陶冷月、著名詩人徐志摩和陸小曼夫婦、著名象棋大師謝俠遜等人為好友，聯繫頗多。尤彭熙先生還和民國名人、後來的漢奸、精通太極拳的褚民誼關係頗好。並在1932年當選為全國醫師聯合會第二次全國代表大會選舉執行監委員的候補執行委員。

四、關於空勁

這個問題由我來講，壓力頗大！因為我以前修持的

「念力氣功」在某種程度上與此相通。在意拳界已經有人向我提出了反對意見，並擔心我會在正統意拳中加入念力氣功。雖然，先師姜正坤先生和恩師李見宇先生分別以峨嵋派功法、祝由科功法加入了意拳養生和醫療活動中，但是，那只是對於養生與醫療活動，並且還特別告訴我哪些是他們加入的。而對於正宗的拳術，他們一直是以「老先生怎麼傳的，我就怎麼教」的態度來處理的。

一直有人說空勁源於王薌齋先生。實際上不是。尤彭熙先生被人稱為「神拳」，在舊上海頗負盛名。但是，根據我所知道的情況來說，空勁並不是祖師薌齋先生本人所傳和所創造的功法。楊紹庚先生在《意拳詮釋》一書中也記載說：

「我向尤兄詢問他的『空勁』是怎樣出現的？他說他曾向某個西藏活佛（時久我不記其名）學習西藏黃教密宗，已達上乘，與意拳樁功結合，無意中出現，於是深入探索，遂有現今的功力。」

這已經說的很明白了。我再補充一句如下：所謂空勁，直接來源於藏教拙火定的修行方法和發力方法。我雖修行有年並一直熱衷於探討和研究，曾從西藏一直追到印度本土，但至今還是一無所獲。所以敬請各位放心，我從不想把這些東西引入正宗的意拳體系。那是尤彭熙先生直系弟子們的事情。但是，對於一般練習者來說，把藏密功法引入意拳是不可取的。這是我很鮮明的一個主張。

1953年，尤彭熙先生來北京時曾當著祖師薌齋先生的面，和李見宇老師試驗空勁的威力，結果完全不起任何作用。因為當時李老師已經在薌齋先生介紹下，正和中醫研究院的一位教授級著名老中醫田靜波先生學習祝由科治療

法，薌齋先生當時以為是李老師的祝由科有了抵抗效果，所以薌齋先生又讓尤發空勁給在場的其他師兄弟們，如姚宗勳先生和楊紹庚先生等人，也是沒有任何效果。幾天後，姚海川先生來北京時也曾單獨找尤一試，當然也是沒有作用。但是，看看楊紹庚先生書中記載的尤對其弟子發空勁，效果就完全不一樣了：

「1963年我出差上海，停留時間一個月，有充裕時間與他接觸……就施展其『空勁』技藝讓我開眼。先是以兩手對著離他一公尺遠的曾鴻硯上下拍動，曾則隨之像皮球被拍動似的原地上下跳動。繼之尤兄以掌對曾凌空揮動，曾則不由自主地向後跳動，連續揮之，曾則連續後退於七八公尺外。接著尤兄以掌相吸，曾則向前回跳，至相距約一公尺，彭熙兄掌心向下一拍，曾鴻硯隨之一跳……當兩人推手時，他在兩人不注意時，兩手有如凌空置於兩推手者之間，向外一發力，兩推手者都向後跌倒；他在前面走動，讓弟子從後來襲擊他，當來人到他身後約半公尺時，他仍向前走動只是向後稍一坐胯，背向後面發力，來襲擊者就被摧倒……我在旁想驗證一下曾是否有作『托』之嫌，遂用右手握住曾出拳的手腕，用內力往前拽動，沒有反映，又用力向其後面推動，也沒反映，感到他的手似乎被焊住了，已不屬於他自己。前後時間約兩分鐘，我請尤兄鬆掉他，只見尤兄小腹向前略為發力，曾即向後跌撞出去。」

但是，楊先生的下面親身體驗是很真實的，見如下：
「有一次我帶他的一個弟子推手時，無意中突然感到有一股有如電流的力，通過接觸點侵入臂內，循臂而上，我當即發力將其擲放出去，不受其力侵犯。之後胸腹部稍有不適感，

半小時後消失。我疑此力是尤兄借用他的弟子向我施為。」

　　楊紹庚先生的親身體驗只是證明空勁的效果不是「托」在作怪，他自身也體會到了那股突如其來的力量。「無意中突然感到有一股有如電流的力，通過接觸點侵入臂內，循臂而上」，這就是拙火定功法中出現的火蛇力。但是，楊先生居然可以「我當即發力將其擲放出去，不受其力侵犯。之後胸腹部稍有不適感，半小時後消失」，可見楊先生定力功夫之高！

　　我很贊成趙道新先生的觀點：「所謂空勁……這些『特異功能』應用於技擊尚未見實」。

五、尤彭熙和上海意拳社

　　《歷史是公正的——為意拳（大成拳）發展史正本清源》一文中主張：

　　「1928年，薌齋先生在上海牛莊路（舊上海先施公司後面）成立『意拳社』，傳授意拳。」

　　此說不十分準確。類似之說也很多，就不一一舉例了。意拳社準確的註冊成立是在1929年。到1929年底，上海成立的主要的武術團體三十九家，讓我們看看《1929年以前上海主要武術團體表》，如下：

1929 年以前上海主要武術團體表

團體名稱	創辦年月	創辦人
1. 精武體育會	1910 年 6 月	霍元甲等
2. 拳術研究會	1911 年	汪禹承 吳蔭培
3. 南洋大學技擊部	1912 年	黃照臨 李鴻儒
4. 中華國技傳習所	1914 年	劉震南
5. 上海武學會	1915 年	朱國福
6. 中華拳術研究會	1916 年	向達
7. 廣肇公學技擊部	1916 年	霍守華

團體名稱	創辦年月	創辦人
8. 武術學會	1918 年 2 月	鐵夫
9. 武技研究會	1918 年	張子武
10. 江蘇教育會附設體育研究會國技部	1919 年 2 月	唐豪 周啓明
11. 中華武術會	1919 年	吳志青
12. 聖約翰大學拳術研究會	1919 年 11 月	徐雲樂等
13. 昌明技擊傳習所	1919 年	金殿傳
14. 中華拳術研究會	1919 年	吳蔭培 劉百川
15. 國技研究會	1922 年 9 月	劉仁
16. 國育武術研究會	1922 年	查瑞龍
17. 普及武術會	1922 年	余魯卿
18. 中華劍術研究會	1922 年	朱劍華
19. 中國武術社	1923 年	王子平
20. 安徽拳術研究會	1924 年	劉百川
21. 慕爾堂技擊團	1924 年	王亦樵
22. 中華尚武會	1924 年	王漢禮
23. 致柔拳社	1925 年 5 月	陳微明
24. 集精武術團	1925 年	包勝才等
25. 中華體育會國術研究院	1926 年	蕭格清
26. 武當太極拳社	1926 年 11 月	葉大密
27. 上海國術協進會	1927 年	唐豪 徐致一
28. 匯川太極拳社	1928 年	武匯川
29. 上海國術館	1928 年	張伯旋
30. 中華國技學會	1928 年 8 月	馬景援 李景林
31. 中華太極拳研究社	1928 年 10 月	不詳
32. 尚德武術研究社	1928 年 7 月	賈鐵成 葉良
33. 中國內功研究社	1928 年 11 月	莊欣榮
34. 中華國術協會	1928 年 11 月	褚民誼 李景林
35. 尚武進德會	1928 年	姜容樵
36. 中華武當太極拳研究社	1929 年 3 月	褚桂亭 武匯川
37. 尚志國術社	1929 年 6 月	吳翼翬
38. 螳螂拳研究社	1929 年 10 月	楊維新
39. 意拳社	1929 年	王薌齋

　　競爭之激烈，可想而知。當時意拳社社址在上海著名的先施公司（上海市黃浦區南京東路690號）大樓後面的牛莊路。地點在當時還算半個鬧市。具體註冊經辦人正是尤彭熙先生。他那時在意拳、藏密功法、中國象棋、國際象

棋和皮膚外科診所五個方面皆有成就，成為上海灘的名人。「神拳尤彭熙」之稱正是在此時產生。

意拳史上若干重大疑難史事考（9）

一、關於郭雲深和王薌齋的師徒關係

1894年，因為與郭老有親戚關係，於是王薌齋開始與郭老養子郭園一起，向郭雲深學形意拳。主張此說的大有人在。如，顧堅《憶形意門先哲郭雲深先生》、石師薌《名言中外的意拳宗師王薌齋》、靜雲《少年時代的王薌齋》、《歷史是公正的》、和振威《大成拳學》、林肇倫《意拳（大成拳）源流述真》等人。

李紫劍在《大成拳問疑·四》一文中質疑：

「大成拳界一直說王薌齋是郭雲深先生的關門弟子、衣鉢傳人。後來郭雲深的弟子多次撰文，公開指出王的拳是跟他舅舅和姐夫學的，對此，大成拳界並無一人反駁。如此這般，請問雙方誰講的是事實？……如果王薌齋的拳確實是跟他姐夫等人學的，那麼，這些年來盛傳的王薌齋跟郭雲深學拳的種種故事，又如何解釋？與那些故事相關的故事，該不該給讀者一個交待呢？」

和這一問題緊密相關的，還有所謂的對「王薌齋充大輩」的指控！當然，這一指控據說最早出自孫祿堂先生或吳圖南及其門人。比如在《內家拳舊聞·十二》中就曾聲稱：「據吳圖南講，王薌齋在北京混不下去就是栽在了尚雲祥的手裏。那時王薌齋充大輩，自稱是郭雲深的徒弟，

跑到尚雲祥家充大，被尚雲祥捏住了他的胳膊，使王薌齋痛的受不了，於是跪在尚雲祥面前，反叫了尚雲祥三聲師叔。這是吳圖南親口說的。為此姚宗勳很生氣，說吳圖南沒有口德。還不是因為揭了他師傅的老底。」關於這段傳聞，我先後調查數年之久，這段所謂公案涉及到的人物有吳圖南、姚宗勳、王薌齋和尚雲祥四人。可以說這是極其典型的查無實據、空穴來風式的人為捏造的虛假事實。吳圖南先生既沒有對別人這麼傳過類似的話，姚宗勳先生也沒有對吳圖南先生有過類似指責。而吳和姚二人唯一的一點不愉快還是因為：當時正在姚門下學拳的王選杰先生曾經踢了吳圖南先生的場子，甚至還想和吳圖南先生的夫人單練。這讓吳圖南先生大為光火，讓姚宗勳先生要管好自己的徒弟。因此，我們有理由懷疑《內家拳傳聞》的這段記載出自某派拳法弟子們之手。

其實，這類說法忽視了這麼幾個事實，即：首先，王薌齋的姐夫李豹本來就是郭雲深正宗直系弟子，而王薌齋和李豹平輩，自然要比孫祿堂先生輩份高，並不存在所謂的「王薌齋充大輩」的指控，更不存在所謂「郭雲深怕亂輩份沒有收王薌齋為徒」的猜測。其次，郭雲深吃住全在李豹家，完全是由李豹養老送終，按照當時的規矩，正式拜師必須要給師傅遞紅包。這筆錢怎麼出、由誰出和怎麼收、由誰收都成了問題。而王薌齋當時還是個孩子，從人情關係上講，郭雲深更不可能向一個小孩子和自己徒弟的小舅子索要拜師禮錢。第三，小孩子向郭雲深學拳前叩個頭是很正常的（即所謂拜師行為），至於所謂「郭巧雲領著王薌齋這郭雲深的墳前磕了頭」的拜師行為，假如真有

此事的話，那應該是成年的王薌齋對郭雲深的一種感激行為，而不應誇大此事的意義和效果。

對於師承，王薌齋先生在《意拳正軌》中自述：「吾與郭先生同裏，有戚誼，為長幼行，愛吾聰敏而教之。」這應該不是虛談。

二、關於李豹・李振山

在《內家拳舊聞・十二》中曾聲稱：

「據深縣郭子坤一系傳人說，王薌齋是跟郭雲深之徒李豹學的，在墳前磕的頭。所以很多老人並不承認王是郭雲深的徒弟。」

如上所述，我們並不否定王薌齋先生曾經向郭雲深先生學過拳這一事實。但是，對於一個年幼的孩子來說能否接受和掌握這些絕世武功，是我們所懷疑的。因此，我肯定李豹在王薌齋武學成長過程中的重大作用。作為王薌齋的姐夫，李豹先生顯然是郭雲深先生的真正弟子之一。也是得了郭氏真傳的關鍵人物。

李豹，即李振山。也是郭雲深墓碑的立碑人。

這裏所謂深縣郭子坤一系傳人，可以見《武魂》2006年第4期上的李瑞林先生寫的《深州之行》一文，該文中聲稱：「因從師沒有拜帖，外人缺乏信任。又回村找郭雲深先生拜帖，郭雲深先生此時已辭世。」但是，這裏面有個不容忽視的事實就是「因從師沒有拜帖」，從證據學上來說，已經構成了事實上的師徒關係。如果以有無拜帖作為是否為正式弟子的標準的話，那麼一半以上的武林人士的師承都成了問題！以意拳來說，就我之所知：在不少出了

名的意拳第二代弟子和學生中，沒有向王薌齋先生正式拜帖的大有人在，恕這裏暫時不想公開，但是，至少大家都肯定他們作為王薌齋先生正宗直系弟子的身份和資格。而孫祿堂先生是以徒孫身份接受郭雲深先生的指導的，不知道為何在某些人筆下居然成了「先從李魁元，復從郭雲深」的師承版本。在他們指責大肆熱衷於宣傳「王薌齋充大輩」之時，按照他們以有無拜帖作為是否為正式弟子的判斷標準來看，請問「復從郭雲深」的拜師帖在哪裡呢？請出示！還有就是孫祿堂先生在案1923年出版的大作《拳意述真》中郭雲深先生在他筆下居然在「1898年逝世」了，而今天眾所周知的是1900年。誰能解釋一下，這是怎麼回事？不是有不少人主張孫祿堂先生才是郭雲深先生的「衣鉢傳人」嗎？在這一重要問題上怎麼還出現小兒科級的錯誤呢。更重要的是：他為何在《拳意述真》中聲稱郭雲深「隱於鄉閭，至七十餘歲而終」，而對李豹師叔的存在隻字不提呢？

上面提到的郭子坤先生，是李豹的弟子。

據說形意門裏較早承認了王薌齋先生的正式身份的有：李存義、張占魁、劉偉祥、錢硯堂、郭園、李豹等人。現在，給予認可的就更多了。在中國近現代武術史上，王薌齋先生自幼年時開始師承郭雲深先生已經是個為大多數人所認可的基本事實觀念了。

三、謝鐵夫·解鐵夫名字含義解密

其實，假如不是孫祿堂先生等人在上個世紀一二十年代之間和王薌齋先生的某些過節，本來也就不該出現所謂師承解鐵夫的問題。畢竟師承郭雲深才是真正具有廣告效應

的！但是，當王薌齋先生開始標新立異創立新拳時，很多形意拳家對他的這一欺師滅祖行為進行指控和挑戰。逼得王薌齋開始杜撰出一個自己認可的師傅級人物：解鐵夫。

現在，意拳界很多人津津樂道的「解鐵夫是王薌齋先生的師傅」這一話題。卻讓我十分不解。根據我的考證和調查，王薌齋在1940年6月27日的《談拳學要義》問答一文中只是說：「捨董海川，車毅齋，郭雲深諸師尊外，餘皆旁技末節而已」，根本沒有提到所謂的解鐵夫！那麼所謂的「參學萬里，拜見學家近千人，堪稱通家者僅兩個半，即湖南解鐵夫、福建方怡莊、上海吳翼輝耳」的這段自述，最初出自哪裡？筆者非常困惑。

廖白曾在孫氏內家拳網站上做如下解讀：「諸君看1940～1945左右之王鄉齋表現，其人格性之張狂，若早年有大工夫斷不會委屈到1940才來欺人。君思此能瞭解王鄉齋之自認無人知的委屈裏，再去談它此段話才能正解解鐵夫、方怡莊之說。王工夫1940成熟，回頭說心聲造成其後別人真以為它八歲、十四歲、二十歲及三十歲及打遍北方無敵手。如此則須驚訝解鐵夫、方怡莊是誰？」這段對王薌齋自述的心理分析，定位是很準確的。可是為何他在1941年正是名聲大振之時又先說出來呢？當時，他只是說：「鄙人自清光緒卅三年離師後，即奔走四方，藉廣交遊，足跡遍大江南北，所遇名家老手甚多，飽嘗風霜，卅餘年所得代價，就是良師益友，相互切磋，故於拳學自信老馬尚能識途。」（見1941年6月27日《實報》）可見當時，「兩個半通家」之說還沒有正式出現。在這篇著名的《談拳學要義》中，他對大的拳種都加以評論，卻唯獨不

見他評論解鐵夫和方怡莊。

在龔東執筆的《歷史是公正的》一文中，也曾以對王選杰先生拳史錯誤的抨擊開始如下涉及到解鐵夫：「王選杰在《武林盛事》中說薌齋先生在長沙與解鐵夫相遇，在《王薌齋與大成拳》中卻說在福建得遇解鐵夫。」可見王選杰先生對此也並不清楚。可是，《歷史是公正的》一文卻主張「其實，薌齋先生與謝老較技，無論是徒手還是器械，都輸與謝老」，不知此說有何證據？其實，只要考證清楚了王薌齋和方恰莊之間的故事發生在福建，那王薌齋和解鐵夫（果有此人的話）之間的故事也就自然而然是出自湖南了。在這一問題上，王選杰先生和龔東先生都沒有提出真實可信的證據作出正面的回答。然而後者卻可以公然指責前者「實不知王選杰篡改與編造這段對薌齋先生一生的武學生涯十分重要的歷史，目的何在？原因何在？」這些話不但讓人匪夷所思，反而給人以五十步笑百步的感覺。「寫歷史，最要緊的是求實」。

關於解鐵夫，前面我們已經涉及到了他。在近代武術史上，幾乎是個查無此人的人物。有的觀點顯示：所謂解鐵夫只是出現在楊澄浦時代的一個「被楊一照面扔出去老遠」的很一般的湖南武師。還有的觀點力圖說明他曾出現在杭州，是個精通武術的茶商。更有的觀點主張解鐵夫的侄子曾到北京找過姚宗勳先生等等。因為在國內外沒有找到任何真實可靠的有關他的背景資料。主張說他「曾出現在杭州，是個精通武術的茶商」的人，目的是想把孫存周輕取解鐵夫的作偽故事變成歷史事實。主張說「解鐵夫的侄子曾到北京找過姚宗勳先生」的人，無非是給王薌齋神

秘莫測的歷史傳奇增加真實感。因此，有不少人曾大膽推測：「解鐵夫此人很可能是杜撰出來的，心意門內無此人」。在現今所存的1940年以前各類歷史文獻中不存在曾有人被稱為「江南第一妙手」、「湖南妙手」、「心意拳大師」、「心意巨匠」等稱號這類記載。

其實，所謂謝鐵夫‧解鐵夫乃是個有特殊寓意的偽造人名，它的真正含義是「謝姐夫」的音變。即，「謝謝姐夫（李豹教拳）」之意。楊建華在《郭子坤小傳》一文中就如實陳述：「深州老拳師都知道王薌齋東西都是跟李豹學的。李豹是王薌齋的姐夫，王薌齋是在郭雲深老先生墳前磕頭拜師的。」不過，該文作者主張王薌齋和郭子坤「其實是師兄弟」之說，則是我們萬萬不敢苟同的。從家族關係上講，郭子坤的師傅是王薌齋姐夫，他自然和王薌齋不是同一輩。從武術師承上講，既然你們也承認了王薌齋「壇前磕頭拜師」行為，那更是郭子坤的師叔輩了。我們看不出王薌齋和郭子坤「其實是師兄弟」的證據何在！李豹完全是在代師授拳，更何況王薌齋少年時代就曾直接向郭雲深先生學過拳——沒有這一歷史，李豹膽大也不敢同意王薌齋「墳前磕頭拜師」的。

上面我們已經明確表示：我們並不否定王薌齋先生曾經向郭雲深先生學過拳這一事實。但是，對於一個年幼的孩子來說能否接受和掌握這些絕世武功，是我們所懷疑的。但是，成年後的王薌齋先生，他大肆鼓吹的是「參學萬里，拜見學家近千人」卻也是隻字不提自己的姐夫李豹李振山對他的拳學指導，其目的只有一個，即：是在有意迴避別人對他墳前拜師郭雲深的指控！

後　記

本書核心是以對李見宇先生所傳的意拳為宗旨而著述的。由此而來，對意拳感興趣的人，既可以直接去學姚承光、姚承榮先生所傳授的正宗意拳，也可以去學王選杰先生一脈的正宗大成拳。

本書作者簡介如下：

李見宇先生，意拳‧大成拳祖師王薌齋先生直系正宗弟子，著名意拳大師。

姚承光先生，意拳‧大成拳宗師姚宗勳先生直系正宗弟子和衣缽繼承人，姚宗勳先生長子，意拳第三代掌門人，著名意拳理論家和實戰技擊大師。

謝永廣先生，意拳‧大成拳大師姚承光先生直系正宗弟子，著名意拳家。

本書編纂者為意拳‧大成拳祖師王薌齋先生之再傳弟子。

本書只提供最為基礎的一些功法，希望結合相關著作和各地的老師及教練，進行系統的自學或正式拜師學習，更歡迎對意拳‧大成拳感興趣的人接受正規武術館的系統教學和訓練。

意拳功法，博大精深。有些基礎的如步法練習，有些高級的如鳥難飛椿和神龜出水試力等，本書中沒有提及。因為我們更看重的是意拳最為核心的椿功、試力、發力這三項功法的練習和教學。這三項功法收到了效果，掌握步法和其他椿法以及推手、斷手技術也就自然而然，可以收到事半功倍的效果。

歡迎各位同門批評指正！

本書編纂者　2006年年底

大展好書　好書大展
品嘗好書・冠群可期